シリーズ

社会学のアクチュアリティ：批判と創造　1

クリティーク
としての社会学

Sociology as a Critical Study in Contemporary Society

現代を批判的に見る眼

西原和久・宇都宮京子［編］
Nishihara Kazuhisa　Utsunomiya Kyoko

東信堂

シリーズ
社会学のアクチュアリティ：批判と創造
企画フェロー

武川正吾（東京大学助教授）
友枝敏雄（九州大学教授）
西原和久（名古屋大学教授）
藤田弘夫（慶應義塾大学教授）
山田昌弘（東京学芸大学教授）
吉原直樹（東北大学教授）
（五〇音順）

はしがき

本書は、「シリーズ 社会学のアクチュアリティ：批判と創造」の第一巻である。アクチュアリティ(actuality)とは主として「現実性」という意味であるが、同時にこの言葉は、われわれの行為(act)によって実際に＝アクチュアル(actual)に社会が成り立つ位相をも示唆している。本書は、社会の生成の過程と現状に、そしてその未来に、ひときわ敏感でありたいと思う。そのために本書は、これまでの社会学的思考の知的遺産を批判的に再検討し、また二一世紀に生きるわれわれの時代の自画像を社会学的に描きながら、現代社会と現代社会学の現在および未来を提示したいと考えている。本シリーズを通して、読者は自らの「常識」や「自明性」を問い直すきっかけとなる、切れ味鋭い社会学的探究の醍醐味を味わうことができると確信している。企画段階・執筆段階そして最終的な編集段階において、これまでの類書とはひと味もふた味も違った「社会学のアクチュアリティ」をめざしたこの試みを、読者が十分に愉しんでいただければと心から願っている。

本書第一巻は、とくに本シリーズの冒頭の巻としてシリーズ全体の導入的・概括的な役割も負っている。したがって本巻で論じる領域は多岐にわたらざるをえないが、その柱となるのは次の問題意識である。すなわち、いま現代人を取り巻く状況は一体どのようになっているのだろうか。そしてわれわれはいま、「どこからどこへ」行こうとしているのか。本巻の序章は、社会学的思考の基礎部分を、これまでの知の伝統を再検討しながら、とくに「批判」という点に焦点を当てて概括的に論じている。内容的に少し難しく感じられる読者には、本巻の他の章を読んでから、最後に全体のまとめとしてこの序章を読むこともできるだろう。

序章に続く本巻の前半四章では、とくにわれわれのおかれている人間状況を、いくつかの視点から批判的に考察している。それらはまず、エリアスという社会学者の思索を通した、歴史のなかでの自我という問題をめぐる考察であり(第1章)、また近年着目されている物語論という新しい視点から検討される、ポストモダンにおける自己をめぐる問題である(第2章)。さらに、前半部の後半では、現代社会と人間状況という観点から、若者と高齢化の問題が論じられている。それらは、日米比較も交えつつかつての若い世代である団塊の世代を含めた若い世代の問題であり(第3章)、過去との比較や国際比較を交えた高齢化社会の問題である(第4章)。いずれも斬新な批判的まなざしをもって論じられ、現代における社会と人間の問題を考える契機となると思われる。

本巻後半の四章は、現代社会を取り巻く社会学的問題を批判的に考察している。ここではまず、カルチュラル・スタディーズの基本的発想を出発点に立ち返ってふまえながら、現代における文化と社会の問題への考察がなされ(第5章)、また日本という社会の政治風土や文化状況をふまえた、具体的な政治の現場の意識と行動とが問われている(第6章)。さらに後半部の後半では、われわれの社会認識の基本に立ち返って、情報社会へのさまざまなまなざしが検討され(第7章)、本論最終章では、これまでの社会運動のあり方の整理と生活クラブ生協の活動の事例研究を通して、社会運動という社会批判の実践の問題が考察されている(第8章)。

そして終章では、現代社会を生きる「生活者」が日々の生を営む際の視点の問題や批判の意味が、「可能態」という概念と結びつけられつつ、あらためて問い直されている。この終章も、序章と合わせて最後に読むという読み方が可能で、そのことによって思考の整理を促す効果があると考えている。

このように本巻は、自己と社会の問題に関心のある読者に、現代社会におけるわれわれ自身の生き方と社会学の視点とを、読者自らがさらに考えるための題材を送り届けたいと願っている。

編者記

目　次／クリティークとしての社会学——現代を批判的に見る眼

クリティークとしての社会学——現代を批判的に見る眼

序章　現代社会と批判的思考
——批判の営みとしての社会学と主体への問い——

西原　和久

はじめに

社会学の課題はまさに「自明なもの」を疑うことにある。こう記したのはシュッツである(Schutz, 1932=一九八二：二二)。彼がこの言葉を発した文脈を問わずに、いま本書なりの仕方でこの言葉の含意を考えてみよう。われわれは常識と呼ばれる日常的知識をもって自分たちの日々の生活を営んでいる。現代では、この常識のなかに科学的知識も含まれるし、メディアによって伝えられる世界に関する情報も含まれる。だが、多量の知識や情報のなかでわれわれが生を営んでいるとしても、そうした知はどれだけ生活の役に立っているのか。あるいはそれで、われわれの生活や人生の意味は豊饒になったのか。伝えられる世の中の情報は、戦争、核、環境破壊、汚職、殺人、非行、家族問題など事欠かない。一体、どうしてこのような社会になったのか。もちろん昔はよかったといっているのではない。昔も昔なりの問題があった。しかし、たとえば小型核や劣化ウラン弾を使用する戦争の脅威やグローバルな大資本の台頭など、現代には現代なりの、そして昔にはなかった問題も抱え込んでいる。

こうした現状に社会学はどう向き合うことができるのか。社会学はアクチュアルな現実にどう対処していけばよいのか。本書の主張の核心は単純である。それは、アクチュアルな社会的現実に学問的に取り組むためにはまず何よりも「批判」的視線が必要だという点にある。つまりそれは、われわれの自明な常識を問い直すという視線である。本章では、社会学的視点の中心にある一つの視線、つまり「批判」的視線という問題をじっくり考えてみることにしたい。「批判」を意味するクリティーク(critic: Kritik)という言葉は、「危機」を意味するクライシス(crisis: Krisis)という言葉と同じ語源である。また学問の世界において、とくに哲学の場合、クリティークは認識能力の吟味や反省を意味する。したがってここではまず、クリティークとしての批判とは、たとえば相手の欠陥を非難するといった意味での批判ではなく、むしろ「危機」の時代における自己「反省」的な検討であると捉えておきたい。

一八世紀の哲学者カントは、近代科学が発展して世界が大きく変わりつつある時代のなかで「認識とは何か」と問うた。彼はまず、われわれの認識がいかにして成り立つのかの検討、いいかえれば理性や知性といった人間の認識能力(＝純粋理性)の検討(＝批判)を行った(Kant, 1781 ＝一九七〇)。その検討＝批判の結果、この哲学者は、我々の認識が成り立つのは主観内部に認識のための一定の形式（カテゴリーと呼ばれるもの：具体的には、「時間」や「空間」、さらには「一」や「多」などの形式）があるからだと主張した。この認識の主観（＝主体）がもつ形式こそ、対象である客観（＝客体）を捉える際の要だというわけである。構成説や構成主義と呼ばれるこの議論全体の妥当性についてはここでは問わないが、少なくともこの局面でなされたのは、われわれの日常的知識のもつ「自明性」（それは「独断」であったとカントは考えた）を問い直すという意味での「批判」の作業であった。それゆえ、カントの哲学は――実践理性批判と判断力批判を加えて――「批判哲学」と呼ばれてきたのである。

　時代の変化のなかで、人々は自己と社会のあり方に不安を抱き、自らの今と行く末を案じる。とくに、その変化が大きなものであったり急激であったりする場合には、この傾向は増大するであろう。大きくかつ急激な変化の不安のなかで先が見えない場合に、人々は一種の危機感をもち、そこに「問題状況」を認識する。もちろん、危機は可能な限り避けたい。人々は、そのために今どうすればよいのかと考え、現状を批判的に検討する。つまり、いまここでの「問題状況」＝「危機」に相関して「思考」が登場する。「危機」という言葉と「批判」という言葉が同根なのは、こうした内容的な関連があるからだ。本書の序章であるここではまず、グローバル化が進むなかで国民国家の揺らぎも指摘される現代社会の変容を概観する。そしてそのうえで、社会学における批判的思考の系譜をあらためて考察する。そこでの問いの焦点は、社会を営む人間と社会学を営む人間とが時代と社会にどうかかわっているのかという点にある。本書全体に貫かれている視点は、われわれ自らの営みのもつ「自明性」を問い直しながら、人間の行為と社会のあり方を批判的に考察する社会学的思考の基本的視座を押さえることにある。ではさっそく、現代社会の変容の一端をみることからはじめよう。

1　現代社会の変容

まず、現代の社会変容の諸相を図によって確認しておこう。次頁の図を参照してほしい。この図は、簡単にいえば、「言語―身体」と「社会―自然」という二つの軸を仮に設定して、関係する社会変化の主要な様相を書き込んだものである。すべての変化を書き込むことをめざした図ではないので、読者諸氏の関心に応じてさらにいろいろな事項を書き込むことができるはずだ。たとえばクローン問題や少子化問題などをこの図に書き込むこともできるだろう。ここでは、そのためにもまず図についてもう少し説明を加えておくことにする。ただし、その狙いとするところは、この図からみてとれる現代社会の変化の核心にある事態が何なのかを考えることにある。

ちなみに、このように現代社会の特性を図で示す試みは、きわめて大まかな見取り図ではあるが、たとえば現代イギリスの社会学者ギデンズが「モダニティの制度特性」としてすでに行っている（Giddens, 1990＝一九九三：八〇）。ギデンズが示したのは、①自然界の変容つまり創出環境の発達を促す

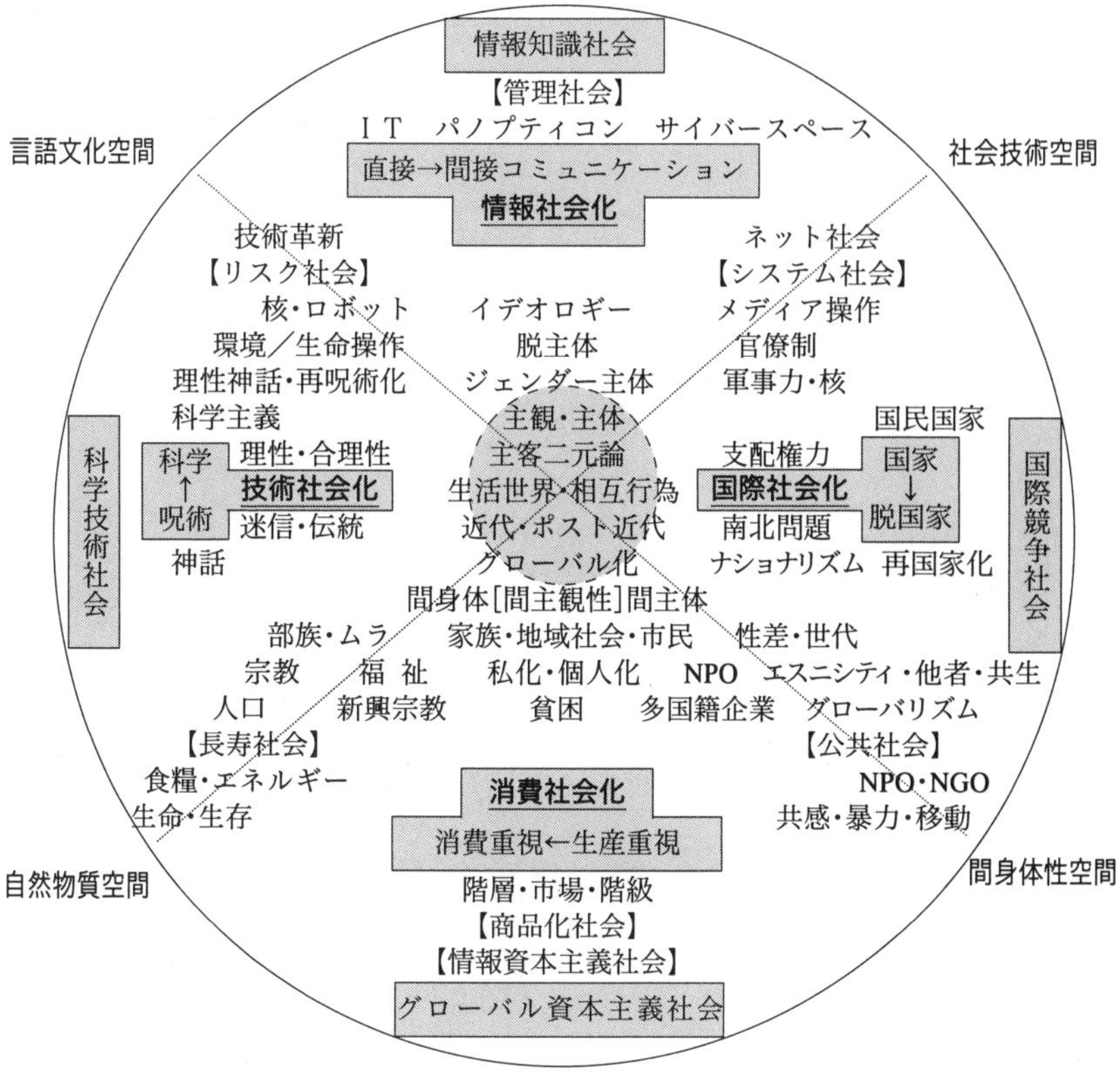

情報知識社会
【管理社会】
ＩＴ　パノプティコン　サイバースペース
直接→間接コミュニケーション
情報社会化
言語文化空間
社会技術空間
技術革新
【リスク社会】
核・ロボット
環境／生命操作
理性神話・再呪術化
科学主義
ネット社会
【システム社会】
メディア操作
官僚制
軍事力・核
イデオロギー
脱主体
ジェンダー主体
主観・主体
主客二元論
生活世界・相互行為
近代・ポスト近代
グローバル化
間身体[間主観性]間主体
科学技術社会
科学
↑
呪術
理性・合理性
技術社会化
迷信・伝統
神話
国民国家
支配権力
国家
↓
脱国家
国際社会化
南北問題
ナショナリズム　再国家化
国際競争社会
部族・ムラ　家族・地域社会・市民　性差・世代
宗教　福祉　私化・個人化　NPO　エスニシティ・他者・共生
人口　新興宗教　貧困　多国籍企業　グローバリズム
【長寿社会】
食糧・エネルギー
生命・生存
【公共社会】
NPO・NGO
共感・暴力・移動
消費社会化
消費重視←生産重視
階層・市場・階級
【商品化社会】
【情報資本主義社会】
グローバル資本主義社会
自然物質空間
間身体性空間

図　現代社会の変容

「工業主義」、②競争を旨とする市場において資本が展開される「資本主義」、そして、③情報管理と社会統制にかかわる「監視」、最後に、④戦争の産業化という状況下での暴力手段にかかわる「軍事力」という四つの制度特性である。だが、彼の議論は、大変示唆的ではあるが、必ずしも社会の変化それ自体を描いたものではないし、その変化の核心にあるものを描いているわけでもない。そこで、あらためて筆者なりの視点と用語法で現代社会の変容の一端を捉え直そうという試みが、この図である。

そこでこの図の軸のとり方と、図の中心部に書かれている事柄に補足を加えよう。ここではいわば「主体」軸としての言語文化空間と間身体性空間の軸、「客体」軸としての自然物質空間と社会技術空間(社会を制御する技術の空間)の軸がとられている。そこで、立ち現れる変化の側面に着目してみよう。すなわち、この図は近代科学の発達のもと「脱呪術化」された社会空間で技術社会化が進み、さらにその技術の恩恵に浴して情報社会化が進捗し、ヒト・モノ・カネ・情報・技術などが世界を行き交う国際社会化が急速に展開され、そして一九八九年以降のポスト社会主義の時代という資本主義一人勝ち状況下で高度な消費社会化がより一層進展していることを示している。つまり、これらの変化に合わせて、科学技術社会、情報知識社会、国際競争社会、グローバル資本主義社会が顕著になっていることが示されている。さらに括弧(【　】)を用いて示した項目は、そうした変化のもとでトピックとなっている事項の例である。

このような趨勢のもと、われわれの身近な生活世界(相互行為とともに図の中心小円内の中核に位置している）も現在、大きな変化の渦中にある。そして、この大きな渦を生み出してきたのは、いうまでもなく「近代《モダン》」の流れである。さらに、一九八〇年代以降、日本においても「ポストモダン」に関する議論が活発になってきたことも考え合わせてみよう（図において生活世界はこの「近代《モダン》・ポスト近代《モダン》」という時代情況の上に記されている）。そこでまず、そもそもの「近代」の核心とは何かと問うことができる。その答としてここでは、小円内の上部に記された「主客二元論」と、下部に示された「グローバル化」の二つが「近代」の代表的なメルクマールだと示しておきたい。そこで、いま本章で批判的に問われなければならないことの一つは、（ポスト近代の様相も見られる現代を含む）「近代」におけるわれわれのあり方の「自明性」であると述べておこう。ポストモダン情況をふまえながら、「近代」に関する問いをも念頭においた社会と社会学の核心への問い直しこそ、ここでの中心的な問いである。それはどういうことか。

議論の前提をあらかじめ整理しておけば、本章での基盤となる視座は大きく分けて二つある。一つは、「長い一六世紀」（ウォーラーステイン）を過渡期とする一七世紀以降の近代のグローバル化のなかで、技術社会化や情報社会化そして資本主義化の進展とともに、ナショナルな枠、つまり近代世界システム（Wallerstein, 1974 ＝一九八一）における近代国民国家システムが確立されてきた点である。そしてこの点は、「ナショナルな枠」と「グローバル化」とが拮抗する現在の国際社会化情況において、国民国家という「ナショナルな枠」を再検討せざるをえない状況にきているという論点とも関係する。紙幅の関係で、この点をここで詳述することは断念せざるをえないが、本章の一つの問題意識がこの点にあることは明記しておきたい。もう一つの視座は、その近代世界の基本的発想が、主観・主体を核とし、その対象を客体とする形で成立し、しかもその客体が主観・主体によるコントロールの対象とされてきた点、つまり「主客二元論」をめぐる論点である。ただし、ここで着目したい主客二元論にはさらに二つの側面がある。その二側面とは、生活世界を営む人々の日常的な行為場面と、その人々を研究対象として成立してきた科学を営む者(つまり人文・社会科学の研究者)の学問的な行為場面にかかわる主客二元論の問題である。こうした二側面を、冒頭で述べてきた「自明性を問う」批判的構えで考えてみたい。つまりこれらの営みは、いかなる「自明性」から成り、いかなる自明性「批判」とかかわるのかという論点である。以下、この第二の視座にかかわる問いかけを社会学の視点から考察する。そこでまず社会学的思考に簡潔に触れることから議論を始めよう。

2　社会学と批判的思考

まず社会学の成立についてだが、社会学はいつごろ成立したのか。これは学説史的には難問である。一六世紀以降、とりわけ一七世紀の西洋近代において国家と(市民)社会が区別して論じられるようになってから社会科学的な思考が本格化し、そして社会学的な知見も現れてきたといってよい(1)。だが、社会学的思考の実質的な成立時期を明確に特定するのはなかなか難しい。ただし「社会学」という言葉が作られたのははっきりしている。社会学《ソシオロジー》という名称は一八三九年に作られた。社会学は西欧において資本主義が本格化しはじめ、それまでの社会的仕組みが急速に変わる社会変動の時期に、つまり大きな社会的混乱に見舞われた「危機」の時期に誕生した。命名者はフランスのコントである。当初は、それまでに着実な成果を示していた自然科学の方法を社会研究にも適用し（社会学と呼ぶ以前に「社会物理学」という語をコントが用いていたのは、この間の事情を示している）、「実証精神」に基づく総合的な社会研究の学問が社会学であった（Comte, 1844 ＝ 一九七〇）。

もちろん今日、社会学は社会研究の総合的な学問というよりは、政治学や経済学などと並ぶ社会科学の一分野であるという自覚をもって社会研究に取り組んでいる。時々刻々変化する社会のなかで、より一層時代への敏感な感性が要求される学問である。いまここでこの社会学の着目点を簡潔に特徴づけるとすれば、それは、人と人との関わりに注目する「関係性」、日々の社会生活の場面に着目する「日常性」、歴史的な現在に主眼のある「現代性」、そして実証性を重視する「事実性」、以上の四点によって示すことができる（西原、一九九八）。だが、社会学が日々の社会生活における人間関係・社会関係に焦点を合わせながら、事実に基づいて現代社会を検討するためには、もちろんその学問的な視点が問われうる。その言葉の成立時の関心が危機を乗り越えるための現状把握と現状批判にあった社会学だが、にもかかわらずその後多くの人によって「社会学とは何か」と問われ続けている。その理由は、単に社会学が比較的若い学問だからだとか、その扱う範囲や方法が多岐にわたるからだというだけなく、変化する現代社会において社会学がなしうることを常に批判的に検討しつつ、社会学自身も変化してきているからである。それは、一種の「自己批判」による「改革」であった。もし社会学が（自己批判を含めた）批判的な視点を欠くとすれば、その硬直性によって、変化する時代を的確に捉えることすらできなくなるであろう。批判は、社会学がアクチュアルな学問として、変動する社会に迫るためにも不可避な道なのである。しかしその批判的態度は、必ずしも自動的に生起するわけではない。批判への意志がそこで問われている。どういうことであろうか。以下で再度、批判ということの意味をもう少し突っ込んで考えてみたい。

『広辞苑』（第五版）によれば、批判とは（「批評し判定すること」という一般的意味と並んで）「人物・行為・判断・学説・作品などの価値・能力・正統性・妥当性などを評価すること。否定的内容のものをいう場合が多い。」と記されている。批判は、否定的な構えを一つの特徴とすることは確かである。ただしここでは、否定のための否定ではなく、いわば方法的否定が焦点である。つまり、物事を本当かどうか一度は疑ってみる構えである。いいかえれば、より正確な認識に到達するために、あたりまえだと考えられている「自明性」を問題として捉え、一度は疑ってみるという批判的検討としてのクリティークである(2)。やや唐突に思われるかもしれないが、具体例を挙げてみよう。たとえば、「少子高齢化」で国の年金制度が危ない大変な時代になった、とメディアは報じる。だから、女性は国のためにもっと頑張って子供を産まなくてはならない、とさえ語られる。しかしながら、「少子化」や「高齢化」は困った事態なのか。しかも、なぜことさら女性が問題にされるのか。さらにいえば、「年金」は国家が管理する事柄なのか。あるいは、そもそも「国のために」（「国益」？）という発想それ自体に問題はないのか……。こうした「違和感」を大切にすることは、批判的懐疑の基礎である。この「懐疑」こそ、批判の核心であるとまず述べておこう。そこでさらに、批判という視点の学問的な思考系譜に着目してみよう。

3　批判という思考の系譜

批判という「懐疑」を徹底して実行したのは一七世紀の哲学者デカルトであった。デカルトは、世界を認識するための確実な出発点である「第一原理」を求めて、いったんすべてのことを疑ってみるという方法を用いた（Descartes, 1637 ＝ 一九六七）。それが「方法的懐疑」と呼ばれるものであった。その結果、一つの点を除いて、すべては疑うことができるというのがデカルトの結論である。その一つの点とは何か。それは「疑っている自分」が存在しているという点である。このことは唯一否定できない、疑いえない事実であると彼は考えた。有名な「我思う、ゆえに我在り」というわけだ。だが、こうした「我」（あるいは主観＝主体＝subject）の発見は、同時に我ならざるもの、つまり客観（＝客体＝対象＝object）を見いだすことになる。客観＝客体とは何か。それは自然であり、他者であり、そして自己の身体である。この点の含意はいくつかある。一つはここに、主観／客観の二元論が成立したこと。また主体である

(実体的)精神と客体である(実体的)身体に焦点化すれば、いわゆる心身二元論が成立する。さらに、出発点の主体としての自我に着目すれば、近代的自我の核をなすある種の自我中心主義《エゴイズム》、あるいは人間中心主義《ヒューマニズム》が立ち現れる。そして、客観=客体を探究する自然科学が進展する土台もここに出来上がる。近代において、一六世紀のコペルニクスによる地動説以降、自然の法則性・規則性を探究する自然科学が著しく進展する。かくして「社会」を一つの対象=客体とする社会科学も、またその一分野としての社会学も成立するような基盤が整ってきたわけだ。

さらに、批判とかかわる系譜に関してもう一点だけ取り上げておきたい。それは、古代ギリシャにおいて展開された「対話」(dialogos)の術に関してである。ソクラテスやプラトンなどが展開した対話術は「産婆術」とも呼ばれるように、相手の主張を聞いて吟味し、それに自分の主張を対置しながらさらに議論を進めて、新たに真正なものを産み出す方法である。それは、問答法とも呼ばれる弁論術ではあるが、単なる弁論の技法というよりも、一種の批判的検討の方法だったということができる。というのもそれは、既存の物事や概念を異なる(ディア)論理(ロゴス)をもって批判的に検討するからである。近代において、この批判的検討の側面を強くもって展開された「弁証法(dialectic)」は、この系譜に属する。通常、弁証法は、ある物事(正)と他の物事(反)との間に否定的対立関係があり、しかもその対立が止揚されて「合」の段階に達する動きとして、正・反・合の弁証法的運動(およびその認識)として理解される。この正・反・合という表現自体、簡便なものとして一定の意味をもつが曖昧なものでもある。ただし、ここでのポイントは、ある物事(出来事や命題)が決して単一の静止の状態で捉えられるのではなく、動きや運動として捉えられる点にある。つまり、(この動きが自然現象も含めてすべてに妥当する論理なのかどうかは多くの議論があるが)弁証法にとって本当に重要な点は、固定的・実体的に捉えられがちな事態を関係的・批判的に捉えようとする視点であろう。それはまさに「実体」概念の批判であり、その核となるのは、認識する「主観」という実体と(それとは統一されざる)「客観」という実体とが前提とされている思考、つまり主客二元論への批判である。

なお、弁証法という考え方を展開した一九世紀初めのヘーゲルにおいては、神のような絶対精神が弁証法的に自己展開する過程が考えられていた。このヘーゲルの観念論的な弁証法を逆転して、唯物論の立場から歴史の弁証法を説いたのがマルクスであるといわれる。もちろん、この言い方もおおざっぱな了解としては理解できるが、問題も少なくない。よくいわれるように、マルクスは経済的な下部構造が意識領域である上部構造を決定する(存在が意識を決定する)と唯物論的に述べたと単純化すると経済決定論に陥ってしまうだろう(3)。もちろんここでは、マルクス主義として体系化された教条的な歴史社会観を問題とする場所ではないので、この点に立ち入るつもりはない。ここではむしろ、前述の実体概念の関係論的批判という線でマルクスの「批判」的論点を取り上げたい。初期マルクスの理論的立場であるといわれる疎外論の論理がある。疎外論は、マルクスの『経済学・哲学草稿』における「疎外された労働」という節で展開された(Marx, 1944 = 一九六四)。通常それは四重の疎外論と呼ばれる。

資本主義社会における(労働者の)、①労働生産物からの疎外、②労働活動からの疎外、③類的存在からの疎外、そしてこれらの帰結として、④人間の人間からの疎外、である。この疎外論がマルクス全体の仕事において占める位置に関しても種々議論があるが、少なくともここには、疎外された人間を生み出す社会関係を批判する視点があることは間違いない。そこでポイントになるのは、人間が人間らしくない状況におかれている点を批判し、失われた人間性を回復しようという動機である。社会学においても、こうした人間性回復という声はしばしば通底音として響いている。

しかし「人間性喪失」を強調するとすれば、疎外論はどこかに(あるいは本来は)失われていない人間性という本質があるという一種の「本質」主義に陥りやすい。むしろマルクスは、「人間性」とは「その現実性においては……社会的諸関係のアンサンブルである」と述べたのではないか(Marx, 1945 ＝一九六三)。この点に着目すれば、マルクスは「本来は……」というよりは、人と人との(社会)関係に着目し、しかもそうした「人と人との関係」でしかないものが一定の社会過程において「物と物との関係」として立ち現れるという「物象化」された事態を批判したのではないだろうか。まさしく『資本論』の論理はこの点を問題にしていた。つまりここでは、物象化された事態(たとえば貨幣が購買力という〝力〟をもつこと)こそ現実だと「自明視」してしまうわれわれの思考のあり方と、そう思わせる社会関係のあり方こそが、批判の対象にされたのである。この物象化を批判する視点は、実体化を批判する視点と重なり合う。主客二元論も、動きのある関係でしかないものを主観と客観に固定化して物象化的に捉える見方であるといってよい。では、こうした先人たちの批判的視点が、二〇世紀の社会学においてどのようにさらに展開されたのかという点を、節を改めてみてみよう。

4　二〇世紀の批判的思考と社会学の視線

まず、二〇世紀社会学に影響を与えた二つの代表的な批判的思考の系譜に言及しておきたい。一つはフッサールの思想、もう一つはフランクフルト学派の「批判理論」である。フッサールは、われわれの意識や経験の仕組みと働きとを哲学的に検討し、現象学をうち立てたドイツの哲学者である。しかし彼は一九三〇年代、野蛮なナチズムが台頭する「危機」状況のなかで、この野蛮が何に由来するのか、そして学問には何ができるのかというモチーフを抱いた。そこで彼は次第に、近代の知や学問のあり方に疑問をもつようになる。『ヨーロッパ諸学の危機と超越論的現象学』という彼の著作題目がこの点を如実に物語っている(Husserl, 1954 ＝一九七四)。フッサールはそこで、近代科学が重要な事柄を忘却してきたことを強調する。「忘れられた意味基底としての生活世界」。これはこの著作のなかの見出しの一つである。近代科学を生み出し、その妥当性を保証し、その成果を現実化する基盤(意味基底)は、人々の「生活世界」である。科学は、その日常的な生活世界を、曖昧なもの、常識に囚われた「主観的」な誤った見方の世界として切り捨ててきた。それが近代科学の歩みであった。しかし、そのことによって科学は、生活世界を離れて進展し、さまざまな危機的問題（たとえば今日では核問題や生命操作の問題など）も生起させている。生活の意味、人生の意味は、自然科学的真理からみれば二次的なこととされる。「実証主義は哲学の頭を切り取り」、意味を忘却した。それは重大な問題ではないか。だからこそ今、人々の生きられる経験の世界、つまり生活世界にまで立ち返って「意味」が問われ直されなければならない。この時期、フッサールはこう提起した(4)。「生活世界」概念は、「自然の数学化」を押し進めたガリレオ以来の近代の「科学」に対する批判的まなざしの拠点であった。社会学という社会科学の場合はどうであろうか。

もう一つのフランクフルト学派も一九三〇年代の強烈なナチズム体験を共有している。この学派が批判理論と呼ばれるのは、三〇年代にホルクハイマーが、それまでの伝統的な考え方を批判して批判理論という語を用いたことによる（Horkheimer, 1937 ＝一九七四）。伝統理論は、その対象（客体）をいかにすれば客観的に捉えることができるのかというように客体側にのみ関心を集中させ、その学（学問・科学）を営む者（研究者＝認識主体）もまた問われるべき対象としての主体（主観）であることを忘れている。とりわけ社会科学において、自らが社会の構成要素である研究者の主観もまた批判的・反省的に検討されねばならないのに、である。批判理論はこうした点において、伝統理論と視点を異にするというわけである。さらに、ホルクハイマーとともにアドルノは、より一層ラディカルな考え方を示した（Horkheimer und Adorno, 1947 ＝一九九〇）。彼らは、外的自然の技術的支配である「人間による自然支配」

と並んで、「人間による社会支配」にも着目する。それは人間の「内的自然の規律化」の問題である。いわゆる文明化は、自然の技術的支配のために「理性」を発揮して生み出された過程であると同時に、その理性によって人間性(human nature＝人間的自然)が支配され、管理社会化が促されている。おそらくこの社会技術のための「道具的理性」は、近代以前の、そもそも言語を用いる「文明」それ自体に問題の出発点があったのではないか。こう彼らは診断する(5)。

以上、二つの系譜が示すような、日常的な生活世界と科学とへの問いかけが二〇世紀において行われてきたのであった。さてそこで、現代社会学の問題に戻ろう。社会学の対象はいうまでもなく社会である。だが、その社会は主観的意識(〝心〟)をもった人々の(社会的)相互行為から成り立っている。そこに自然科学の対象との差異があるとみることができる。ヴェーバーによれば、自然科学は自然現象の因果的説明を行うが、社会学は人間行為の「動機」、つまり行為者が自らの行動に付与する「主観的意味」をも解明して理解し、かつ因果的説明を行う(Weber, 1972＝一九五三)。「理解」によって、社会学は対象となる社会現象の因果的説明のための手がかりを自然科学よりも多くもつ「可能性」がある。ヴェーバーはそう考えた。

もちろん、事はそれほど簡単ではない。自然科学が精密で客観的な学問として成果を示してきたのに対して、社会学を含む社会科学は曖昧な動機・主観的意味という〝心〟の問題にかかわるだけに、厳密さに欠けるともいわれてきた。〝心〟を示唆する「主観」という言葉は、先に触れた認識主観という意味での主体を表すだけでなく、「君の考えは主観的だ」と日常的にも語られるように、客観的ではないという意味合いがある。しかし、この点をよく考えてみよう。自然科学であっても、科学するのは人間である。認識する主体としての人間行為者が自然科学研究を行うという点では同じである。したがって、「主観的」という言葉で科学にとって特徴的なのは、やはり認識される側(客体)の差異にあるというべきであろうか……。だが、たとえそうだとしても、そのことで研究する側の「主観性」の問題が解決したわけではない。研究者の「主観性」の問題は、依然として問われなければならない問題である。そこで、このような研究する主体を中心に〝心〟の問題、つまり「主観性」の問題を社会学との関係でもう少し考えていくことにしよう。

5　社会学と主観性の問題

社会学は(〝心〟をもった)主体が、たとえば、いま生起している社会現象を記述し、その背後にある構造や社会において果たす機能を考察し、さらにいま起こっていることの歴史的な発生や生成の過程を問い直して原因を追い求める。だが社会学は単なるルポルタージュや歴史研究ではない。社会学は、日常生活を営む現代社会の(〝心〟をもった)人間の関係のあり方という現実に焦点を合わせる学問であった。では、どうすればこの研究を行うことができるのか。それが社会学方法論と呼ばれるものである。この方法論には、そもそも認識するとはどういうことかという問いから、調査研究に当たっての具体的な方法論（たとえば統計処理の方法）までを含むいろいろな問題がある。そこで問われるのは、「主観性」とともに「客観性」という問題である。とくに社会学を含む社会科学が、「主観的」でなく「客観的」であるためには、研究する側は価値判断を交えてはならないとしばしば語られる。もちろんある面では努力目標として、そういってよいかもしれないし、実際「事実」に語らせることは説得力がある。しかし――「事実」や「現実」とは何かという問題は問わないとしても（cf., Schutz, 1962 ＝一九八三／一九八五）――「価値判断排除」とは原理的には無理な注文である。あの問題ではなく、この問題に関して研究を行うときには、すでに研究者の関心（価値判断）が入り込んでいる。それは自然科学研究でも同一である。「価値判断」なくしては、研究対象の選択という科学研究の出発点すら成り立たない。したがって大切なことは、科学する側が、自分がどんな価値をもっているかを自覚・明示することではないだろうか(6)。研究者自らが気づかずに捉われている「自明性」がここでも問われている。

そのうえで、社会学が日常生活を営む現代社会の人間の関係のあり方という現実に目を向ける以上、日常生活を営む人々の相互行為を的確に（かつ社会学的に）把握することが最大の課題である。そのためには、大きく分けて方向が二つある。一つは、過去の知見に学びながら社会学独自の諸概念（たとえば、ゲマインシャフトとか、支配の三類型とか、ＡＧＩＬ図式といった概念系）を用いて、社会現象を記述し分析する方向である。だがこの方法では、研究対象である当事者は、そのような概念を日常的には用いておらず、「そんなこと考えたこともない」ということにもなりかねない。研究者が無理に外側から勝手に概念を押しつけて分析するとすれば、人々の日常的現実を捉え損ねる恐れがある。しかもこの立場は、日常人は自分のおかれている立場に無自覚であるが、社会学者は自己の分析によって日常人が気づいていない「事実」を発見するのだと高みからみる立場かもしれない。肝心なことは日常人のありのままの現実の把握にあるのに……。

そこで、もう一つの方向とは、日常生活を営む人の「ありのまま」の言葉や概念をそのままに記述することをめざす方向である。人々の誤った常識や誤解ですら一つの理解の仕方である。その「理解」に基づく人々の生活世界を記述すれば、日常的現実に限りなく迫ることができるというわけである(7)。しかしながら今度は、そのようにすることはまさに日常生活をありのままに生きることであって、そこから距離をとって学問的に研究するということになるのだろうかという疑問が生じる。また、日常的な誤解も理解の一つのあり方だとするこの主張において、「誤解」だという学問的判断(記述)それ自体が実はすでに「正解」を知ったうえでなされているのではないか。加えて、こうした判断は人々の視点の交錯として日常的な場面でもしばしば取り交わされる行為であって、何も社会学だけの特権ではないともいえる。だとするならば、社会学研究する意義はどこにあるのか。その意義はやはり、日常的には気づかれないことを指摘して明確にする方向にあるのではないのか……。

こう考えてくると、結局のところ社会学研究は、研究主体が自覚的にこの二つの方向を常に念頭において考察することによってはじめて達成できる非常に困難な道なのではないかといわざるをえない。その困難な道を、社会学を営む主体は——自己批判しつつ——歩んでいるのであって、決して高みからエラそうにみているのではないという自覚はどうしても必要だ。しかも、社会学研究するということは一つの生き方として自分が選択した人生であって、もちろん別の生き方もありうるのだということをしっかりと捉える必要があるといってもよい。要するに、社会学研究の課題の一つは、自らもその一員である現代の日常世界の実態に迫るために、それまでの社会学的知見を総動員して、そして必要であれば新たな視点も創出して、自明だと人々(そのなかには社会学研究する自分自身も含まれる)が考えている事態が本当に自明であるのかどうかを、あらためて批判的に検討することなのである。

「自明性への問い」が学問としての社会学の課題であるとは、こういうことである。この問いには、自らの自明性への問いと、他者の自明性への問いとが含まれる。それは研究する側、研究される側、その両者への主観性＝主体性への批判的な問いであり、かつその両者の関係性への問いでもあるのだ。再びマルクスに登場願おう。マルクスの仕事は、しばしばマルクス経済学と呼ばれることがある。しかしマルクスが行ったのは「経済学批判」である。それは、価値や利潤など当時の経済学者が自明視していた基礎概念を批判的に検討し、それらが人と人との一定の関係(資本主義)において錯視されて立ち現れていることを批判によって明らかにしたのである。ここに批判の重要な含意があるが、その方法論に関してもまた興味深いものがある。マルクスは自らの方法を論じた箇所で、「下向法」と「上向法」という方法論を示した(Marx, 1857-58 ＝一九五八)。下向とは、まず具体的でリアルな全体についての混沌とした表象から、抽象化を押し進めて事態の明確化を図ることであり、上向とは、あらためてその「抽象的なもの」から「具体的なもの」へと進み直して、諸々の規定と関連から成る豊かな総体の把握をめざして日常意識の再構成がなされる道筋である。有名な『資本論』は、富の集積であると人々の目に映る具体的な「商品」や「貨幣」という(現代社会においては)「自明」なものから議論をはじめて、「貨幣が購買力をもつ」といったその物神的な性格を解明すると同時に、「利子生み資本」などといった人々の日常表象が(必ずしも自明ではない)一定の社会関係のなかで出来上がる道をたどり直し、かつその「物象化」を批判しつつ資本主義の解剖を行ったのである。マルクス「主義」の主張が今日において問題を数多く抱えていようとも、マルクスの学問的スタイルからは学ぶべき点は今も少なくない(西原、二〇〇三：二八八)。

つまり、右で「主観性」とか「日常表象」とか述べたが、それはいうまでもなく人々の内面的事態だけを指しているのではなく、研究する人の主観性をも含めたさまざまな主観性を成り立たせてきた社会的相互行為や社会関係のあり方こそ着目点であった。社会学において「自明性」を問うとは、時代のなかで(研究する者を含めた)人々の相互行為に基づく社会関係のあり方にまで立ち戻ってそれを問い直すということである。社会学研究する側、される側の主観性と自明性という一見舌足らずな表現も、このことを念頭において語られてきたことを確認し直しておきたい。

6　社会学基礎論としての間主観性

このように、社会学の対象である「社会」は、すでにそのなかに住まう人々によって一定の解釈が施されて生きられている世界であった(Schutz, 1962 ＝一九八三／一九八五)。だが、自然と社会は異なる対象だから別々の「科学」の方法がとられなければならないということを、いまここで主張したいのではない。もちろん説明の便宜としてこうした二分法はわかりやすいものではあるし、先の図でも主体軸と客体軸を設けていた。しかし、客体軸である自然や社会といっても結局のところそれを理解するのは同じ(認識)主観である。ただし、ここでも早合点は禁物である。このように認識の中心は「主観」であると述べると、それは構成説の立場をとるように聞こえるかもしれない。ある意味で科学や学問を徹底的に人々による「構築」作業(とくにその言語的な構築作業)に還元する社会学の立場、つまり社会学的な「構築主義」と呼ばれる立場も最近では力を得てきている(中河、一九九九／上野編、二〇〇一)。主に言語が社会的世界を構築するという具合にこの立場は考える。しかしいま問いたいのは、狭い意味での「言語」とは異なった方向である。その方向を次の二つの視点から考えてみたい。

第一に、「思う我」が思考するという際に言語が大きな役割を果たすことは間違いない。しかし同時に言語がすべてではない。われわれは、たしかに言語を用いることによって高度な論理的な思考を行ったり、他者と複雑なコミュニケーションを交わすことができる。だがわれわれは他者の顔色を「読む」ことができるし、場の雰囲気を「肌で感じる」こともある。言葉では表現しがたい恐怖も歓喜も経験する。とりわけ言語をまだ習得しておらず、明確な自己意識も成立していない(したがって半ば自他未分の状態にある)乳幼児の段階でも、そうすることがある(人見知りや恐怖の察知、あるいは新生児室での「泣きの伝染」)。乳幼児の発達心理学が示す例は、言葉、より正確には論理的分節言語がすべてであるとか、出発点は「我」にあるという前提を疑わせるに十分である。むしろわれわれは、言語的存在である以前に(間)身体的存在であり、「我」(思う)以前に「われわれ」(思う)であるといった方がよいのではないか。自己(我)とは、論理的にも、そして身体的にも社会的にも、つまり発生論的にも他者(他我)の存在を前提にしてはじめて自己(自我)である。「我」とは「他者」、および自己や他者たちから成る「われわれ」という間身体的存在(後述参照)を前提にして「我」となるのである(西原、二〇〇三)。デカルト以来の「近代的自我」はこのことを等閑視してきた。

第二に、この点は、歴史的な発生論の議論を参照してみればより一層明確になるだろう。「我」や「自我」といった主体=主観という考え方は、西欧の宮廷社会における相互依存的な社会関係の編み合わせのなかから生じてきたという社会学者エリアスのような主張もある(Elias, 1939 = 一九七七/一九七八)。時代ごとのさまざまな儀礼やエチケットの歴史の検討から、かつての戦士層や庶民層にみられた開放的・無制約的な生き方が変化し、宮廷社会に見られるような日常的マナーの遵守やストレートな感情吐露を抑制するといった内面の隠匿というプライバシー観念が、そしてそれゆえ「我」や「自我」が、生成し一般化されてきた。それが近代(西欧)社会である。ここで主眼となるのは、この見方の歴史学的事実の妥当性という点よりも、その見方の興味深さである。それは、「われわれ」を構成する一定の社会関係の複雑な相互依存的な編み合わせのなかから、エリアスのいう「ホモ・クラウスス」(閉ざされた人間)という近代的人間観が生成してきたという歴史発生論的な視点である。我ないし自我の——研究する側にせよ、される側にせよ——「主観性」をめぐる核心の関係論的な発生論の論点がここにもある。

先にみた現象学的思潮はこうした事態に関して、それは主観性の問題ではなく、主観性を成り立たせるもの同士の関係ないし間《あいだ》の問題、つまり間《かん》主観性(相互主観性とも表記される)という問題だとみる。しかもここで「(間)主観性」とは、広い意味で情動といった感性面をも含む身体的諸作用も含意されている。それゆえ、この語が狭い意味での言語的主観と混同される恐れがあれば、「間主観性」は身体的間主観性つまり「間身体性」という言い方をした方がよい場合もある。身体である自己が他者との相互行為関係のなかで「主観」・「主体」として成立する。後期フッサールの発生的現象学、あるいはそれを承けたメルロ＝ポンティの身体の現象学がこの点を示唆してきた。だが、少なくともいまここでさらに着目されてよいのは、主客や心身を臆断的に二元論のもとで語りがちな「我」という自己においては、出発点における関係性が第一次的であり、その意味で自己は「社会性」を欠いているわけではないということである(8)。と同時に、生成する主観性において「我」は、法や強制力のみならず、象徴やメディアを介した想像の共同体(アンダーソン)の世界とも深くかかわらざるをえない。現代のグローバル資本主義下でみられる国民国家の自覚を促す施策や言説は、その典型例である(Anderson, 1983)。「我」は、この場合、国民国家の国民として養育・教育されるという点も忘れてはならないだろう。

ところで先の図は、簡潔にいえば言語と身体という主体軸と社会と自然という客体軸を便宜上とっていたが、それはこの二分法それ自体が近代的な知の所産であって、むしろその二分法以前の他者たちとともに生きられる空間(Merleau-Ponty, 1945 ＝一九六七／一九七四)こそがまずは問い直されなくてはならないのではないか。それは、近代的な知の生成過程がいかなるものであるのかという発生論的な問いをも指示する。だからこそ、先の図では、二つの二分法の(点線の)軸が交叉する地点に間主観性や間身体性をベースとする生活世界と相互行為が位置づけられていたのである。生きるためにわれわれは、早い段階から他者に志向する。このような生活世界における自他との共在のなかでの社会的相互行為において生きてこそ(したがって「生《せい》」世界においてこそ)、近代の言語的で自己意識的な主観性(＝近代的な自我や主体性)も生成するようになる。……ただし誤解のないように付け加えておきたいが、ここでのポイントは次の点にあった。言語を獲得し一定の制度的な教育過程を経た思考力をもつ人間(市民)が、必要に応じて自ら意識的・主体的に新たに「国家」や「社会」を構築・構成することは、とくに民主的政体では多くの場合、「理想」であり「自明」であった。だから、この水準で諸主体が「間主観的」に社会構成を行うと述べる用語法ももちろん重要な視点だ。しかしこの水準の基底には、言語や行動様式の習得にみられるような他者との発生論的な相互行為過程がある。そこにはわれわれ「人間」が、その出発点においても相互に他者志向的であり、「社会性」を有しており、しかも間主観的に身体化された主観の形成がみられるという事態がある。そしてさらにその上で、右の社会構成の自明化された理想は、間主観的主観性による「想像の共同体」に基盤をもつ創造物であることもまた真実なのである。「社会」は、その時代の人々の集合的な相互行為によって想像的に創られ支えられる面をもつ。

以上のやや抽象的にみえる事態は、単純に「我」「個人」を出発点とする思考のなかでは忘れられがちな点である。日本語では、「人間」とは人の間と書く。これは基底的な間主観的存在を示唆する語である。人間は「社会的諸関係のアンサンブル」であるという視点だといってもよい。まさに間《あいだ》的存在としての人間観、それが往々にして忘れがちな時代が近現代であり、しかもただ忘れているだけでなく、忘れて(自明なこととして)行為するよう個人に迫る競争システム、つまり自己利益を優先するグローバルな資本主義システムであるという点が、現代社会の大きな特徴の一つであるといわざるをえない。

7　クリティークとしての社会学の視点——権力論と発生論を手がかりに

以上でみてきたことは、グローバル化の変動の渦中にある現代社会が、近代的で固定的な「主体」概念を中心とする思考と行為から出来上がってきたのではないかという点であった。と同時に、これまでの批判の主張点は次の点にもあった。すなわち、対象を客体として「客観的」にみる科学は常識や錯覚を批判して著しい成果を示してきたが、その成果の裏面では、「科学」を生み出し、その「正しさ」を確かめ、その「応用」によって影響を受けるという点で、「意味基底」にある日常世界を生きる人々の世界、つまり間主観的な「生活世界」を忘却してきたのではないだろうかという点であった。フッサールは、ガリレオが「発見の天才」であると同時に「隠蔽の天才」であるとして、生活世界の隠蔽に「危機」の源を見いだしていた。何のための科学か、そもそも科学とは何かという問いが忘れられがちである。近代の学問は自らの営みへの自己批判(=自己への反省的検討)が不十分ではなかったのか。

さらにいえば、グローバル化のなかで「国家主体」という発想も半ば自明視されてきた。国家と社会の分離以降、とりわけ社会科学は社会を国家《ナショナル》の枠のなかでしか、あるいはせいぜい国家間の関係(国際関係)の枠内でしか見てこなかったのではないか。ナショナルな枠を自明視してきた社会科学は、自らの枠を超えていかにして人々の連帯や生の充実に役立ちうるのか。現代の社会科学へのさらなる批判点がここにもみられる。もちろん、こうした議論は単純な科学批判・学問批判ではないことはもはや明らかであろう。近代科学の「意味」忘却に対してわれわれは敏感でなければならないのであって、問題は現代社会それ自体が一定の歴史発生論的な過程で、生活世界における人々の相互行為によって、いまあるような自己忘却の形になってきたその「自明性」こそ学問的に問われなければならないのではないだろうか。

社会学的地平で一例を挙げれば、男女の社会的性差という「構築物」、たとえば「男は男らしく、女は女らしく」という(現代日本社会にも色濃く残っている)社会的構築物であるジェンダー規範の形成がある。フェミニズムの社会学者たちを含めてなされる、この自明性への鋭い批判とその変革は、この規範への自明視が根強かった(現在も根強いものがある)だけに一筋縄ではない。理性的で自律的な主体性・主観性を重視し、その実践を国家を基盤として自由と平等を求めた近代の知(それは、「環境」をも軽視する一種の「人間中心主義」(humanism)であり、しかも「男性中心主義」で「国家中心主義」の側面を強くもっていた)は、「人間」解放を叫びながらも、その社会批判というクリティークが主体や環境や性差や国家などの問題までは十分に届かなかったという問題を抱え込んだものであった。それは、単に批判の力強さが足りなかったという問題ではない。むしろ、かたや言語のレベルよりももっと深層のいわば身体レベルにまで浸潤する関係性(主体化ないし個人化)と、かたやその身体を巻き込む近代のグローバル化された関係性のあり方こそが問題であったのだ。

こうした問題に対して、「権力」という論点をも睨《にら》んで関連する議論を展開したのがフーコーであった。彼はたとえば『監獄の誕生』という著作で、それまでの公然とした身体刑による犯罪の抑止力よりも、社会全域を覆うような「見えない力」で人々の行為を水路づける巧妙な権力作用に関して鋭い分析を展開した(Foucault, 1975 ＝一九七七)。誰が権力者かわからないような監視の仕組みのなかで規律と訓練の巧妙なシステムが作られ、人々が自らを「主体」として律していくなかに権力作用の秘密がある。しかも、「死」をちらつかせて人々をコントロールするのではなく、「生」を見据えるなかで――見えない形で自らにおいて――権力が作動する(「生―権力」)。そこには、近代的な理性をもって自らの感情をコントロールする〈自立・自律した人格的主体としての人間〉という近代的人間像がある。だが誤解はここでも禁物である。身体に浸潤した権力作用というのは、国家権力に代表されるような権力者が存在しないということではない。あるいはそこで、国家の暴力装置が発動されないということでもない。それらは確実に存在する。しかしそれはかなり見えにくい形で展開されている。その見えにくさを促しているのは、自らが自らをコントロールしているかのような近代的な主体(の幻想)が形成されているからだ。この主体形成のメカニズムの歴史的解明という仕事がフーコーによって先鞭がつけられたのである。

フーコーはあるところで、「私の目的は、……私たちの文化において人間が主体化され(服従を強いられ)ているさまざまな様式について、一つの歴史を構想すること」[9]であって、「私の研究の統一的主題は権力ではなく、主体なのである」と述べていた(Foucault, 1982 ＝二〇〇一：一〇―一一)。臨床医学やセクシュアリティなどの成立の「系譜」をも考古学的にたどり直すフーコーは、現在「まさに馴染みなものであるゆえに見えにくくなっている、自明視されている諸々の概念、信念、構造」(Giddens, 1999: 676)を問い、自明性が成り立つ歴史を精力的に掘り起こすという系譜学を試みて、自明性を批判的に検討してきたのである。

ポスト近代《モダン》の議論（ポスト構造主義や現象学の一部などの知的潮流）は、こうした点に敏感であった。とりわけポスト構造主義は、近代とそのロゴス中心主義の（社会主義国家の創設を含む）「大きな物語の終焉」や近代的思考（西欧の新たな「形而上学」）の「脱構築」という論点を提起してきた(10)。それらは重要な論点である。しかしそれらが近代批判の掛け声のみに終始して、「近代」をより根底から問いつつ新たな社会構築をも問う作業を怠るならば、単なる流行思想というモードに流される。近代批判という貴重な経験をした現代においては、「近代」自身の正確な見極めとそれへの対処があらためて要求されている。その作業は、さまざまな潮流からなるポストモダン論を睨《にら》んだ近代批判の議論を経由して、社会学において実はいまようやく本格的にはじまったばかりであるといってよい。グローバル化する脱国家の傾動と同時に、情報社会化も語られてきた。話し言葉や書き言葉とは区別される、他に指示対象や文脈をもたない自己言及的でシミュラークル的な電子言語から成る情報社会化とともにあるこの現在の地点で、認識される側（社会学の対象となる人々の側）の主体の把握のみならず、認識する側（社会学研究をする側）の主体の生成をも含めたあらためての検討＝批判が問われている。この「批判」が社会学および社会学者の絶えざる自己批判を包摂することはもはやいうまでもないであろう。本書は、そうした意味で、社会批判と自己批判を含む作業の一環である。

最後に、こうした批判を行う際の焦点の当て方に関して触れておきたい。筆者が別のところで示したことであるが(西原、二〇〇三)、社会学の焦点には、①現状の出来事・現象の記述に焦点のある「現象」論、②その背後にある社会構造を解明する「構造」論、さらに、③そうした現象や構造が果たしている機能を分析する「機能」論、そして、④以上が生じてきた歴史の源泉や生成を問う「発生」論がある。社会学において、現状を正しく認識するために、いま起こっている現象や出来事を整理して記録することは重要な仕事である。しかもそれだけでなく、そうした出来事や現象を引き起こした構造的要因やその現象がもつ機能的意義を問うことも間違いなく重要である。と同時に、それらの現象や構造や機能が、歴史的・人間的・社会的にどういう連関をもって発生・生成してきたかを問う発生論も社会学にとって不可欠な問いなのである。二〇世紀初頭の現代社会学の古典においては問われていた「発生論」は、だが今日の社会学においてはあまり自覚的には語られていない。現象記述や構造—機能論の考察が現代社会学の中心だと思われていないであろうか。「客観的」に統計データに語らせる。「客観的」な観察者の視点から構造や機能を論じる。あるいは現場に入って内側から(ときには当事者視点に立って)「客観的」に事実をみる。こういった社会学方法論が主流である。

だがかつてヴェーバーは、資本主義の精神の生成をプロテスタンティズムの倫理の出発点にまで立ち返って問い直した(Weber, 1904 ＝一九八九)。デュルケムも、社会の成立をいわば「宗教生活の原初形態」のなかにみた(Durkheim, 1913 ＝一九七五)。あるいは、社会の発生を日々なされている微細な相互作用の視点からみたジンメルの視線もある(Simmel, 1908 ＝一九九四)。そして、現代では「社会化(socialization)」

という題目で社会の存在を先取りする物象化的思考によって語られることが多いが、心理学的・行動発達論的な視点も交えた「個体」発生と「社会」発生に関する相互行為的議論もクーリーやミードによって先鞭が付けられていた(Cooley, 1909 ＝一九七〇；Mead, 1934 ＝一九七四)。これらの「発生論」は、わかりやすく示せば、(系統発生的な)歴史社会論的発生論、(個体発生的な)行動発達論的発生論、(相互行為論的な)社会構成論的発生論にまとめることができるが(西原、二〇〇三、参照)、いずれにせよ現代社会学において「発生」論が希薄になってきているように思われるだけに、近現代社会への発生論的視線もあらためて求められていると主張しておきたい。

おわりに

最後に本章のまとめに代えて、これまでの議論から見えてきた諸相について言及しておこう。本章は、相互行為が織りなす間主観的な生活世界の視座から社会と社会学を考えてきた。我々は、基底的な間主観的・発生論的な事態を前提にした主体として「生きられる関係」を取り結び、そこにおいて知識や情報をアクチュアルな世界の「意味」として紡ぎ出して生を営んでいる。そのアクチュアルな社会的関係性に着目することが重要だ。しかし、このアクチュアリティに忠実であることとは、いまある社会をそのまま受け入れることでは必ずしもない。いまある社会は、一定の発生論的な過程において成立しているにすぎない。本章は現代社会がグローバル化や脱国家の傾動にあるとしばしば語ってきたが、この点に関していえば、いま問われているのは、国と国との国際的な(inter-national)関係の問題というよりも、ナショナルな枠・国境の枠をも超えた、より基底の人と人との関係の構築、いわばその意味での人際的な(inter-subjective)＝間主観的・間主体的な関係の構築の問題ではないだろうか。人と人とが言語や国籍などを超えて、いかにして間主観的に豊かな関係性を構築できるのか。もちろん、そのような視点から論じる **intersubjectivity** は、旧来の近代的「主体」概念の枠内だけでは構想することすら難しいかもしれない。だからこそ、いまあらためて、自己と自己を取り巻く関係性に焦点化しつつアクチュアルな現実を批判的に問うスタンスが求められている。言い方をかえれば、グローバル化する歴史的世界のなかで主観をもつ人間存在のアクチュアリティに迫る視線こそが、いま社会と社会学に求められているといってもよい。そうしたいわば原点に立ち返った視座からしか、実は本当の創造性も生まれてこないのではないか。創造の担い手は、世界を他者とともに生きるわれわれ自身であるからだ。本シリーズはそうした「批判と創造」という視点に敏感な企画である。批判の目をもつと同時に、われわれの生きざまに迫る社会学のアクチュアリティを想像力豊かに本巻でも描いていきたいと考えている。

注

(1)一七世紀における社会契約説の登場が代表的なものである。

(2)反省(reflection)と関連する用語に、再帰的(reflexive)という言葉がある。ベックは人間の創造物が社会へと再帰してリスクをもたらしていることを、ギデンズは反省に近い意味で近代社会の再帰性を、ラッシュは感性を含めた美的・解釈学的な再帰性を語るが、ここでは本文のように限定して語っている(cf., Beck, et. al., 1994＝一九九七)

(3)ここで、単なる決定論ではなく、カルチュラル・スタディーズにも影響を与えたアルチュセールの「重層的決定」という概念を参照することができる(cf., Althusser, 1965＝一九九四。本書の第5章も参照)。

(4)通常、後期フッサールと呼ばれるこの時期の考え方は、さらに発生的現象学と呼ばれる鉱脈もあるのだが、この「発生」という点に関しては後半部で触れることにしよう。

(5)それゆえ、とくにアドルノは「道具化された」言語からの脱却をめざして芸術に期待し、ミメーシス(模倣)による自然との宥和というユートピア像を結果的に描く。しかしそれは、どこにもないもの(ウ・トピア＝ユートピア)であり、言語に対して懐疑的なペシミスティックな色合いも帯びてくる。アドルノらの議論には「出口がない」とこの学派の後の世代(cf., Habermas, 1981＝一九八七)によって批判される理由がここにあったのである。ホネットも批判しているように、ホルクハイマーらフランクフルト学派第一世代の批判理論には社会的行為論への関心は希薄であったといってよいだろう(cf., Honneth, 1985＝一九九二)。

(6)そのことによって、研究する主体である自分がどの位置、どの立場から物事を見ているかという視点が明確になる。そうすれば、他の人が同じ視点(立場)から追試して議論することもでき、「客観性」を語りうる。価値判断排除と誤って了解されてきたヴェーバーの「価値自由」という言葉は、このような自分の「視点」の明確化という方法論的要請だと理解されなければならない(西原、二〇〇三：二二四)。

(7)ヴィトゲンシュタインに影響を受けたウィンチや、少なからぬエスノメソドロジー研究者はこう論じていた。Winch, 1958 ＝一九七五、Leiter, 1980 ＝一九八七、参照。なお、エスノメソドロジー全体の批判的含意については拙稿(西原、二〇〇三：第七章)参照。

(8)クロスリーは、メルロ＝ポンティ(Merleau-Ponty,1945)などに依拠しながら、言語以前的・間身体的な「根源的間主観性」と言語以後的・意識的な「自我論的間主観性」を区別する(Crossley, 1996 ＝二〇〇三)。

(9)subjectという言葉には、主体と服従を指示する意味がある。

(10)この論点を詳細に論じるだけの紙幅はないので、たとえばリオタールの文献(Lyotard, 1985 ＝一九八六)などを参照してほしい。

文　献

Anderson, B., 1983, *Imagined Communities:Reflections on the Origin and Spread of Nationalism*, Verso Editions. ＝一九八七年、白石さや・白石隆訳『増補　想像の共同体』ＮＴＴ出版。

Althusser, L. , 1965, *Pour Marx*, Editions La Decourverte. ＝一九九四年、河野健二・田村俶・西川長夫訳『マルクスのために』平凡社。

Beck, U., et.al., 1994, *Reflexive Modernization: Politics, Tradition and Aesthetics in the Modern Social Order*, Polity Press. ＝一九九七年、松尾精文・小幡正敏・叶堂隆三訳『再帰的近代化』而立書房。

Conte, A., 1844, *Discours sur l'esprit positif*, Garnier Frèie〔1926〕＝一九七〇年、霧生和夫訳「実証精神論」『世界

の名著36　コント・スペンサー』中央公論社。

Cooley, C. H. , 1909, *Social Organizations*, Chales Secribner's Sons. ＝一九七〇年、大橋幸・菊地美代志訳『社会組織論』青木書店。

Crossley, N. , 1996, *Intersubjectivity: The Fabric of Social Becoming*, Sage. ＝二〇〇三年、西原和久訳『間主観性と公共性――社会生成の現場』新泉社。

Descartes, R., 1637, *Discours de la methode*. ＝一九六七年、野田又夫訳「方法序説」『世界の名著2　デカルト』中央公論社。

Durkheim, E. , 1912, *Les formes elementaires de la vie religieuse*, F.Alcan. ＝一九七五年、古野清人訳『宗教生活の原初形態（上・下）』岩波書店。

Elias, N. , 1939, *Über den Prozess der Zivilisation: Soziogenetische und psychogenetische Untersuchungen*, 1/2, Haus zum Falken. ＝一九七七年、赤井彗爾ほか訳『文明化の過程（上）』／一九七八年、波田節夫ほか訳『文明化の過程（下）』法政大学出版局。

Giddens, A. , 1990, *The Consequences of Modernity*, Polity. ＝一九九三年、松尾精文・小幡正敏訳『近代とはいかなる時代か』而立書房。

――――, 1999, *Sociology*（4th.edition）, Polity.

Foucault, M. , 1975, *Surveiller et punir: naissance de la prison*, Gallimard. ＝一九七七年、田村俶訳『監獄の誕生――監視と処罰』新潮社。

――――, 1982, The Subject and Power, in Dreyfus, H. and Rabinow, P.（eds.）,*Michel Foucault: Beyond Structuralism and Hermeneutics*, Harvester. ＝二〇〇一年、渥海和久訳「主体と権力」『フーコー思考集成IX』藤原書店。

Habermas, J. , 1981, *Theorie des kommunikativen Handelns*, Bd.1/2, Suhrkamp. ＝一九八六年、河上倫逸ほか訳『コミュニケイション的行為の理論(上)』未来社／一九八七年、岩倉正博ほか訳『コミュニケイション的行為の理論(中)』未来社／一九八五年、丸山高司ほか訳『コミュニケイション的行為の理論(下)』未来社。

Honneth, A. , 1985, *Kritik der Macht*, Suhrkamp. ＝一九九二年、河上倫逸監訳『権力の批判』法政大学出版局。

Horkheimer, M., 1937, Traditionelle und kritische Theorie. ＝一九七四年、久野収訳「伝統的理論と批判的理論」『哲学の社会的機能』晶文社。

Horkheimer, M.und Adorno, Th., 1947, *Dialektik der Aufklärung*, Querido., Band 3 der Gesammelten Schriften Adornos, Suhrkamp, 1981. ＝一九九〇年、徳永恂訳『啓蒙の弁証法』岩波書店。

Husserl, E. , 1954, *Die Krisis der europäischen Wissenschaften und die transzendentale Phänomenologie*, Husserliana, Bd.VI. ＝一九七四年、細谷恒夫・木田元訳『ヨーロッパ諸学の危機と超越論的現象学』中央公論社。

Kant, I. , 1781, *Kritik der reinen Vernunft*, Felix Meiner Verlag〔1956〕. ＝一九七〇年、高峯一愚訳『純粋理性批判』河出書房新社。

Leiter, K., 1980, *A Primer on Ethnomethodology*, Oxford University Press. ＝一九八七年、高山眞知子訳『エスノメソドロジーとは何か』新曜社。

Lyotard, J-F., 1979, *La condition postmoderne*, Minuit. ＝一九八六年、小林康夫訳『ポスト・モダンの条件』風の薔薇・水声社。

Marx, K., 1844, Ökonomisch-Philosophische Manuskript. ＝一九六四年、城塚登・田中吉六訳『経済学・哲学草稿』岩波書店。

———, 1845, *Thesen uber Feuerbach*. ＝一九六三年、「フォイエルバッハにかんするテーゼ」『マルクス・エンゲルス全集3』大月書店。

———, 1857-58, Grundrisee der Kritik der politichen Ökonomie, in *Marx-Engels Werke*, Bd.42, Dietz Verlag [1983]＝一九五八年、高木幸二郎監訳『経済学批判要綱Ⅰ』大月書店。

———, 1867, Das Kapital, 1 Bd. in *Marx-Engels Werke*, Bd.23, Dietz Verlag［1992］＝一九六五年、岡崎次郎訳『資本論（1〜3）』大月書店。

Mead, G. H. , 1934, *Mind, Self, and Society*, University of Chicago Press. ＝一九七四年、稲葉三千男・滝沢正樹・中野収訳『精神・自我・社会』青木書店。

Merleau-Ponty, M. , 1945, *Phémonénologie de la perception*, Gallimard. ＝一九六七年、竹内芳郎・小木貞孝訳『知覚の現象学1』みすず書房／一九七四年、竹内芳郎・木田元・宮本忠雄訳『知覚の現象学2』みすず書房。

中河伸俊、一九九九年、『社会問題の社会学——構築主義アプローチの新展開』世界思想社。

西原和久、一九九八年、『意味の社会学——現象学的社会学の冒険』弘文堂。

———、二〇〇三年、『自己と社会——現象学の社会理論と〈発生社会学〉』新泉社。

Schütz, A., 1932, *Der sinnhafte Aufbau der sozialen Welt*, Springer. ＝一九八二年、佐藤嘉一訳『社会的世界の意味構成』木鐸社。

Schutz, A., 1962, *Collected Papers, I: The Problem of Social Reality*, Nijhoff. ＝一九八三／八五年、渡部光・那須壽・西原和久訳『シュッツ著作集　第一巻　社会的現実の問題〔I〕・〔II〕』マルジュ社。

Simmel, G., 1908, *Soziologie: Untersuchungen über die Formen der Vergesellshaftung*, Dunker & Humbolt. ＝一九九四年、居安正訳『社会学（上・下）』白水社。

上野千鶴子編、二〇〇一年、『構築主義とは何か』勁草書房。

Wallerstein, I., 1974, *The Modern Worlds-System*, Academic Press. ＝一九八一年、川北稔訳『近代世界システムI・II』岩波書店。

Weber, M., 1920, *Gesammelte Aufsätze zur Religionssoziologie*, J.C.B.Mohr. ＝一九八九年、大塚久雄訳『プロテスタンティズムの倫理と資本主義の精神』岩波書店。

———, 1972, *Wirtschaft und Gesellschaft*, J. C. B. Mohr. ＝一九五三年、阿閉吉男・内藤莞爾訳『社会学の基礎概念』角川書店。

Winch, P., 1958, *The Idea of a Social Science and its Relation to Philosophy*, R.K.P. ＝一九七五年、森川真規雄訳『社会科学の理念』新曜社。

第1章　歴史のなかの自我
――自己・他者・暴力――

奥村　隆

1　はじめに――「自我」を歴史化する

私たちの「私」とは、どのようなものであろうか。それはなにをしているのだろうか。――「私」という私にとってもっとも身近なものが、私にとってもっとも解明しがたいものであるのかもしれない。「私」は、あたりまえであればあるほど、問おうとする私の手をすり抜けて、漠然としたものになっていく。

この「歴史のなかの自我」というテーマを与えられた章では、その「私」を「歴史」のなかで問うこと、いわば「自我」を「歴史化」することによって、自明であいまいな「私」の輪郭をより明確にすることを目的とする。簡単にいって、かつての「あたりまえの私」を見ることによって（それがいまのそれと異なるものであるならば）、いまの「あたりまえの私」はあたりまえなどではないものとして問いの対象となる。また、その「私」が（かつての「私」はそうでなかったのだから）どのような歴史的な過程で変化・発生したかを、描くことができるようになる。そして、これまで「社会学」は、この「自我を歴史化する」という作業を、いくつかの異なる手つきで繰り返し行ってきた、といってもよいだろう。

たとえば、オーストラリアの社会学者ロバート・ヴァン・クリーケンは、「魂の組織化」と題した論文の冒頭近くで、こう述べている。現代の社会理論の多くは、「近代的である」ということは人々の「魂(the soul)」が「自己(the self)」へと組織化されることである、と仮定している。近代において、「魂」は、私自身のものであれ他者のものであれ反省や分析の対象としての「自己」となる。西欧社会の近代の歴史は「魂」への秩序化が強化される歴史であり、そこでは「魂」をより客観視する過程、主観性がより規律化される過程が生じてきた(van Krieken, 1990: 353)。自らを反省し分析するような「魂」＝自分で自分を秩序化し、客観視し、規律に従わせる「自己」が近代の特徴であること、つまりそれ以前は存在せず、ある歴史的過程のなかで発生したものであること、この仮定から多くの社会理論が出発していると、クリーケンはこの論文で指摘する。

こうした社会理論を、私たちはすぐにいくつも挙げることができるだろう。クリーケンも触れるマックス・ヴェーバーの社会学は、プロテスタンティズムの「予定説」が自己の行為を吟味・反省する「近代的自己」を作り出す、と仮定した。『プロテスタンティズムの倫理と資本主義の精神』に描かれるように、死後に「永遠の生命」と「永遠の死滅」を与えられる者が神によってすでに選ばれており、無力な人間はそれを知りえないとする、この宗教的救済をめぐる「理念」は、選びを確証するために、神の栄光を増しうる「私」・隣人愛を実践できる「私」であるかどうかを自己審査し、いわば神の目を折り返して自らに反省のまなざしを向ける「自己」を産出する。ヴェーバーは、その後の資本主義において自明となっている「自己」の起源を、この宗教的な「理念」に見いだす(Weber, 1904-5＝一九八九)。

エミール・デュルケムの社会学は(クリーケンは言及していないが)、社会が行う「儀礼」の変容を捉えて、こうした「自己」の発生に接近した。彼の『社会分業論』によれば、人々が類似するから連帯するかつての「機械的連帯」の社会では、共通の「聖なるもの」への「礼拝式」を行うことがその「共同意識」を支えたが、分業によって相互に異なる機能を果たすがゆえに連帯する近代の「有機的連帯」の社会においては、そうした共通の「聖なるもの」を拝むことができない。だが、近代においては「個人こそがある種の宗教の対象」になり、「われわれは、人格の尊厳のために、ある礼拝式を持つ」(Durkheim, 1893＝一九七一：一六七)。互いに他者の「私」を拝み合うことで、社会は維持され、「私」がはじめて生み出される。そして(ここからはむしろ、デュルケムを引き継いだアーヴィング・ゴフマンの視点だが)、現代の私たちは、他者を適切に礼拝でき(きちんとした「信者」であり)、他者から拝まれるに値する存在(いわば「神」)であることを証明するために、「相互行為儀礼」のなかで自己のふるまいを吟味し、「自己統御」を怠らないよう努力する(Goffman, 1967＝一九八六)。

ミシェル・フーコーの議論をここに加えることもできよう。周知のように、彼は『監獄の誕生』で、一八世紀末から一九世紀初頭にかけて、それまでの身体刑ではなく「矯正中心の刑罰制度の装置」が提案され、犯罪者に「善行の訓育」「習慣の取得」をさせるようになること、軍隊・学校・工場などでも、ある空間に個人を配置し、時間を区切り、「監視」「処罰」「試験」を課すことによって「従順な身体」を作り出すようになったこと、を論じる。これらの「装置」による「規律・訓練(discipline)」によって、「個人」が自らの身体やふるまいを統制し、「心・精神」に注目するという事態が発生する。一九世紀初頭にジェレミー・ベンサムが考案した「一望監視施設(panopticon)」では、不可視の監視者に見られているのではないかという「可視性への永続的な自覚状態」が受刑者に植え付けられ、彼らは監視者の目で自分自身を見、自らを律することになる、とフーコーは考える。ヴェーバーが「理念」の作動により神の目を折り返して自己審査する人々を仮定したのと似・かつ相違して、フーコーはある「装置」により監視者の目を折り返して自己規律する人々の存在を仮定し、「政治権力の無限小」の作動を描き出す(Foucault, 1975＝一九七七)。

こうして、それぞれの社会理論は、私たち自身の自明の「私」の輪郭を描く作業に異なる補助線を与えてくれる。「私」が自らを吟味し、統御し、律している「組織化」された「自己」であるということは、近代以前にはなかった事態なのではないか。その「私」は、ある宗教的「理念」の作動によって／他者と相互礼拝の「儀式」を行うために／ある「装置」による監視を折り返すようにして、発生したのではないか。これらの議論に従って「私」を「歴史化」するとき、私たちは「私」にいまも作動している、いわば自明で不可視の「力の束」を記述することができるようになる。

　さて、この章では、これらのよく知られている「社会学」による作業のリストに、むしろあまり知られていないだろう作業を付け加え、別の補助線を手に入れることを試みたい。その社会学者による作業は、ヴェーバーが「理念」に、デュルケムが「儀礼」に、フーコーが「装置」に求めた「魂の組織化」の力を、「暴力」をめぐる歴史をたどることで発見しようとする。それだけでなく、彼の作業は、自己審査・自己統制・自己規律を行うようになった近代の「自己」が、「暴力」をふるうという事態をも記述しようとする。私たちは、「組織化された自己」、おそらく他者に「暴力」などふるいそうもない「私」である。これはどのようにして生まれたものなのか。しかし、そのような私たちは、他者に「暴力」をふるいうる「私」でもある。では、どのようにしてその「暴力」は現実化するのか。

　その社会学者とは、ノルベルト・エリアス(Norbert Elias)である(冒頭のクリーケンの論文は、実はエリアスとフーコーを対比したものであった)。一八九七年にドイツ・ブレスラウで生まれ、一九九〇年にアムステルダムで死んだこの社会学者は、暴力をふるわない「自己抑制」する「私」が発生する歴史的過程を「文明化の過程」と呼び、一九三九年にそれを描いた主著『文明化の過程』を刊行する。しかし、彼のこの研究がなされた一九三〇年代は激しい「暴力」の時代であった。ユダヤ人だったエリアス自身、一九三三年のヒトラー政権成立後ドイツを離れ、三五年以降の亡命先・ロンドンでこの研究を行っている。そして、この著書の刊行後の一九四〇年に父親を故郷ブレスラウで、翌四一年にアウシュヴィッツで母親を失った。「暴力」をふるわない平穏な私たちの存在があたりまえに見える社会が「危機と改革の経験」(Elias, 1939＝一九七七：六四)に瀕するのを目の前にして、彼は、そうした「私」がそもそもなんであり、どのようにして生まれたのかを、自明ではないもの＝問いの対象にする。また、それから半世紀たった一九八九年(死の前年)に、彼は『ドイツ人論』という著書を刊行する。これは、そうした「文明化された私」がいかにして「暴力」をふるう「私」になりうるのかを、とくにナチズムを中心としたドイツでの「暴力」を事例に論じたものである。

このエリアスという社会学者が「自我を歴史化する」手つきはどのようなものであろうか。それは、私たちが「私」の輪郭を描き、自分自身に作動している「力の束」を発見しようとする作業に、いかなる補助線を与えてくれるだろうか。——「暴力」を鍵概念とする彼の試みを、以下、たどることにしよう。第2節「自己抑制する『自我』」では「暴力」をふるわない私の発生を、第3節「引き裂かれた『自我』」ではそのような「私」がいかに「暴力」をふるうことになるかを、論じることにする。この二つの節を経ることで、私たちにとってあたりまえの「私」の成り立ちが、どのように、より明確なものになるだろうか。

2　自己抑制する「自我」——文明化・礼儀・暴力

エリアスの主著『文明化の過程』は、とても奇妙な本である。その前半は、彼がロンドンの大英図書館で発見したという膨大な「礼儀作法書」、つまりマナーブック、エチケットブックを詳細に検討することに費やされるのだから。人はどうして礼儀正しくふるまうようになったのだろう。「礼儀正しい人間」とはそもそもなんなのだろう。——クリーケンのいう「魂の組織化」への接近を、エリアスはこの独特の問いからはじめようとする。私たちもここから、この章での「自我を歴史化する」作業を開始することにしよう。

エリアスによれば、一五三〇年にオランダの人文主義者エラスムスが『少年礼儀作法論』という本を出版しベストセラーになったが、その前後の数百年をみると、礼儀作法書に描かれた人々のふるまいはある一定の方向に変化している、という。たとえば食事の仕方。エラスムスの時代には何人かが同じスプーンを交代で使って大皿からスープを飲んでいたが、これが徐々に不快になり、一七世紀後半には個人用のスプーンや皿を使うようになる。肉を手づかみで食べていたのが、ソースが手につかないようフォークを使うようになる。大きな肉の塊(それが「動物の死体」だとわかるような)を食卓上で鋭利な刃物で切り分けるやり方が次第に忌避されて、できるだけ厨房で切り分けて供されるようになり、ナイフの使用には細々したマナーが決められたり、刃先をより鈍いものにしたりする。このように、かつて不快でなかったものが不快になるという「感受性」の変化が生じる。いま述べた、スプーンの共用、肉の手づかみ、肉塊＝死体、鋭いナイフなど不快になったものは、禁止されるか、人々に見えない「舞台裏」に隠される。それは、排泄や性交なども同じである。人々がオープンに行い、語っていたことが、見えない場所に移され、人前から排除される。

この傾向は「感情」にもみられる、とエリアスはいう。中世に広まった礼儀作法書では「立派な人のいうことには従い、悪い人には必ず逆らうように」と薦められていたが、一七世紀の貴族ラ・ブリュイエールの著書『人さまざま』では、宮廷で望ましいふるまいは「深遠で、何を考えているのか心の奥底を他人に見せない」やり方である、とされる。「自分の敵にも微笑みかけ、自分の不機嫌を押し殺し、情熱を仮装し、本心を顔に表さず、自分の感情と裏腹に話したり行動したりする」(Elias, 1939＝一九七八：三九四)。つまり、「感情」も心という「舞台裏」にしまい込んで、他者には見せないようにする。人々は、このように、「礼儀正しく」なっていく。現在の私たちもまた、そうした「礼儀正しい私」の一員であるように思われる。

では、それ以前の人々はどうだったのだろうか。ラ・ブリュイエールが説いたのは「宮廷」での望ましいふるまいだったのだが（彼は「宮廷貴族」である）、それを「戦士貴族」と比較すればいい。中世の戦士たちは、もっと率直に憎悪も愛情も表現した。また、暴力もふるった（ふるわなければならなかった）。

彼らは常に他者の暴力に脅かされる可能性があったから、暴力をふるう用意があることが生きるための必要条件だったし、感情もはっきり表現しないと「落伍者」になってしまう。逆に宮廷では、感情を表に出してしまうと、他者に読まれてつけこまれ、無作法な人・信用できない人として「落伍者」になってしまう。

礼儀作法書という資料は、どうやら人々がさまざまなものを他者から見えない場所（「舞台裏」、なかでも「個人的」な空間や「私」の「内面」）にしまい込むようになってきたことを示している。これを、人々が「礼儀正しく」なったとも、社会が「平穏」になったともいえるだろう。あるいは、他者に命令されたり暴力をふるわれたりして行動を制御するやり方（「外的強制（Fremdzwang）」とエリアスは呼ぶ）から、他者にいわれるまえに自分であらかじめ行動を制御するやり方（「自己抑制（Selbstzwang）」）にバランスが移動してきた、といってもいい。この方向への変化を、エリアスは「文明化の過程」と呼ぶ。

ただし、この「平穏」な社会で、心のなかはおそらく「平穏」ではない。たしかに他者に暴力で脅かされるという不安は、ほとんどなくなった。だが、他人につけこまれないように感情を隠さねばならず、不快を与えないように注意深く行動を制御しなくてはならない。心からなにかが漏れ出してしまうのではないかという「不安」が生じ、他人との戦いではなく心のなかでの自分との戦いこそが最大の戦場となる。ここで「心」は――感情を率直に表す戦士と比べればよい――、感情を隠し、他者の心を観察し（彼らも感情を隠しているから）、自分を反省する（他人に読まれず、適切にふるまえるように）装置となって、より複雑で微妙な動きをするようになるだろう。このように、礼儀正しく、自己抑制し、他者に対して感情をしまい込む心をもつ人間を、エリアスは「閉ざされた人間(homo clausus)」と呼ぶ。「平穏」で「不安」な「閉ざされた自我」が、こうして新しく誕生するのである。

食事の仕方や感情の表現、暴力の制御など人々のごく基本的なふるまいには、歴史的な変化があるらしい。そのなかで、「礼儀正しい人間」、自らを反省し「自己抑制」する「自我」や「心」の仕組みが発生する。こうしてエリアスは、礼儀作法書を材料に、ある「魂の組織化」の歴史を描いたともいえるだろう。しかし、なぜそのような変化が生まれたのだろう。人々に作動してそうさせる「力の束」とはなんなのだろう。――エリアスはこの説明を、『文明化の過程』の後半で、次のような「暴力」をめぐる歴史を書くことによって試みる。

彼が引くフランスを例に、ごく簡略化して述べよう。かつてフランク帝国(八〇〇年成立)の一部だったこの地域は、その後どんどん分解し、一〇～一一世紀には小さな領主ごとの支配地域に解体した。各地域で自給自足できるのだから、主人から領土を任された家臣たちは独立・分権化したがるのだ。しかし、これ以降の時期に、人口の増加、商業化や貨幣の必要性の増大などによって、どの領主も新しい土地や貨幣の獲得のために隣の領土を攻め取ることを考えなければならなくなる。隣人の領土を奪わなければ、隣人に自分の領土を奪われる。こうして、およそ一二世紀以降、領主＝戦士たちによる戦争が相次ぐことになる。

こうした戦争の結果、勝者は敗者の領土を併合し、より大きな領土を支配する。領主同士の争いが繰り返されるという、このトーナメント戦のような暴力闘争は、少数の領主への領土の集積を進めるだろう。そして最終的に、領土を拡大していったフランス王家が一五三二年にブルターニュ公の領土を併合することで、ようやく現在の「フランス」という範囲が一つの集権化された支配単位として成立する。

この実にマクロな歴史が、人々が礼儀正しくなるというミクロな歴史とどのように関係するのだろうか。エリアスに従って、三つのことを述べよう。第一。小さな領土しかもたない領主やその家臣たちは、館や領地で数少ない「味方」と暮らし、その範囲の外にはさまざまな「敵」が存在していた。これに対し、戦争の結果、少数の領主に多くの領土が集中するとその館(最大のものは王の「宮廷」)は拡大し、たくさんの物資やチャンスが人々を集めることになる。ここでは、以前よりはるかに多くの人々と協力しなくてはならない、複雑な「相互依存の網の目」が生まれる。しかも、このなかで人々は単に協力する「味方」であるだけでなく、利益や出世を争う「敵」でもある。多くの人と複雑に編み合わさり、「味方であり敵・敵であり味方」というアンビヴァレントな関係に生きるとき、ラ・ブリュイエールがいうような、他者に心を隠し、他者の心を読み、いまの感情よりも長期的な利害を考慮する「自己抑制」したふるまいが必要不可欠なものになる。

第二。このような相互依存の網の目を可能にする決定的条件が「国家による暴力の独占」である、とエリアスはいう。戦争の繰り返しの結果、暴力をふるいうるのは王（その命令のもとにある王の軍隊）のみになる。かつて各戦士の身体がふるいえた暴力は国家の中央機構に集中され、各人が暴力をふるうと国家の強大な暴力により罰せられるのだ。この独占された暴力に守られて、国内は「平穏」な空間となり、相互依存はより長く複雑なものになりうるし、人々は他者の暴力に脅かされるのを心配することなく「自己抑制」できる。また、「自己抑制」しないと国家の暴力に罰せられるので、そうせざるをえない。このことは、「宮廷」から商人や職人が暮らす世界、農民の世界などにも広がっていく。彼らもまた、国家の暴力独占による「平穏」な空間・かつてより長く複雑な相互依存の編み合わせのなかに組み込まれるようになり、より「自己抑制」したふるまいを身につけるようになる。

第三。この過程で、都市に暮らす「市民」たちが勢力を増し、とくにフランスでは宮廷内部に参入するようになる。この現象が、貴族たちを不安にし、刺激する、とエリアスはいう。宮廷で自分たちと似たふるまいを身につけた市民たち、彼らとわれわれはもう差がないのではないか。いや、やはりわれわれは彼らと違う、なんとか「区別」したい！　この区別消滅への不安と差異創出への欲望を原動力に、貴族たちはより「上品な」基準・感受性を開発し、これまで上品だったものが下品になる。市民たちは、その新しい「上品さ」を身につけるようになる、それを見た貴族たちはさらに……。こうして、「区別」・「差異化」のメカニズムによって、「礼儀正しさ」はどんどん高度化し、社会全体に広範化する。

複雑化しアンビヴァレンツを生む相互依存関係、国家の暴力独占による国内空間の平穏化、階級間の区別への不安と欲望。こうした社会的条件によって、「自己抑制」する人間、「文明化された人間」が生じる。だから、この条件が変化すれば、人間の「礼儀正しさ」「自己抑制」「文明」など壊れてしまうのではないか、とエリアスは『文明化の過程』の末尾で示唆する。また、これらの条件によって、人間は「魂」を「組織化」して生きることを、いわば強いられる。戦士のように感情や暴力を他者にぶつけることをしなくても生きていけるが、同時に、感情や暴力を率直に表してしまうと生きていくことができず、なにかが漏れ出すのではないかという「不安」を抱く(この不安を「文明化の傷」とエリアスは呼ぶ)「私」の姿も、エリアスは描き出す。

こうして、エリアスは、「魂」が「自己」へと組織化される一つの過程を、「暴力」を軸に抽出した。確認するならば、この世界は、中世の戦士が「暴力」をふるい合う空間とは大きく異なっている。しかし、ここに「暴力」は明確に存在する。暴力的な過程から発生した「国家」という「暴力独占の装置」が人々の身体から暴力を奪い取ることで、「平穏」な空間は作り出されたのだ。この巨大な「暴力」の存在によって、個々人は「平穏」であり続けられ・「平穏」であるよう強制される。現在の私たちの「私」も、このような構造の空間のなかで「自己抑制」しているのではないか。「私」は、いまでもこのような「力の束」に(それは自明すぎて見えなくなっているが)貫かれて存在しているのではないか。

さて、以上の『文明化の過程』でのエリアスの作業は、私たち自身の「私」をより明確にする作業になんらかの補助線を与えてくれただろうか。ヴェーバーの「理念」、デュルケムの「儀礼」、フーコーの「装置」に代わるような、あるいはそれら以上に自明になっている「私」とそれに作動している「力の束」を描き出す補助線を。――ただ、ある疑問が残るだろう。ここで、私たちが「自己抑制」し、漏れ出さないようにという「不安」を抱えながら「魂」を「組織化」している姿は明らかになったかもしれない。しかし、すでに述べたように、エリアスがこの「自己」を描こうと試みたのは、一九三〇年代の「暴力」を目前にしてであった。その「暴力」は、この「組織化」された「自己」やそれを生み出す社会の「力」のどこから生まれるのか。エリアスは、それを果たして捉えたのか。そして、二〇〇〇年代に生きる私たちは、「平穏」な「私」の成り立ち(や、その生きづらさ)への問いとともに、その「私」が「暴力」をふるいうるという事実への問いに、きわめて敏感にならざるをえない。この後者の問いに、エリアスはどのように答えるのだろうか。

もう少しエリアスが引いた補助線を延長してみよう。この「私」がふるうかもしれない「暴力」の方へ、と。いま述べたように、私たちの「平穏」な「私」は、すでに「暴力」とある関係をもっている。あるいは、「私」は「平穏」な空間にあたりまえに住まうのではなく、むしろ「平穏」と「暴力」のあいだで「引き裂かれて」いるという方が正確かもしれない。その「私」の姿を、彼は『ドイツ人論』という晩年の著書で描く。そこで記された、『文明化の過程』と重なりながらずれていく「自我」の姿を、次にみることにしよう。

3　引き裂かれる「自我」──民主化・理想・暴力

エリアスがアウシュヴィッツで母親が殺害されたことを知ったのは、『文明化の過程』刊行の二年後・一九四一年のことだったという。「礼儀正しい自我」がいかなる存在かについて論じたこの本は、それがどう「暴力をふるう自我」に変わるかに答えられないまま終わった、というべきだろう。この本は、フランス革命以前までで記述を終え、その後の「暴力」には触れないのだから。しかし、戦後の彼はこれについて考え続ける。そして、ドイツでの暴力について論じた『ドイツ人論』を、死の前年・一九八九年に刊行する(Elias, 1989＝一九九六)。

この本で彼は、ドイツがいかなる過程をたどってナチズムの暴力に至ったか、「礼儀正しい人間」が成り立つ条件がその過程でどう壊れたのかを検証しようとする。しかし、より一般的に論じる必要があるだろう。どうして人々は「自己抑制」の世界から「暴力」の世界に移っていくのか。私たちの「私」も、このふたつの世界のあいだにいるのではないか。

もっとも簡単なことから考え始めよう。前節でみた「平穏」な世界は、本当に「平穏」なのだろうか。すでに、人々の心のなかに「不安」が存在すること、国家という「暴力」を独占した機構の存在がこの「平穏」の要因そのものであることを指摘した。しかし、少なくともその日常では、人々は「平穏」な「私」

であり続けているように思われる。

しかしながら、『ドイツ人論』で、この世界には次のようなもっとも大きな「分裂」が存在することを、エリアスは繰り返し強調する。すなわち、国家が「暴力」を独占することでその「国内空間」がいかに平穏になったとしても、「国家間空間」には暴力を独占する機構が存在せず、この空間には常に暴力が顕在化する可能性がある、という「分裂」である。ちょうど中世の領主＝戦士の領土内には「平穏」があったが、そのあいだには常に戦闘の可能性があったのと同じように、暴力独占なきこの空間は、争い事を暴力＝戦争によって解決しようとする経路を閉ざす仕組みをもっていない。端的にいって、この二つの空間でふるまいの基準は異なる。哲学者アンリ・ベルクソンがいうように、国内空間では「他人の生命や所有権を尊重するという義務」があるが、国家間空間では「戦時には何が起こるかを考えてみれば、……殺人や強奪が、また裏切りや欺瞞や虚言も、単に合法的となるだけでなく、賞賛に値するもの」となるのである（Bergson, 1932＝一九七七：三八）。

国内空間に生きる「自己抑制する自我」が、この国家間空間に出会うときどうするか。これが、「文明化」された世界の最大の問題である。宮廷貴族の世界でも、領土と領土のあいだの空間を誰かが担当しなければならなかった。想像すればよいが、戦争の空間を経験した人が国内の平穏な空間に戻るとき、ふるまいの基準の相違に戸惑い、国内空間のふるまいに適応できないこともある（もちろん、戦場に出るときの問題の方が大きいかもしれないが）。「礼儀正しい自我」は、この二空間の分裂に、引き裂かれるのではないか。

ここで、ドイツの、それも「市民」たちについて、エリアスが『ドイツ人論』で述べていることを例としてたどってみよう。そこには、この分裂に引き裂かれる彼らの姿を見いだすことができる。そしてそれは、私たち自身の「私」をみる一つの補助線になるだろう。

前節でみたフランスとドイツでは、国家が形成される過程が、実は大きく異なる。もともと神聖ローマ帝国として大きな領土を抱えていたドイツ人の国家は、その後分裂を繰り返し、一七世紀（フランスが統一されて繁栄していた時期）には三十年戦争（一六一八〜四八年）で疲弊し、ようやく統一されたのはフランスとの戦争に勝利した一八七一年だった。このように小さな領土・宮廷に分かれ、その間に戦争の可能性があることは、ドイツの領主＝貴族層をフランス的な「宮廷貴族」よりも「戦士」に近いふるまいをする存在にしていた。また、都市の商人や職人＝「市民」たちは、こうした貴族の支配に対して政治的にも経済的にも実力をもちえず、フランスでのように宮廷に進出するということはなかった。

エリアスによれば、このようなドイツの市民たちは、「ヒューマニズム」という道徳を発達させる。人類すべての生命、普遍的に妥当する価値、これを尊重しなければならない。たとえばカントの道徳哲学に定式化されるこの価値観を彼らは大切にし、フランスのような洗練された礼儀正しさではなかったが、誠実で道徳的なふるまい方をしていた。それは、政治や経済で自己を表現できない市民たちの、自分は貴族たちとは違う、という叫びでもあった。「政治」や「経済」より、われわれの「道徳」「精神」「文化」こそ価値があるのだ！

しかし、この事態はこうも捉えられる、とエリアスはいう。市民たちは、国家間の空間に出会わなかったからこそ、「ヒューマニズム」という崇高な道徳をもちえたのだ、と。この空間を担当するのは、貴族層が中心であり、戦争を行う軍人（戦士）も外交を行うのもこの層の人々であった。そして、この空間で必要な行動基準は、「ヒューマニズム」ではなく「マキアヴェリズム」である。貴族出身の外交官たちは、国を守るためには必要であればどんな手段も用い、国内では道徳的に許されないことも行う覚悟がなければならない、と考えていた（ベルクソンがいったように）。そうした行動基準で運営されている国家間の空間を自分たち以外の人々が担ってくれていることによって、市民たちは人類にまで広がるような「ヒューマニズム」の理想を抱くことができた（逆説的にも！）、といえるのではないか。

しかし、一八世紀以降ヨーロッパの多くの社会で起こったことは、市民たちがこの役割を担うようになる、という変化であった。これを、「民主化」と呼ぶことにしよう。つまり、市民たちが経済的にも政治的にも力を得、これまで貴族たちが独占していたさまざまな役割、たとえば政府の要職に進出していくことになる。その役割のなかには、「国家間空間」での外交や軍事も含まれる。だが、その空間にはずっとマキアヴェリ的な行動基準が存在してきた。「民主化」以前はこの役割を担わず、「国内空間」の平穏で道徳的なふるまいの基準に従って生きていくことができた彼らは、このとき、ここでどうすればよいかに苦悩することになる。これまで身につけてきた「国内空間」の道徳か、これまで「国家間空間」を支配したマキアヴェリズムか。「民主化」とは、この空間を市民たち自身が担い、この二つの空間の矛盾に引き裂かれながら、答えを探す、という困難な過程である。

「民主化」は、同時にもう一つの事態も引き起こす、とエリアスはいう。前節でみたように、「国家」とは領主間の闘争の結果「暴力」を独占した機構であるが、市民や庶民たちがその指導者の位置に就くとき、はじめて「国家」に属するわれわれ＝「国民(nation)」という意識が生まれる、ということである。「国家」は王や貴族が担うものではなく「われわれ」が担うものとなり、「国民」という「われわれ」に対する愛＝「ナショナリズム」が生まれる。それまで、たとえば外交を担う貴族たちは「国民」を守ろうなどと思わず(守るべきは「国土」や「国王」であった)、そのマキアヴェリズムは感情ぬきの実践的なものでありえた。しかし、市民たちは「われわれ」への愛を抱き、その愛を国民が抱いていることを考慮して交渉に当たらなければならない。こうして、「民主化」過程の帰結として、「ナショナリズム」が、市民たちに、さらに農民や労働者たちに、広がっていく。

国内空間での「礼儀正しい」行動基準か、国家間空間での「マキアヴェリ的」行動基準か。人類に広がる「ヒューマニズム」の理想か、われわれへの愛による「ナショナリズム」か。国家による暴力独占の内部と外部において行動基準が分裂していること、さらに「民主化」により市民たちが国家間空間を担う役割に近づくことによって、彼らはこの二つのヴェクトルに引き裂かれる。それは、どの国でも同じだった。たとえばイギリスでは、「ナショナリズム」と「ヒューマニズム」が軋轢を起こしながら融合する「ナショナリズムの道徳化」(たとえば領土獲得の方法が道徳的でないと市民はそれを批判する、といった)が生じた、とエリアスはいう。これは、イギリス市民の「ヒューマニズム」が、ドイツよりずっと理想主義的でなかったから可能だったのだろう、と彼は考える。

では、ドイツではどうだったか。もちろん「ヒューマニズム」の理想を守り続けようとする市民たちもいたが、彼らにしても、「ヒューマニズム」の理想と「ナショナリズム」の理想は対立し、調停・妥協しえないものと考えていた。そして、多数の市民は、新しい「ナショナリズム」の理想を抱くようになった。それまでの理想主義的な「ヒューマニズム」とこの新しい理想は両立できないと考えられ、彼らはここできわめて理想主義的な「ナショナリズム」へと移行する。このとき彼らは、現実の国家間のふるまいは、理想とは別の「現実主義」「マキアヴェリズム」で行うしかないと考えた、とエリアスはいう。輝かしい「理想」から見ると、日常の「現実」は無意味に見える。そこは「現実主義」で行動するしかない。だから、さらに「理想」を非日常の世界でより高いものに作り上げる必要が生じる。その結果日常の「現実」は一層価値がないように見え、だから、さらに「理想」を……。——ここでは、「理想」と「現実」が乖離する悪循環が生じてしまうのだ。

このドイツ的な「理想」の性質は、もう一つ、先に述べた、分裂を繰り返し統一が遅れたというドイツの国家形成の歴史とも関係あるだろう。「完全な統一」でないといつ分裂してしまうかわからないという「傷つきやすさ」が、ドイツのナショナリズムを「完全」を求める「理想主義的」なものにするのだ。

一八七一年の戦勝と統一は、こうした「理想」の膨張を生んだ。統一以降、ドイツ・ナショナリズムは(植民地の獲得などと重なって)さらなる膨張を経験するが、最終的に一九一八年の第一次大戦敗戦で「挫折」する。そこで、人々は新たな理想を必要とした、とエリアスはいう。挫折という「現実」を認識しないですむ、もっと完全な「理想」を作らなければ！――この「理想」＝「集団的幻想の繭」の必要が、ナチズムを生み、ユダヤ人虐殺をはじめとするその暴力を生んだ、とエリアスは考える。

さて、ここではドイツの歴史ばかりを(しかもひどく性急に)論じてしまったかもしれない。しかし、ここで述べたことは、「文明化」された空間に生きる「自己抑制」する市民たちの「私」が常に経験することだろう。「民主化」によって国家間空間に近づき、礼儀正しいふるまいの基準とマキアヴェリズムの基準に引き裂かれること。国内空間にいたからこそもちえた人類にまで広がる「ヒューマニズム」と、「民主化」ではじめて生じた「ナショナリズム」に引き裂かれること。この矛盾が、ナチズムにおいては、市民たちがそれまで守っていた日常の道徳的ふるまいの基準と、「現実」を認識したくない＝「夢の帝国」という「理想」を実現したいという欲望のあいだの矛盾となる。そして、実現困難な後者の「夢」、「ユダヤ人を排除したドイツ」という理想のために、前者のふるまいの基準を乗り越えて、人々は「暴力」をふるうに至る。エリアスは、この暴力を、「文明化された私」を作る仕組みが孕む根本的な矛盾――二つの空間の矛盾――に由来する、と考えるのだ。

「暴力」を独占する機構によって、平穏な空間が生まれる。しかし、そのあいだの空間にはそうした独占は存在せず、集中された(だから巨大化した)「暴力」がぶつかる危険が常にある。現在も、私たちひとりひとりの「自我」は、こうした社会空間の編成のなかに生きているのだ。おそらく、ふだんは、この矛盾は私たちの生活に登場せず、私たちは「文明化」された空間で暴力をふるうことなく生きている。しかし、どの「私」も、この矛盾に囲まれて生きており、それにいつでも直面しうる。とくに、「民主化」は、この矛盾に引き裂かれた地点により多くの人を近づける。民主主義的な社会とは、すべての人がこの引き裂かれた地点を、自分の問題として引き受けて生きなければならない社会である。つまり、「国家」という矛盾を抱えた仕組みを、自分が主人公になって運営しなければならない社会である。もちろん、この矛盾を解消したり和らげたりする試みを、「民主化」された社会はすべての人々の力で行うことを可能にする。しかし、それを行うには、すべての人々が、「引き裂かれた自我」として生きる経験について考えることからはじめなければならない。この、私たち自身の「私」がいる地点を、エリアスの議論は指さしているように思われる。

4　おわりに――「現在」へ

こうして、私たちは、ノルベルト・エリアスという社会学者が「自我を歴史化する」手つきをたどってきた。近代の「礼儀正しく」「自己抑制」する「組織化された魂」は、あたりまえの存在ではなく、暴力が争い合う過程の帰結として発生し、相互依存の複雑化・暴力を独占する国家・区別への不安という「力の束」によって維持されている。そしてそれは、「民主化」の過程によって、平穏な国内空間と暴力行使が存在しうる国家間空間との矛盾に直面し、この矛盾に引き裂かれる「私」である。――この議論は、現在の私たちの「私」(二〇〇〇年代の日本社会に生きる「私」)を描く作業に、有効な補助線を与えるものだっただろうか。

このエリアスが引いた補助線を延長して、自分たちが生きる「現在」を描こうとする試みをさまざまな社会学者が行っていることを、最後に付言しておこう。彼が一九三五年以降暮らしたイギリスでは、その影響を受けた社会学者たちが、一九六〇年代に発生・激化したとされる「フットボール・フーリガン」の暴力を研究している。彼らによれば、サッカーの観客の暴力は一九世紀後半にサッカーがスポーツとして成立した時から存在したが、当時この暴力はあたりまえのものと見なされ、特別の報道などされなかった。しかし、二〇世紀のイギリスでより多くの人々が「文明化」され、暴力への感受性が上昇すると、この暴力は敏感に発見され、センセーショナルに報道されるようになる。暴力は注目を浴びる「意味」を帯びたものに変わり、この「意味」を求めて若者の一部は暴力を激化させ「フーリガン」となる(Dunning et al., 1988)。ここで、「文明化された私」は、暴力をふるう「文明化されない他者」を敏感に発見し、彼らの暴力の激化を帰結する。「自己抑制する自我」とは、このような「他者」を発見して自らと「区別」することで、自分が「文明化されている」ことを証明しようとする(その結果、他者による暴力を発生させる）自我なのではないか。

また、晩年のエリアスが活動し、その影響がきわめて強かったオランダ（冒頭の論文「魂の組織化」の筆者クリーケンもここで学んでいる）では、現代の「インフォーマル化」への接近を試みた社会学者たちがいる。現代の行動基準は、『文明化の過程』で描かれたのとは逆に、より緩やかで解放された「インフォーマルな」方向に変化しているように見える。だが、彼らによれば、これは単に行動基準が弛緩したというよりも、相互依存の網の目が一層複雑化し「民主化」が進んだ社会において、ふるまいをそのつど他者と「交渉」し、「自己決定」しなければならなくなる、という変化を意味する。一律に感情をしまい込むという「自己抑制」ではなく、相手や場面によって感情をどれくらい表現するか、どう「自己抑制」を解除するか、その程度をコントロールするという「自己抑制」（Wouters, 1986）。これは、他者と自分自身の「感情」や「心」へのより深い考慮が要求される、ある意味でより高度の「自己抑制」＝「魂の組織化」であるともいえよう。現代の「インフォーマル化した自我」は、この新しい水準の「自己抑制」を身につけるという困難な課題を要請された（あるいはその困難さに立ちすくみ、ときに他者との関係から引きこもる）自我なのではないか。

ここで、これらの研究の詳細を述べることはできない（エリアスの社会学の全体像を含め、詳しくは（奥村、二〇〇一）を参照されたい）。この章は、「私」の「現在」を問うための、一つの補助線を付け加えるにとどまったというべきだろう。この補助線を延長して、私たち自身の「私」——繰り返すならば、二〇〇〇年代の日本社会に生きる「私」——を明らかにする作業は、私たちに課せられた課題である。そして、「自我を歴史化する」どの補助線が有効であるかは、私たちが行うその作業の過程において判定されることであるのだろう。

文献

Bergson, H., 1932, *Les deux sources de la marale et de la religion*, Presses Universitaires de France. ＝一九七七年、平山高次訳『道徳と宗教の二源泉』岩波書店。

Dunning, E., Murphy, P.and Williams, J., 1988, *The Roots of Football Hooliganism: An Historical and Sociological Study*, Routledge and Kegan Paul.

Durkheim, E., 1893, *De la division du travail social: Étude sur l'organisation des sociétés supérieures*, P.U.F. ＝一九七一年、田原音和訳『社会分業論』青木書店。

Elias, N., 1939, *Über den Prozeß der Zivilisation: Soziogenetische und psychogenetische Untersuchungen*, Haus zum Falken. ＝一九七七／七八年、赤井慧爾他訳『文明化の過程』(上・下)法政大学出版局。

——, 1989, *Studien über die Deutschen: Machtkämpfe und Habitusentwicklung im 19. und 20. Jahrhundert*, Suhrkamp. ＝一九九六年、青木隆嘉訳『ドイツ人論——文明化と暴力』法政大学出版局。

Foucault, M., 1975, *Surveiller et punir: Naissance de la prison*, Gallimard. ＝一九七七年、田村俶訳『監獄の誕生——監視と処罰』新潮社。

Goffman, E., 1967, *Interaction Ritual: Essays on Face-to-Face Behaviour*, Doubleday & Company. ＝一九八六年、

広瀬英彦・安江孝司訳『儀礼としての相互行為——対面行動の社会学』法政大学出版局。
奥村隆、二〇〇一年、『エリアス・暴力への問い』勁草書房。
van Krieken, R., 1990, "The organization of the soul: Elias and Foucault on discipline and the self," *Archives européennes de sociologie*, 31:353-371.
Weber, M., 1904-5, *Die protestantische Ethik und der »Geist« des Kapitalismus,* in *Gesammelte Aufsätze zur Religionssoziologie*, J.C.B.Mohr. ＝一九八九年、大塚久雄訳『プロテスタンティズムの倫理と資本主義の精神』岩波書店。
Wouters, C., 1986, "Formalization and Informalization: Changing Tension Balances in Civilizing Processes," *Theory, Culture & Society*, 3:1-18.

第2章　ポストモダン社会と自己物語

——家族療法の変容を通して——

浅野　智彦

1　物語としての自己

(1)反省的プロジェクト

「ポストモダン」と表現されるような社会的諸条件のもとで自己はどのような変容を被るのだろうか。これが本章の問いである。この問いに答えるために、ここでは家族療法の変容に着目するのだが、まずはその理由を説明しておきたい。

ポストモダン的な自己のあり方を社会学的に考察した代表的な仕事としてしばしば引用されるのはアンソニー・ギデンズのそれであろう(Giddens, 1990 = 一九九三／1991／1992 = 一九九五)(1)。本章でも彼の議論を最初の手がかりとして使うことにする。

ギデンズは、近代社会を反省性(reflexivity)の徹底化によって特徴づけている。反省性とは、自分自身のあり方について絶えず問い直し、相対化し、修正し、ときには別の選択肢に乗り換え、更新していく営みのことであるが、近代社会はそれ以外の社会と比較した場合、すべてのシステムがその基本部分に反省性を組み込むようになっている点でまったく異なっているのだという(2)。したがって、どのような社会的営みも、その営みについての新しい情報に照らして絶えず点検・修正されていくことになるだろう(Giddens, 1990: 38、以下、原著で頁を指示した引用はすべて著者自身の訳による)。

ポストモダン社会の特徴は、この反省性が社会全域に深く広く浸透し、それまでの自明な前提をことごとく解体していくことであるが、それと同時に反省性は自己の核心部分にまで及んでくる。たとえば人生の移行期は、伝統的な社会では「通過儀礼」などの形で固定されているが、近代社会では「離婚」がそうであるように移行に伴う自己の再構成は反省的になされねばならない。自分は何者であるのか、自分の人生はどのようにあるべきか、そのためにはパートナーと別れるべきか否か、別れたとしてその後にどのようにして生きていきたいのか、等々というように。言い換えると、自己は反省的に構成/再構成されていくプロジェクトになるのである(Giddens, 1991: 32-33)。

ギデンズは以上のことを前提に、自己の変容をさまざまな角度から考察しているのだが、その議論のなかでとくに注目しておきたい点が二つある。一つは、その考察が心理療法に大きく依拠しているということであり、もう一つは、自己の反省性が「物語(narrative)」という比喩によって語られていることである。これを順番に説明しながら、次節以降の議論で家族療法の変容に着目する理由を明らかにしていきたい。

(2) ポストモダン的自己と心理療法

ギデンズの自己論において心理療法が重要な位置を占めていることはよく知られている。これは、ギデンズの考えでは、自己の反省的な構成／再構成と心理療法が不可分にかかわっているからである。たとえば、彼はそのことを次のように表現している。

> セラピーは、自己という反省的プロジェクトに深くかかわっている専門家システムである。それは近代の反省性の現象形態なのだ。……セラピーは本質的には人生を計画する方法として理解され、評価されるべきである。今日において「有能な個人」は、成熟した自己理解を有するばかりでなく、現在の関心と将来の計画とを過去から持ち越した心理的な遺産に調和させることができるものだ(Giddens, 1991: 180)。

人生のさまざまな局面で自己は反省的な再構成を強いられる。それを援助する専門家システムがセラピーであり、それは現在と未来の新しい自分に向けて過去の諸経験を再統合していくための技術なのである。

したがって心理療法は自己の今日的な様相を知るための格好の手がかりとなる。実際ギデンズは、レインウォーターの『自己セラピー(Self Therapy)』という本を素材として取り上げ、これを読み解きながら自己の現代的変容を検討している(Giddens, 1991: 70-108)。それと同時に、セラピストが人々の反省的自己構成を援助しながら作り上げた理論的な道具立ては、社会学的な考察にも役立つものとギデンズは考える。たとえば、親密性について論じた著作のなかで、彼は、嗜癖、共依存、純粋な関係性といった概念を心理療法の理論から社会学へと転用していく。というのも、「個人が嗜癖的関係から逃れられるようセラピーの水準で援助しようとしている人々の著作は、そのような関係に影響を及ぼす構造的な変容についての手がかりを与えてくれるから」なのである(Giddens, 1992: 90)。

つまりギデンズにとって心理療法は、一方において社会学的な観察の対象、分析の素材であるという点で重要であるとともに、その観察のための概念を提供してくれるという点でも重要な意味をもっていた。彼の分析が心理療法に大きく依拠していたというのはそういう意味である。

本章は、「心理療法は自己の反省性の現れである」(Giddens, 1991: 34)というギデンズの見方を踏襲する。そのうえで彼が自己についての著作を発表して以降、一九九〇年代を通して起こった変化を、ギデンズと同様心理療法の議論のなかに確認していきたい(3)。それが家族療法に着目する一つめの理由である。

ではなぜ「家族療法」なのか。

(3) ポストモダン的自己と物語

ギデンズは、ポストモダン的な自己が絶えざる再構成を課されている様子を、しばしば「物語narrative」のたとえを用いて語っている。たとえば、レインウォーターの著作を取り上げて、そこから読み取れる現代的自己のあり方として次のようなことを論じている。

> 自己アイデンティティは、一貫性をもった現象として、物語を前提にしているということが明らかになる。すなわち自己の物語が明確にされる。日記をつけたり自伝に取り組んだりすることは、自己が統合されているという感覚を維持するために中心的に推奨される事柄なのである(Giddens, 1991: 76)。

また先ほども触れた親密性についての議論のなかでも、嗜癖と反省性の関係を論じながら次のように物語のたとえを用いている。

ポスト伝統的秩序においては、個人が個人的な自律性と存在論的安定の感覚を結び付けようとするならば、自己の物語は事実上絶えず作り直されなければならないし、ライフスタイルの実践もそれに合わせられなければならない(Giddens, 1992: 75)。

つまり、自己が、人生上の諸経験を現在の関心と未来の計画にふさわしい形にまとめ上げ、一定の流れに構造化すること、それをギデンズは「自分についての物語を書く」という言い方で表現している。そしてこの物語は反省的に絶えず書き換えられなければならない。

実は、家族療法の分野で一九九〇年代を通して支持を集めるようになったのが、この物語という比喩を中心に組み立てられたアプローチなのである[4]。これは「物語療法(**narrative therapy** =ナラティヴ・セラピー)」と呼ばれるもので、自己を物語によって構成されるものと捉え、その物語を書き換える(**re-author**)ことで自己の変容を導こうとする。ギデンズの著作 ***Modernity And Self-Identity*** のなかでは未だ一言も触れられていないが、このアプローチは、ギデンズが物語のたとえを用いて語ろうとした内容と実によく一致しているのである。

この一〇年の間に洗練されてきた物語療法の議論をみていくことで、ギデンズの自己論に何を書き加えることができるのか、また何を書き換えることができるのか確認していこう。これがほかならぬ家族療法に注目する二つ目の理由である。

2　コラボレイティヴ・アプローチ

(1) 会話を通しての自己構成

物語療法あるいはナラティヴ・セラピーは、大きく二つの流れに分けることができる。一つはこの節で紹介するコラボレイティヴ・アプローチであり、もう一つは次節で紹介する脱構築的アプローチである(5)。

コラボレイティヴ・アプローチは、一九九八年にアンダーソンとグーリシアンが発表した「言語的システムとしての人間システム」という論文によって広く知られるようになった。これは従来家族療法で主流となっていたシステム論的アプローチを批判し、言語的相互行為すなわち会話を通して意味が生成する過程や現実が意味的に構成されていく過程こそがセラピーの焦点となるべきであると主張するものだった。クライエントの訴える問題と「システム」との関係を彼らはこう説明している。

> システムが問題を生み出すのではない。問題について言葉を取り交わすことがシステムを作り出すのだ(Anderson and Goolishian, 1988: 379)。

システム論的な視点からはシステムの失調が問題を生み出しているようにみえるが、彼女らの考えでは、問題について会話することこそが「問題のあるシステム」を生み出している。会話のあり方を別なふうに変えていけば、問題は「解決ではなく、解消していく(dis-solve)」。

言葉を用いて相互作用している人々は、意味の共同創造者であり、会話のなかで現実は絶えず意味的に再構成されている。これが彼女らの基本的な認識だ。そしてセラピーとは、「問題」が解消していくような形で現実の再構成が行われる会話を指す(Anderson and Goolishian, 1992: 27)。

では物語について彼女たちはどう考えているのか。アンダーソンは次のように述べている。

> 物語とは言説のある形式を指すものだ。すなわち、私たちが自分の人生のなかの状況や出来事、私たちの経験の断片、そして私たちの自己同一性、そういったものを、自分たちや他人たちに対してあるいは両者とともに、構造化し、説明し、それに意味を与える際の言説的なやり方、すなわちそれらに構造と一貫性を与える言説的なやり方を指すものである(Anderson, 1997: 212)。

つまり自己もまた会話を通して構成される現実である。そしてこの現実は、自分自身の諸経験に「構造と一貫性」を与えるような物語によって構成される。したがって問題を解消するような会話は、同時に自己の物語を再構成するような会話でもある。

(2) 無知の姿勢と可能性の空間

コラボレイティヴ・アプローチの要点は、会話を通してクライエントの自己物語を再構成し、それによって「問題を抱えた自己」という現実を変容させていくことにある。したがってセラピストにとって最も重要な課題は、クライエントが現に語っているのとは別の語り方ができるような状況・空間を作り出すことであり、そのための必須の条件とされるのが「無知の姿勢(not-knowing position)」である[6]。アンダーソンはこれについて次のように述べている。

> 無知とはセラピストのある姿勢——態度と信念——を指す。すなわちセラピストは特権的な情報への接近可能性をもっているわけではないし、他の人を完全に理解することはできない、常に相手から教えられる状態にならなければならず、また常にいわれたことあるいはいわれなかったかもしれないことについてより多くのことを学ばなければならないという姿勢を指すものなのだ(Anderson, 1997: 134)。

このような態度は、普通セラピストに与えられている特権的な立場を停止させ、クライエントとの関係を対等なものにする。対等な関係のなかでセラピストが好奇心をもってクライエントの語りに耳を傾けるとき、これまでとは違った語りの可能性が開かれ、その違った語りに触発されてセラピストの方の語りも変えられていく。こうしてセラピストの語りとクライエントの語りとが織り合わされ、どちらも予期していなかったような新しい物語へと展開していく(7)。したがってセラピー的会話の過程・結末は常にオープンであり、理論や思想によっては決して先取りできない(Anderson, 1997: 117-118)。

やや強引に要約してしまえば、〈あらかじめ結論や枠組を決めずにオープンに語りうるような対話の空間をセラピストとクライエントとの間に開くことが、クライエントの語りを別な語り方の可能性に向けて開くことになる〉というのが「無知の姿勢」の背後にある考え方である。彼女らが、「クライエントこそがエキスパートである」(Anderson and Goolishian, 1992＝一九九七)と宣言するときに含意しているのもそれと同じことだろう。システム論的な家族療法の場合、セラピストはクライエントよりもシステムの作動についてよりよく知っている立場にあるものとして介入するのだが、コラボレイティヴ・アプローチの場合には、そのようなセラピストの特権的知は相対化されてしまう。セラピストの語りは、普遍的真理を標榜する「大きな物語」であることをやめ、クライエントの語りと同権的な、小さな物語の一つとなるのである。

(3) 相対化と超越

けれどもこのような徹底した相対化はそれに見合うだけの徹底的に超越的な視点を想定せざるをえないということに注意すべきである。たとえばアンダーソンは、ナラティヴ・アプローチをとるセラピストたちが物語の編集者になってしまうことを強く戒めている(Anderson, 1997: 96-97)。というのも編集者になることは、彼女の考えでは、セラピストたちを再び特権的専門家(物語の専門家)の位置に引き戻すことになるからだ。セラピストとクライエントとはあくまでも対等な対話の参加者であるべきなのだ、と。この助言は、一見するとセラピストの語りを徹底的に相対化し、対等な関係を実現するように思える。しかし両者が対等であるということは一体どのように保障されるのだろうか。もしやそれを保障する超越的な視点が無自覚のうちにとられてしまってはいないだろうか。

実際、ヘア - マスティンはアンダーソンらのアプローチに対してフェミニズムの視点から次のような疑問を投げ掛けている。

しかし、新しい物語の対等な共著者以上のものにはなるまいというセラピストの意図や望みとはかかわりなく、共有された言語のなかに埋め込まれ活性化された意味は、異なる参加者に異なる権威(著者―性)を与える。構造的な不平等は治療的会話に影響を及ぼすのだ。何について語られうるのか、そして誰がそれを語るのか、それは権力の問題なのである(Hare-Mustin, 1994: 23)(8)。同様の指摘は(アンダーソンらに直接向けられたものではないが)次節で紹介するホワイトによってもなされている。

セラピーの文脈をもっと平等なものにするために私たちにできることはたくさんあります。しかし、セラピーが完璧に平等なものになりうると信じるのは誤りだと思います。なぜなら、その文脈の構造自体が、いわゆる力の差の上に成り立っているからです(White, 1995 = 二〇〇〇:一一三)。

専門家の知は数ある物語のなかの一つにすぎず、クライエントこそエキスパートであるという言い方で専門家の知(大きな物語)を相対化すること(あるいは相対化しうると信じること)は、さまざまな語りの可能性を等しなみに見通す超越的な視点を前提にしている。そのような視点を無自覚にとることは、ときとして現に存在する権力関係を隠蔽し、「クライエントとセラピストとは対等である」という別のそれ自体「大きな」物語を構築することになるかもしれない。ヘア - マスティンやホワイトの批判が示唆しているのはそういうことである(9)。

3　脱構築的アプローチ

(1) 生きられた経験と自己物語

脱構築的アプローチは、ホワイトとエプストンが一九九〇年に発表した『治療的目的に対する物語的手段』(邦題は『物語としての家族』)という著作によって広く知られるようになった(White and Epston, 1990＝一九九二)。彼らは、クライエントの抱える問題を、クライエントの生きられた経験とそれを語る物語の齟齬から生じると考え、自己物語の語り直しによってその齟齬を解消することがセラピーの課題であると主張した。

このアプローチの土台となる考え方は、「人々が自分自身の経験を語ることによって、自分の生と関係に意味を与えている」ということ、およびその物語を他者との相互行為のなかで語ることによって「生と関係を能動的に形成していく」ということだ(White and Epston, 1990: 14)。ここでいう物語とは「生きられた経験に枠組を提供する意味の単位」であり、「これらの物語を通して生きられた経験は解釈される」(Epston, White and Murray, 1992: 97)。

このことを前提として彼らは次のように論じている。

次のような考え方が論証されてきた。人々は生きられた経験においては豊かであり、ある一時点ではこの経験の断片だけしか物語られたり表現されたりしえず、生きられた経験の多くの部分は、その人の生と関係についての優勢な物語の外側に不可避的に取りこぼされてしまう(White and Epston, 1990: 15)。

ここで彼らが「優勢な物語(dominant story)」と呼んでいるのは、クライエントにとって好ましい物語を語りえなくしてしまうような他者の物語のことである。ドミナント・ストーリーが自己物語を強く規定しているとき、語り手の生きられた経験はそれだけ多くこぼれ落ちてしまう。

注意すべきは、物語の外側に残される経験があるという点だ。ホワイトとエプストンも、アンダーソンらと同様に会話のなかで物語を語ることによって「自己」という現実が構成・再構成されると考えている。しかし、物語によって構成される現実がすべてなのではない。ドミナント・ストーリーの外側に取りこぼされてしまった「生きられた経験」は、取りこぼされてしまっているがゆえに現実として構成されてはいないが、それでいて、クライエントの生に多大な苦痛を与えるという意味ではきわめて「現実的」な効果をもつのである。

(2) ユニークな結果と物語の書き換え

脱構築的アプローチにおいてクライエントの抱える「問題」は、生きられた経験のうちある重要なものが自己物語からこぼれ落ちてしまっていることによって生じていると考えられる。このようなこぼれ落ちた経験をホワイトたちは、「ユニークな結果(unique outcomes)」と呼んでいるのだが[10]、セラピストにとって最も重要な課題は、それをうまく組み込んだ形に自己物語を再構成していくことである。その意味では、ユニークな結果は「別の物語を生み出したり再生させたりするための豊かな資源」であるともいえるだろう(White and Epston, 1990: 15)。

ユニークな結果は、ドミナント・ストーリーには組み込まれていないが、だからといって語られないのではない。語りのなかに現れてはくるが、ドミナント・ストーリーのうちにはうまく位置づけられないエピソードとして現れてくる。このことをホワイトたちは次のように表現している。

> これらユニークな結果の存在は「社会的な束」あるいはある人の人生のドミナント・ストーリーを読むことによっては決して予見できないけれども、それは常にそこにある(White and Epston, 1990: 16)。

セラピストの最初の仕事はそのようなエピソードがなるべく現れてきやすい状態を作ることだ。そのためにセラピストは、まず「問題」をクライエントの人格から切り離し、外在化するような語り方を会話のなかに導入する。それによって「問題」とクライエントの間に距離を作り出し、クライエントの語りのなかに「問題」の影響を相対的に免れている経験が現れやすい状態を作り出すのである(11)。

言い換えると、ドミナント・ストーリーの語りのなかにそれを反駁するようなエピソードを見いだしていくということである。そしてそういったエピソードに光を当て、相互につなぎ合わせていくことによって、ドミナントな物語の信憑性に揺さぶりをかけ、徐々に「別の物語(alternative story)」を作り出していく。これが脱構築的アプローチの基本的な道筋だ。

コラボレイティヴ・アプローチの場合と違って、ここには「クライエントの物語もセラピストの物語も対等である」というようなメタ言語は存在しない。したがって相対化がもたらす見通しのよさや透明性(「すべての……は……である」と簡単にいえてしまうような透明性)もなく、あるのはただユニークな結果とそれがドミナントな物語を内側から崩していく過程だけである。

(3) 脱構築と内在

コラボレイティヴ・アプローチが物語の相対化を軸にしていたとすると、脱構築的アプローチは、自己物語がそれ自身に反駁する要素をもっているということを梃子に別の物語へと着地させることに重心をおいている。その技法は、物語の一貫性に隙間を見つけ出し、それに光を当てることによって内部から解体したうえで、再び組み上げ直すというものであった。その意味では脱構築であり再構築でもあるといえるだろう。

コラボレイティヴ・アプローチとの比較において重要なことは、「ユニークな結果」という概念によく現れているように、それが、ありうる複数の物語の間に選択の基準を導入しているということだ。社会や身の回りの他者から与えられたドミナント・ストーリーは、生きられた体験を十分に反映していない場合には、書き換えられるべき物語と評価される。そしてドミナント・ストーリーのうちに収まり切らないエピソード(ユニークな結果)は、書き直された物語がどのようなものになるのかをある程度規定する。というのも、新しい物語はそのエピソードをうまく含み込むように語られなければならないからである。

したがってホワイトたちは自分たちの実践が価値中立的であるなどとはまったく信じていないし、相対主義を貫徹させることができるなどとも考えていない。セラピーそれ自体の政治性や価値選択性に彼らはことのほか敏感なのである。それは、複数の可能性を開示するということよりも、そのなかからどちらへ向かって再構築を進めていくのかに重心をおく彼らの技法を考えれば当然のことであろう。

注意してほしいのは、だからといって彼らが特定の価値を天下り式にクライエントに押しつけているわけではないということだ。たとえば、再著述アプローチをとるセラピストの一人ドゥーアンは、自らの役割を編集者にたとえている(Parry and Doan, 1994)。これはアンダーソンらの考え方からすれば、専門家の視点を特権化することになりかねないものなのだが、その含意はむしろクライエント(物語の著者)と協力し合いながら、手探りでよりよい物語を探求することなのである。アンダーソンらが相対主義を徹底させることによって実際には超越的な視点を保持していたのとは対照的にホワイトらの実践はむしろ特定の物語への着地を志向することで、超越的な視点が可能にするような見通しのよさや透明性を断念しているのである。

自己物語にあいたユニークな結果という穴、超越性の断念と見通しの悪さ、そして物語への内在。これらのことが脱構築的アプローチを特徴づけているといってよいだろう(12)。

4　自己構成の二つのモード

(1) 自己構成の二つの様式

冒頭に紹介したようにギデンズは、サイコセラピーのあり方は現代社会における自己の再帰的構成と密接に関連していると考えていた。彼はその再帰的構成の過程を物語の比喩で語ったのであるが、上でみてきた物語療法は、まさにその物語を中心的概念として組み立てられていた。これをふまえてギデンズの考え方を延長するならば、次のようにいうことができるだろう。自己構成の現代的なあり方は、二つの様式をもっている、と。二つの様式とはいうまでもなくコラボレイティヴ・アプローチと脱構築的アプローチに対応するようなそれだ。

二つのアプローチの中心的な理念をもう少し一般化したうえでいい直すなら、現代社会における自己構成は、一方において〈相対化・虚構化〉の方向性をもち、他方において〈特権化・物語化〉の方向性をもっている。前者は、コラボレイティヴ・アプローチに対応するもので、自己を(再)構成する際に、今ある自分をありうる複数の可能性のうちの一つとみなすような自己への関わり方だ。それは、自分自身を特定文脈(特定の状況、特定の相手、等々)における構成の所産として相対化する態度であり、したがってその文脈においてのみ成り立つ虚構のようなものとみなすものでもある。これを〈相対化・虚構化〉と呼ぶのはそのためだ。

後者は脱構築的アプローチに対応するもので、自己を(再)構成する際に、「生きられた経験」への合致、語りの関係における納得と正当化を追求するような自己との関わり方だ。これは自己を相対化することよりも、それら複数の自己のなかから最も生きやすく、最も納得のいく物語を自らのものとして選びだそうとする態度であり、同時に、他者との関係のなかで道徳的に受け入れられるような自己を構成していこうとする態度をも伴っている。すなわちそれは、ある物語を特権的なものとして選択し、その物語がもたらす納得と道徳性を基盤にして自己を構成していこうとする方向性である。したがってこれを〈特権化・物語化〉と呼ぶことができる。

〈相対化・虚構化〉は、自己がとりえる様々な可能性を考慮して、自己を相対化し、距離をとっていく運動であり、〈特権化・物語化〉は、それら複数の可能性から選択すること、特定の物語が含意する価値へ着地することであると言い換えることもできるだろう。

石川准は、脱構築的アプローチに対して、「それはもはや科学的な真実ではないだろうが、治癒の可能性を持つ『真実』なのではないか、その意味である語りを特権化しているのではないかと批判している(石川、二〇〇一：五〇)。これに対して野口裕二は、それは「あくまでひとりのセラピストの個人的な思いとしてそれは注意深く表現されている」のであり、「したがって、それは確かに『オルタナティヴ』ではあるが『特権的』ではない」と反論している(野口、二〇〇一：七〇)。注意してほしいのは、二人のこのやりとりが、セラピーという狭い領域にのみかかわるものではなく、より広く現代社会における自己構成を対象としており、その意味で本章と狙いを同じくしているということだ。

しかしここまでの議論をふまえると、この二人のどちらとも違った考え方をすることができるように思われる。まず第一に、脱構築的アプローチのセラピストが、ある物語を好ましいものと考えたとしても、それは何らかの超越的な視点から正当化されうるからそう考えるのではない。この点で野口の反論は正しい。だが、第二に、オールタナティヴ・ストーリーは、他の物語よりもずっと望ましく受け入れやすいものでなければならないのであるから、その意味ではクライエントにとってもセラピストにとっても特権的な物語であるといえるだろう。その限りでは石川の批判にも正しい認識が含まれていることになる。しかし、そのような特権的な物語の共同的な探求は、決して超越的ではないことに十分な注意を払う必要がある。超越的ではないけれども特権的ではある、オールタナティヴ・ストーリーはそのような物語だといえるだろう。

(2)二つの様式の動的な関係

上で見てきた二つの様式は、けれども、単純に並立しているのではない。ここで両者の動的な関係についてやや抽象的な水準でみておきたい。

はじめに確認しておきたいのは、ごくあたりまえのことであるが、〈相対化・虚構化〉が常にその足場を必要としているということだ。そもそも相対化とは、ある自己を別なようにありうる可能性と並べて見ることである。このとき、複数の可能性を一望のもとにおさめるためには、観察者(この場合自己自身)は、今いるここからある距離をもって立っていなければならない。たとえば、消費社会において人は広告が提示する理想のライフスタイルにあこがれることで、そこから自分の今の生活を〈選択肢の一つにすぎないもの、したがって変えうるもの〉とみなすようになる。足場が必要であるとはそういうことだ。

したがって、徹底した相対化は徹底した距離を必要とする。言い換えると、可能な限り多くの選択肢を考慮しようとするなら、観察者は可能な限り距離をとった地点からそれを眺める必要があり、その視点はすべてを見通す神の目に近づいていく。コラボレイティヴ・アプローチにおいて観察されるのはそのような視点なのである。

だがここで注意すべきは、〈相対化・虚構化〉の過程が、その足場自体にも及びうるということだ。つまり〈相対化・虚構化〉が進行していけば、やがて、それ自体のよって立つ足場自体が相対化され虚構化されていくのである。コラボレイティヴ・アプローチが受けた批判はまさにそのような相対化に対応しているし、先の例でいえば、「広告の提示する理想のライフスタイルにあこがれる」ということ自体が、「ありがちな」「かっこわるい」こととして相対化されてしまう場合がそれに当たるだろう（もちろんそのうえで〈あえてそれをするのがかっこいい〉と選択する場合もあるだろうが、重要なのはそれが〈選択の基盤〉から選択肢になってしまっていることだ）。

足場が〈相対化・虚構化〉されてしまうということは、具体的には複数の選択肢を見通す視点が失われ、選択をするための準拠点をもちえないということだ。このような不在はやがて足場への需要を高めていく。この需要に対応するのが〈特権化・物語化〉の様式である。つまり自己構成の二つの様式は、〈相対化・虚構化〉の進展が自らを掘り崩し、それが〈特権化・物語化〉の進展を促進するという関係にある。

先に触れた論文のなかで野口は、〈相対主義の広まりが不安をもたらすのではないか〉という懸念に対してこう答えている。

不安を抱えているという現実もまたいつか相対化しうるはずだと考えれば、不安はかなりの程度解消するはずである。したがって、この種の不安は、実は、相対主義の不徹底によって生じたのだといえる（野口、二〇〇一：六九）。

本章での見方からはこれと少し違った結論を引き出すことができるだろう。一方において相対主義を徹底させるためには、それに見合うだけ徹底した超越的な視点を確保することが必要となる。その意味では相対主義を徹底させることは不可能である。他方において、徹底した相対主義はそのような超越的な視点自体をも相対化してしまうだろう。相対化に対する通常の不安には、相対主義をさらに押し進めることで対処できるかもしれないが、相対化を遂行するための足場自体が解体していくことへのこのような不安に対しては、相対主義を徹底していくという手段は取りえない[13]。そしてそのような不安に答えるのが〈特権化・物語化〉するような自己構成なのである。

(3) 物語を欲望する社会

〈相対化・虚構化〉がそれ自身をも相対化するほどにまで進展していくという上の議論はあくまでも

理論レベルでの話であったが、一九七〇年代以降の日本社会はこれをまさに現実のものとしていくような過程をたどった(14)。この時期の日本社会の動態を一言で言い表せば、消費社会化と情報社会化の相互に増幅し合いながらの進展であった。

このなかで人々の生活は、ギデンズがいうように「ライフスタイル」として購入すべきもの、すなわち選択の可能なものとなった。これに伴って自分が何者であるのかというアイデンティティもまた特定のライフスタイル、特定の消費行為を通して構築され、表示されるものへと変容していく。つまり自己とはなによりもまず消費という選択の所産であるようなものとみなされるようになっていくのである。見田宗介や大澤真幸はこの時代を「虚構の時代」と呼んだが(大澤、一九九七/見田、一九九五)、それは同時に自己の〈相対化・虚構化〉が急激に加速されていく時代でもあった。

一九九〇年代に入って目立つようになるのは、人々が自分自身についてさまざまな場面で物語るようになったことだ。たとえば、小学校の新しい科目である生活科で課せられる児童の自分語り、就職活動において九〇年代以降に一般化する自己分析と自分語り、自分史出版点数の増大、さまざまなトラブルを抱えた人々の自己語りの場であるセルフヘルプ・グループの流行、インターネット上で日記を公開する人々の登場、人間関係を「キャラ」という物語的枠組を前提にした概念を用いて対処する作法の広まり、等々(15)。このように今日の社会は、自分自身について物語る機会が増大し、ある場合には語ることが推奨され、ある場合には語る権利が与えられたり、また義務とされたりするような社会、いわば「インタビュー社会」(Silverman, 1997)とでも呼ぶべきものになっている。

このことは、先の議論をふまえれば〈相対化・虚構化〉の進展がもたらした〈特権化・物語化〉の需要の現れではないかと考えてみることができる。たとえばギデンズが、現代的な自己構成のあり方が招き寄せるだろうと論じている試練もこの観点から別なように解釈することができる。紙幅の都合上、第一の試練である「統一と断片化」に絞って考えてみよう[16]。これは、「近代がもたらす大規模な内的・外的変動に対して自己アイデンティティの物語を防衛し再構成して」いかなければならないという試練だ(Giddens, 1991: 189)。本章での議論をふまえれば、これは、「物語を防衛」するというよりも、相対化がもたらした〈足場の不在〉を物語によって埋め合わせようとする試みだといえる。したがってそれは必ずしも相対化を否定するものではない。実際、グブリアムやホルスタインが指摘するように、現代社会における自己は、自己物語を語るための制度に即して分散的に存在しているというべきであろう(Gubrium and Holstein eds., 2001)。つまり自己物語は常にそれが語られる場に依存する暫定的なものと感受されているのである[17]。

かくして人々は今や〈相対化・虚構化〉の果てに、自己を語りたい、語らせたいという〈特権化・物語化〉の流れのなかで生きている[18]。だとすると自己物語論が本当に問うべきなのは、〈自己が自分自身を語ることにおいて構成される〉ように見えてしまう社会とはいかなる社会であるのかということではないのか。そして繰り返される分散的な自己物語が逆説的に示唆しているのは、幾度語ろうとしても決して物語が到達しえない何ものかが自己の核心部分を占めているのではないかということ、そしてその語りえない何ものかが自己物語を絶えず誘発するのではないかということではないだろうか[19]。

注

(1)もちろんギデンズはポストモダンという言葉をあまり使わず、「後期近代」とか「高度近代」という言い方をするのだが。

(2)このような反省性の徹底化には、時間・空間の分離と脱埋め込み化の過程が深くかかわっているのだが、ここではそれについての説明は省略する。

(3)その意味で本章において心理療法は、社会学的観察の対象として扱われることになる。だが、ギデンズの場合と同様、ポストモダン的家族療法から社会学的観察のための理論的手がかりを得ることももちろん可能である。そのような方向の仕事として、拙著(浅野、二〇〇一)を参照。

(4)家族療法の代表的なジャーナルである ***Family Process*** には、物語概念を用いた論文が一九九〇年代に入って以降多数掲載されてきた。その一覧を小森康永の論文によって見ることができるが、臨床・調査・理論と多岐にわたっている(小森、一九九九:七)。

(5)この二つにトム・アンデルセンらのリフレクティング・ティームを加えて三つの流れとすることもある(たとえば、小森他、一九九七)。だが、アンデルセンらは「物語」という用語をそれほど重視しないので、ここでは扱わない。ちなみに、スミスも物語療法を二つに分けたうえで、アンダーソンらを対話的アプローチ、ホワイトらを再著述アプローチと呼んでいる(Smith, 1997)。なお紙幅の都合でケースの紹介を省略せざるをえなかった。ケースについては、拙著(浅野、二〇〇一)を参照されたい。

(6)彼女たちのグループは、技法について語ることに禁欲的である。技法を立てればそれに囚われて会話の自然な流れを損なってしまうから、というのがその理由だ。技法の代わりに彼女らが強調するのはセラピーに臨む際の姿勢・態度であり、そのなかでも最も強調されるのがここで挙げた「無知の姿勢」である。

(7)このような織り合わせに焦点を合わせたアプローチが「ナラティヴ・セラピーの発展としての『織物療法』」である(高橋・吉川、二〇〇一)。

(8)たとえば「男性の性衝動は抑制できないものだから、男性の浮気はある程度大目に見るべきだ」といったようなディスコースが治療的会話を枠づけている場合があることを指摘しながら、彼女は構成主義に見られるある種のオプティミズムを批判している。

(9)もちろんアンダーソンらは自分たちの視点も絶えず相対化されていくのだ、と反論するだろう。だがそのようにして相対化するたびに視点の超越性はますます高度化していくのではないか。そしてそうだとすれば、それは、視点の超越性と普遍性を絶えず高めようとしてきたモダンの運動それ自体の反復と徹底化にほかならないのではないだろうか。

(10)解決志向アプローチにいう「例外」という概念もこれと同様の働きをしていると考えられる(de Shazer 1994＝二〇〇〇)。

(11)有名な例としては、児童の遺糞症(大便をいろいろな状況でもらしてしまう症状)を、「ずるがしこいプーSneaky Poo」と命名し、プーをどうやったら出し抜けるかを会話の主題に据えたという事例がある(White and Epston 1990＝一九九二)。

(12)ちなみにリフレクティング・ティームという技法は、この見通しの悪さを時間軸上に展開したものであるとみることができる。ある観察は必ず次の観察にさらされることによって、超越的な観察となることを阻まれているのである。フリードマンの編纂した論文集(Friedman, ed., 1995)に寄せられた諸論考を参照されたい。

(13)この点についてはは普遍性をめぐるジジェクの議論を参照(Butler, Laclau and Zizek, 2000)。複数の「個別性」がそれぞれ「普遍性」を標榜して相争うための基盤は、ある排除(ラカン的な意味での)によって与えられる。したがって、基盤のうえで何が本当の普遍性か決められないという不安と、この基盤自体が形成されないという不安とは区別しておく必要がある。

(14)大澤は、相対化の進展が極限にまで達したときにある逆説的な事態(たとえば原理主義的運動の突然の登場)が生じるという過程を資本主義の動態それ自体の論理にはらまれていると考えている(大澤、一九九六、二〇〇二b)。

(15)プラマーは、欧米において同様の事態をみてとっている。すなわち、自分自身の性的な事柄について好んで語ろうとする人々が目立って増えてきているのだという(Plummer, 1995 = 一九九八)。

(16)ちなみに他の試練は、「無力と所有」、「不確実さと権威」「人格性と商品性」である。

(17)もちろんこの暫定性自体を克服したいとする欲望も常に潜在している。たとえばそれは、「激烈人生系」(『だからあなたも生き抜いて』、『五体不満足』、『ファイト』等々)のような相対化しにくい物語への旺盛な需要として現れてくるだろう。太田省一がお笑いについて明らかにした、〈超越的なつっこみの視点の衰退が「笑い」を「感動」へと横滑りさせていく〉という事態も論理的には同じ構造をもっていると思われる(太田、二〇〇二)。

(18) ここでは詳述できないが、「物語」というコンセプトと消費との関わりが一九九〇年代の後半にどのように変化したかについて、東浩紀と大澤真幸の議論をそれぞれ参照されたい(東、二〇〇一／大澤、二〇〇二a)。

(19) 脱構築的アプローチは別の角度から読み換えるとまさにそのような問いを立てるための枠組として活用できる(浅野、二〇〇一)。

文献

Anderson,H., 1997, *Conversation, Language, and Possibilities: Postmodern approach to therapy*, Basic Books.

Anderson, H. and Goolishian,H. A., 1988, "Human systems as linguistic systems: preliminary and evolving ideas about the implications for clinical theory," *Family Process* 27.

Anderson,H.and Goolishian,H., 1992, "The client is the expert," McNamee,S.& Gergen,K.J.eds., *Therapy As Social Construction*, Sage Publication Ltd. ＝一九九七年、野口裕二・野村直樹訳「クライエントこそ専門家である」『ナラティヴ・セラピー』金剛出版。

浅野智彦、二〇〇一年、『自己への物語論的接近』勁草書房。

東浩紀、二〇〇一年、『動物化するポストモダン』講談社。

Bellah,R.N.et al., 1985, *Habits of the Heart: Individualism and commitment in American life*, University of California Press ＝一九九一年、島薗進・中村圭志訳『心の習慣　アメリカ個人主義のゆくえ』みすず書房。

Butler, J., Laclau, E. and Zizek, S., 2000, *Contingency, Hegemony and Universality*, Verso.

de Shazer,Sterve, 1994, *Words Were Originally Magic*, W.W.Norton & Co.Inc. ＝二〇〇〇年、長谷川啓三監訳『解

決志向の言語学』法政大学出版局。

Doan, R. E., 1998, "The king is dead; long live the king: narrative therapy and practicing what we preach," *Family Process* 37.

Epston, D., White, M. and Murray,K., 1992, "A Proposal for a Re-authoring Therapy: Rose's Revisioning of her Life and a Commentary," in McNamee Sheila and J. Gergen, Kenneth, eds., 1992,"*Therapy As Social Construction*"Sage Pubns.

Friedman, S. ed., 1995, *The Reflecting Team in Action*, The Guilford Press.

Giddens, A., 1990, *The Consequences of Modernity*, Stanford University Press. ＝一九九三年、松尾精文・小幡正敏訳『近代とはいかなる時代か？ モダニティの帰結』而立書房。

———, 1991, *Modernity and Self-Identity*, Stanford University Press.

———, 1992, *The Transformation of Intimacy*, Polity. ＝一九九五年、松尾精文・松川昭子訳『親密性の変容』而立書房。

Gubrium, J. F. and Holstein, J. A. eds., 2001, *Institutional Selves*, Oxford University Press.

Hare-Mustin, R. T., 1994, "Discourses in the mirrored room: a postmodern analysis of therapy," *Family Process* 33.

石川准、二〇〇一年、「感情社会学の感情言説」『思想』一月号、岩波書店。

小森康永・野口裕二・野村直樹編、一九九七年、『ナラティヴ・セラピーの世界』日本評論社。

小森康永、一九九九年、『ナラティヴ・セラピーを読む』ヘルスワーク協会。

Lyotard, J. F., 1979, *La Condition Postmoderne*, Editions de Minuit. ＝一九八六年、小林康夫訳『ポスト・モダンの条件』風の薔薇。

見田宗介、一九九五年、『現代日本の感覚と思想』講談社学術文庫。

野口裕二、二〇〇一年、「臨床的現実と社会的現実」『構築主義のスペクトラム』ナカニシヤ。

大澤真幸、一九九六年、『性愛と資本主義』青土社。

――――、一九九七年、『虚構の時代の果て――オウムと世界最終戦争』ちくま新書。

――――、二〇〇二年a、「マルチストーリー／マルチエンディング」『大航海』四二号、新書館。

――――、二〇〇二年b、『文明の内なる衝突』ＮＨＫブックス。

太田省一、二〇〇二年、『社会は笑う』青弓社。

Parry, A. and Doan, R.E., 1994, *Story Re-vison: Narrative therapy in the postmodern world*, Guilford.

Plummer, K., 1995, *Telling Sexual Stories: Power, change and social worlds*, Routledge. ＝一九九八年、桜井厚・好井裕明・小林多寿子訳『セクシュアル・ストーリーの時代　語りのポリティクス』新曜社。

Silverman, D. ed., 1997, *Qualitative Research* , SAGE Publications.

Smith,C., 1997,"Comparing traditional therapies with narrative approaches," Smith,C., and Nylund, D.eds., *Narrative Therapies with Children and Adolescents*, Guilford.

高橋規子・吉川悟、二〇〇一年、『ナラティブ・セラピー入門』金剛出版。

White, M., 1995, *RE-AUTHORING* , Dulwich Center. ＝二〇〇〇年、小森・土岐訳『人生の再著述』ヘルスワーク出版。

White, M. and Epston, D., 1990, *Narrative Means to Therapeutic Ends*, Dulwich Centre Pub. ＝一九九二年、小森康永訳『物語としての家族』金剛出版。

第3章　若者文化のゆくえ

――「世代間ギャップ」は終焉したのか――

小谷　敏

若者文化が大人たちの注目を集めるのは、世代間ギャップが存在するからであろう。従来とはまったく異なる意識と行動様式を若者たちのなかに見いだすがゆえに、大人たちは若者文化に無関心ではいられなかった。また若者の側に立つと、旧弊な大人の世代への反発・異議申し立てが、若者文化の新たな表現を生み出すエネルギーになってきたのである。六〇年代の末から近年に至るまで、若者文化はこの国の多くの社会学者(あるいは広く社会の分析に携わる者たち)の関心を集めてきた(小谷、一九九三／一九九八)。このことは高度成長期以降の日本社会において、大きな世代間ギャップが存在し続けてきたことを物語っている。ところが、近年「若者文化の終焉」という議論が盛んである(山田、二〇〇〇)。これまでこの国を覆っていた世代間ギャップは、解消してしまったのであろうか。戦後日本のなかで、世代間ギャップをもたらしたものは何か。その世代間ギャップは今日、本当に解消してしまったのか。

あるいは、従来とは異なる型の世代間ギャップが浸透してきているのか。これらの問いに答え、「若者文化のゆくえ」を考察することが本章の課題である。

1　「世代」産出のメカニズム――アメリカとの対比において

(1)「ブーマー」対「X」――アメリカの世代間対立

アメリカの産業社会学者、B・ローゼンはアメリカのビジネス・エリートたちの間に生じている深刻な世代間対立を浮き彫りにしている(Rosen, 2001)。ローゼンのいう世代間対立とは、一九四五年から一九六四年までの間に生まれた「(ベビー)ブーマー」世代と、その後の二〇年間に生を受けた「X世代」との間のそれである。第二次大戦後のアメリカ経済の絶頂期に子ども時代を送り、『スポック博士の育児書』が象徴するリベラルな教育を受けて育った「ブーマー」は、「進歩」の理念を信じる理想主義者である。若者の反乱の主役であった六八年世代を頭にいただく「ブーマー」たちは、人種差別や性差別の撤廃、寛容な移民政策への転換、等々のアメリカの理想主義的改革に支持を与えてきたのである。繁栄の申し子である「ブーマー」。しかし、彼らは九〇年代に生じたIT技術の革命的変化とそれが引き起こした巨大なビジネスチャンスに乗り遅れたと感じている。それゆえ、IT時代の寵児というべき「X」に対する「ブーマー」の反感は根強い。「ブーマー」の目に「X」は、ビジネスの面では拝金主義に凝り固まった冷酷なプレーヤであり、私生活では理想を忘れた刹那的な享楽主義者に映る。

「ブーマー」がアメリカの繁栄の申し子であるのに対して、「X」は七〇年代以降のアメリカの衰退期に子ども時代を送っている。彼らは子ども時代に、親の離婚や失業によって辛酸をなめている。ところが彼らの学生時代からIT産業のブームははじまり、この世代のなかからは数多くの億万長者が出現した。しかし、その成功は彼らに安寧をもたらすものではなかった。「カットスロート・コンペティション(喉を切り裂きあう・競争)」と呼ばれる苛酷な事態がIT産業の世界を支配していたからである。成功を手にしたとしてもどんな惨めな転落が待ちうけているのか知れたものではない。子ども時代に両親の不和を目の当たりにし、長じてはジャングルの掟が支配する苛酷な競争社会に身をおいた「X」世代のエリートたちは、人間関係に対する不安感を払拭することができない。親しい人たちさえ自分を裏切るかもしれないのである。最後に頼れるものは金しかない。そうした感覚が、「X」たちのなかに拝金主義的な傾向を植えつけていった(Rosen, 2001: 45)。

「ブーマー」たちの理想主義は、「X」にとって疑問符のついたものである。「ブーマー」は理想を掲げ、親の世代の物質主義を批判した。しかし、彼らもまた強い物欲と経済万能主義の虜なのである。その象徴的人物がビル・クリントンである。彼はリベラルな装いのもとに登場しながらビジネス・イデオロギーを社会のなかで支配的なものにしていったにすぎない(Rosen, 2001: 70)。そして自分たちは、過剰な理想主義の犠牲者であるとの認識が「X」にはある。七〇年代以降のアメリカ社会では、理想主義的な諸改革が進められていった。しかし、男女平等の実現は離婚率を高め、それが子ども時代の「X」に苦しみを与えてきた。また寛容な移民政策は、安い賃金で働く優秀な第三世界からのIT技術者という職業上のライバルを増やしただけなのである。「ブーマー」の似非理想主義に反発する「X」は、政治的には保守主義を支持するのだろうか。理想主義を嫌悪するとはいいながらも彼らは、性差別や外国人排斥に結びつくような政治的行動に走ることはない。ダーウィニズムを信奉する彼らにとって、敗者とは不適者であり排除されるべきものなのである。だから「X」は、ブーマーのように徒党を組んで政治的要求を行うことを嫌悪する。「X」は、「保守的」なのではなく脱政治的なのである(Rosen, 2001: 154)。

これほど嫌悪し対立し合いながらも、この二つの世代に共通する心理的傾向がある。それは「完璧主義」と「カメレオン主義」である。成長期の子どもである「ブーマー」は常に過剰な期待をかけられて成長していった。それゆえこの世代のエリートのなかには、その期待に応えるべく常に完璧でなければならないという強迫観念が内面化されている。他方、不安定な人間関係と厳しい競争のなかを生きてきた「X」にとっては、完璧であることが「生き残り」の前提条件なのである。しかし、ここで問題が生じる。完璧な人間など実は存在するはずがない。自分の本当の姿をさらした時、「完璧な自己」の幻影は崩れ去る。そこでこの二つの世代は、自分の正体を見破られることがないような擬態を発達させていった。自分の本音を押し隠し周囲に同調していく「カメレオン主義」である。「カメレオン主義」は

「他者指向」と似ている。しかし、集団をよきものとしてとらえ、そこへの永続的な帰属を切望する「他者指向型人格」とは異なり、自分の正体を暴こうとする他者への本質的な嫌悪感・恐怖感を抱き、早く集団を立ち去ろうとするのが「カメレオン」たちの特徴である（Rosen, 2001: 25-6）。『完璧主義』と「カメレオン主義」を共有していることが、この二つの世代の対話をより困難にしているとローゼンは考える。「完全な自己」の像に固執し、自分の正体をさらけ出そうとしない人々の間で相互理解など深まるはずがないからである。

(2)「世代」産出のメカニズム

ローゼンの見解を紹介しながら、アメリカの世代間対立を概観した。われわれにとって興味深いのは、アメリカの「世代」の耐久性であろう。理想主義者の「ブーマー」と、それを冷笑する功利的な「X」。この対照は、日本の「団塊の世代」と「新人類」との関係を思わせる。しかし、「ブーマー」は一九四五年から六四年生まれの人たちを指すものであった。だから六〇年代生まれで八〇年代の消費文化をリードした日本の「新人類」に対応する年代のアメリカ人は、「ブーマー」世代に分類される。もちろん微分してみればアメリカの「ブーマー」内部にも、日本の世代図式とよく似た差異があらわれてくることだろう。政治的に先鋭でいささかエキセントリックな六八年世代。その後にあらわれた何ごとに対してもディタッチメントを貫こうとする人々。そして八〇年代の「ヤッピー」(young urban professional ＝

大都市に居住する若い専門職の略称)たち。しかし、彼らはすべて「ブーマー」として同じ世代に括られる。彼らの主観のなかでも、自分たちは利己的で脱政治化した「X」とは異なる、理想主義を奉じる世代であるという共通の意識がもたれている。

「世代」が二〇年の耐久性を誇るアメリカ。一〇年刻みでそれが目まぐるしく変遷していった日本。この差異はどこから生じてくるのだろうか。その要因はさまざまに考えることができるが、それぞれの国がおかれた経済状況の変転を無視することはできないだろう。アメリカの第二次大戦後の歴史は六〇年代までの「繁栄の時代」と七〇年代以降の「衰退の時代」に大別される。「ブーマー」と「X」。この二つの世代は、「繁栄」と「衰退」それぞれの時代に対応している。他方、日本の場合、世界のなかでのその経済的地位は、わずか半世紀の間に目まぐるしく変転していった。敗戦直後には「世界の最貧国」であったこの国は高度経済成長とオイルショック後の「一人勝ち」の時代を経て、八〇年代には「ジャパン・アズ・ナンバーワン」(エズラ・ボーゲル)と呼ばれる空前の経済的成功を収めたのである。経済状況の急激な変遷は人々の生活水準を大きく押し上げたにとどまらない。「右肩上がり」の経済成長は、日本の社会構造や人間関係のあり方までをも根本的に変えてしまった。戦後日本に生を受けた人々は、わずか数歳の違いで、まったく異質な生育歴をたどるようになる(「三歳違うと話が合わない」)。新しいメディアが次々と誕生し、子どもや若者の生活に強い影響を与えたこともこの断絶の感覚に拍車をかけている。戦後日本社会において多数の「世代」が叢生していった所以である。

しかし、極度に細分化された世代感覚が、世代論者たちの「作品」である可能性も否定できない。ある年齢コーホートを「〇〇の世代」とひと括りにして、その意識と行動の特徴をあげつらうタイプの言説は、もちろん昔から存在している。しかし、それが擬似科学風な洗練と流行をみたのは、ポスト高度成長期においてのことである。「団塊の世代」なるネーミングが、七六年に通産官僚だった堺屋太一によってなされたことは象徴的である（堺屋、一九七六）。こうした世代論的言説は、当然のことながら世代間の差異を強調する。しかし、その年齢コーホートに属する人々の間での階層・性別・国籍（たとえば在日韓国・朝鮮人の人たち）の差異は無視され、世代内部の「同一性」が強調されるのである。日本社会のなかに存在するさまざまな差異を隠蔽する言説として、世代論が機能していった面のあることは否定できないであろう。この点で世代論の流行は「一億総中流」言説や「単一民族国家日本論」などとも重なり合うものである(1)。

八〇年代の新人類論になると、その虚構性は一層明らかなものになってくる。モノと情報の消費に長けた「ミーイズム（自己中心主義）」のネアカ青年が、「若者の典型」として当時語られていた。高度経済成長の結果、大衆消費市場がすでに飽和状態に達していた当時、日本企業は新たな「消費の英雄」の像を必要としていた。そのキーコンセプトは「差異化」と「情報」である。大衆消費財の量産効果が期待できなくなったのであれば、企業は利潤の源泉を高付加価値商品に求めるほかはない。また、今後成長が望めるのは情報通信機器の分野である。他者との「差異化」のためにブランド品に代表される高付加価値商品を買い求め、情報通信機器に接することを喜びとする「新人類」は、当時の日本企業にとっての「期待される人間像」であった。一部の突出したセンスエリートの姿が、若者の典型として喧伝されていった。このプロパガンダには、多くのマーケッターと社会学者とが動員されていった。当時、両者の境界は曖昧なものとさえなっていたのである(植村、一九九三)。

世代論的言説のなかには、多くの作為や歪曲や誇張が含まれている。しかし、優れた言説も希には存在する。七七年から七八年にかけては、そうしたタイプの若者論・世代論が多数生み出されていた。アイデンティティの未決状態を永続化させようとする心性が若者のみならず広く日本社会に瀰漫していることを明らかにした小此木啓吾『モラトリアム人間の時代』(小此木、一九七八)。高い能力をもちながら些細な挫折を契機として教室に出ていくことができなくなり、いまでいう「引きこもり」をはじめて留年を繰り返す「現代のオブローモフ(帝政ロシアの外交官作家、ゴンチャロフの小説の主人公。高い知性と高潔な思想をもちながら日々を無為に過ごす青年貴族)」たちを活写した笠原嘉『青年期』(笠原、一九七七)。両者はともに、豊かな社会のなかで育った当時の若者たちのひ弱さと依存性、そして他者の評価に過剰に依存するナルシシズム的傾向を鋭くついている。これらの論考が示しているのは、大人になることを忌避する若者たちの姿である。

しかし、若者像は否定的にのみ語られたのではなかった。栗原彬(一九八一)と井上俊(一九七七)は、大人になり切れないこの世代が示す「やさしさ」と「遊戯性」のなかに産業社会への批判の身振りを読み取り、それらが現在の社会のあり方を静かに変えていく可能性に期待をかけている。こうした優れた世代論は、世代感覚を形成する力をもつ。七〇年代末に小此木、笠原、井上、栗原の著作に傾倒した筆者（一九五六年生まれ）が、後に世代論的言説に身を寄せながら「若者たちの変貌」を表したことは、その例証となるであろう。

2　世代間断絶と若者文化――「団塊」から「新人類」まで

(1) 内面化された世代間断絶――ヤヌスとしての「団塊の世代」

世界的にみて「六八年世代」は、親の世代との間に強い断絶の感覚を抱いていた人たちであった。その断絶の意識は、大恐慌と戦争を経験した「欠乏の世代」に対して、豊かさの申し子である理想主義的な若者たちの違和感に起因するものである。日本の「団塊」とその親世代も例外ではない。そして日本の場合には、他の先進諸国と比べて断絶を拡大する要因があった。すなわち、親の世代が、戦前の教育を受けた人たちであったのに対し、「団塊」は戦後の日本国憲法に基づく民主主義教育の申し子だったのである。日本の「団塊」たちは、「封建遺制」の体現者である親世代に激しい反発を示した。アメリカの六八年世代が、ジェファソン、ソロー、ホイットマンらが代表する自国の民主主義の伝統に依拠しながら親世代を批判していったのに対して、日本の「団塊」たちはそうした伝統をまったくもたなかったのである。このことが、日本の若者たちの反乱を観念的で矯激なものにしていった一因となった。

「団塊」と親世代との世代間断絶は、当時の若者のなかに内面化されていった。「団塊の世代」の意識は、学校仕込みの民主主義によって染め上げられていた。しかし、彼らが日常生活を営む地域社会のなかでは、戦前から引き継がれた古い慣行がなお力を失ってはいなかったのである。高度成長期以前に、ムラ社会はそこら中に残っていたし、婚姻をイエとイエとの結びつきであるとする考え方も永く失われることはなかったのである。意識とはうらはらに彼らの生活感覚のなかには、日本の古い社会慣行が染みついていたのである。「世代間断絶の内面化」とはこのことである。こうした分裂は、この世代特有の行動様式を生み出していった。さる老教授が紹介してくれたエピソードである。紛争当時、ゼミの時間ごとに彼を厳しくつるし上げていたクラスがあった。ところがこのクラスは、卒業の時に記念の置時計をこの教授に送ったのだという。彼が礼を述べると、ゼミの幹事(もっとも先鋭に彼をつるし上げていた)は、「師に対して当然のことです」と述べたという。教授をつるし上げる自己と、「師の恩」を語る自己とが一人の人間のなかに並存している。「内面化された世代間断絶」のなさしめるところである。

アメリカの六八年世代が、「豊かさの申し子」であることは疑いない。しかし、日本の「団塊」は、この点において疑問符のついた存在である。六八年に日本のＧＮＰは、自由世界第二位になっている。

「団塊の世代」は、豊かな時代の青春を享受していた。しかし、彼らのなかには、日本が「世界の最貧国」であった、貧しい時代の記憶も刻み込まれている。精神科医の中井久夫(中井、一九八六)は、急激な経済変動のなかを生きてきた「団塊の世代」は、自己規定困難に陥りやすいと述べている。人間の自己像はどんな生活水準を享受しどんな階層の人たちと付き合ってきたかによって規定される。だから生活水準があまりにも目まぐるしく変化すると、安定した自己像がもてなくなってしまうと中井はいう。生活水準の急変に伴う「自己規定困難」は、戦後を生きたすべての日本人が経験したものである。しかし、「団塊」に先行する人たちは貧しい時代の感覚が身についている。他方、「団塊」に続く世代は、豊かさを自明のものとして育っていった。ところが、「最貧国」に生まれ、そこそこに豊かな国で青春を送り、「世界経済のスーパーパワー」のビジネスマンになった「団塊」は、「貧しさ」と「豊かさ」のどちらも身につくことがなかった世代なのである。「団塊の世代」は、民主主義と「封建遺制」、そして「貧しさ」と「豊かさ」の間に引き裂かれた存在である。彼らは、その両方の顔をもつ「ヤヌス」(両面神)であった。

「若者の反乱」の主役を演じたことは、この世代の勲章である。しかし、「若者の反乱」の政治的成果が日本の場合には、諸外国に比べて貧弱であった。欧米諸国において、少数者の異議申し立てという若者たちが築いた政治行動のモードは、社会のなかに確実に根づいていった。女性の権利の大幅な伸長は、その結果得られた目覚ましい成果である。日本と同じ敗戦国であるドイツの場合には、学生たちが提起した親世代の戦争責任の問題と、環境保護の主張とが、その後のこの国のいわば国是とまでなっていった。しかし日本では、そうした現実的成果は欧米に比べて見劣りするものと言わなければならない。性差別は温存され、支配層は靖国参拝に固執し、環境破壊的な公共事業に地域経済は大きく依存している。欧米諸国とのこの差異をもたらした原因は何か。先に述べたように頼るにたる民主主義の伝統がこの国に存在しなかったことが、その最大の原因であろう。「反乱」の挫折のなかで、若者たちの一部が政治的に先鋭化し、テロに走ることで自壊していった事例はどこの国にもみられた現象である。しかし、欧米の場合には確たる民主主義の伝統と、それを信奉する「リベラル」たちが現実的な政治勢力として存在している。「リベラル」が若者たちの主張のある部分を真摯に受け止めた結果、欧米では社会の変革が実現した。もちろん日本でも、六〇年代末の学生たちの反乱を契機として、フェミニズムや反公害闘争、そしてさまざまな草の根の住民運動が生じていった。それらの運動がもたらした実りは、たとえささやかなものであったとしても、決して過少評価すべきものではない。しかし、この国の若者の反乱は、国家や社会の進むべき方向性を変えるだけの力をもたなかった。頼るべき民主主義の伝統と、若者たちの主張を受け止めることのできる現実的な政治勢力をもたなかったことが、その大きな要因であったと筆者は考えている。

学生運動の闘士たちは、社会人になると今度は企業戦士に変貌した。「団塊の世代」は、日本経済の「一人勝ち」に大きく貢献したのである。しかし、どこの組織でも人数が膨らんだこの世代は、新たな世代間断絶を生み出していった。九〇年代の半ばには、「団塊叩き」が社会的なブームとなった。ではなぜこの世代は嫌われたのか。そこにはこの世代の「ヤヌス」性が大きな影を投げかけている。「ヤヌス」に対する時、人はダブルバインドに陥ってしまう。若者が「団塊」上司に従順にふるまったとしよう。かつての「怒れる若者」であったその上司は、「若いくせに覇気がない！」と怒りをあらわにするに違いない。では、その若者が堂々と異論をぶつけるとどうなるのか。今度は上司のなかの「旧弊なおやじ」が顔を出す。そして「若造のくせに生意気だ！」と激怒するのである。戯画化して語れば、こうした状況が全国の職場で生じていたのではないか。一時マス・メディアで「団塊叩き」が盛り上がったのもゆえなきことではない。ところが現在、「団塊叩き」も湿りがちである。長引く経済の低迷のなかで、「企業戦士」のコアをなしていたこの世代が元気を失っているからである。強烈な共通体験に裏打ちされた世代的連帯感をもつこの世代のなかでも、「勝ち組」・「負け組」の分極化が進んでいる。そして三万人を超えるこの国の自殺者のなかで、中高年男性は大きな割合を占めている(2)。その背景をなすものとして、特異な自我の分裂を抱えたこの世代の存在を見逃すことはできないだろう。

(2) 反発と依存——「ポスト団塊」と「新人類」

アメリカの「ブーマー世代」は、日本の「団塊」・「ポスト団塊」・「新人類」の三世代を含み込むものであった。では日本の「団塊」から「新人類」までを「日本版ブーマー世代」とひと括りにすることはできないのだろうか。それは、次のような理由から不可能であるように思われる。第一に、日本ではアメリカのように高い出生率が長きにわたって続くことがなかった。人口圧の高低は、生育条件に、したがってその年齢コーホートに属する人たちのパーソナリティの形成に大きな影響を及ぼす。「団塊の世代」が思春期のころに戦後少年犯罪のピークを形作り、青年期に若者の反乱の主役となったのも、人口圧の高さゆえに強いストレスと激烈な競争にさらされてきた、彼らの生育歴と無関係ではない。しかし、「ポスト団塊」以降の世代にはそうした人口圧のもたらすストレスは存在しないのである。次に、「団塊の世代」は先にみたように「旧世代」の半面をもつ「ヤヌス」であった。この点で後続の世代との間には断絶が存在する。九〇年代半ばの「団塊バッシング」の主役を演じたのは、「団塊」を目の上のタンコブと感じていた「ポスト団塊」・「新人類」両世代だったのである。それと関連して、「団塊」とそれ以降の世代との間には共通の世代感覚が存在しない。だから、「団塊」から「新人類」までをひと括りに「日本版ブーマー」と呼ぶことには、やはり無理がある。

しかし、「団塊の世代」から「新人類」世代までの人たちには、共通項がある。それは親世代への反発である。彼らの親世代は、あの苛酷な戦争を生きぬいてきた人たちである。彼らは、戦前の貧しい時代と戦争による欠乏を耐えぬき、そのなかから懸命に働いて豊かな生活を手に入れていった。親世代は、そのことに大変な自負心を抱いている。それゆえ、「戦争を知らない子どもたち」の主張を「甘え」のあらわれと断じて切り捨てるのである。彼らは、ことあるごとに「戦時中を思え！」と子どもたちを叱責した。親世代は、働きづめに働いて豊かな生活をわがものとしていった。しかし、彼らはそれを享受する術を知らない人たちでもある。一、四〇〇兆円ともいわれる日本の天文学的な個人金融資産の多くをこの世代がもちながら、それが有効需要を生み出すことなく退蔵されている。このことが彼らの生き方を雄弁に物語っている。戦争体験を振りかざすこと。ただ働くだけの「生産力至上主義」（栗原彬）に支配された、単調で不毛な人生。こうした彼らの生き方は、子ども世代の反発を呼ばずにはおかなかった。

「団塊の世代」から「新人類」までの若者文化は、「戦時中を思え！」と連呼する親世代への反発に根ざす対抗文化であった。八〇年代のサブカルチャーブームの時に、一部のセンスエリートはこれを「八〇年安保」と称していた。これは冗談とばかりは言い切れない。「新人類」たちは、六〇年代末の騒擾をぎりぎり間接経験した世代である。そして、サブカルブームに大きな影響力をもっていたのが糸井重里や橋本治らの全共闘経験者だった。糸井や橋本のなかにも、サブカルブームは舞台を変えた全共闘運動の敗者復活戦という認識があったのではないか。八〇年代の若者文化を特徴づけるものは、サブカルブームが代表するような過剰なまでの「浮世を茶にする」遊戯性であり（植村、一九九三）、ブランドブーム（火付け役は田中康夫！）が代表する浪費的傾向であった。このなかに、ユーモアを解さぬ真面目一方の勤勉家であり、享受することを知らぬ貨幣退蔵者でもある親世代へのアンチテーゼを読み取ることは可能であろう。しかし、浪費的傾向はもとより、過剰なまでの遊戯性も、たとえばナンセン

ＳＣＭのブームという形で大資本に回収されていった。「団塊」から「新人類」までの若者たちは、親世代の「生産力至上主義」を嫌悪していたはずである。しかし、その若者たちの表現活動が結果として大資本に回収され、彼らが嫌悪したはずの「生産力至上主義」を強化していったところに、八〇年代文化最大の矛盾がある。

アメリカの「ブーマー世代」は、理想主義的傾向がその特徴であった。他方、「日本版ブーマー」たちはどうか。「団塊の世代」は、いうまでもなく理想主義的傾向が強かった。しかし、その後に続く「しらけ世代」は理想に対して尻ごみをし、パロディ感覚に富んだ「新人類」にいたっては理想を嘲笑することに喜びを見いだしてさえいたのである。七〇年代以降の日本の若者たちのなかで、理想主義的傾向が後退していった面のあることは否めない。しかし、その「新人類」世代にしたところで、「人類の進歩と調和」を標榜した七〇年大阪万博の記憶を共有する人々である。「進歩」の理念を奉じる理想主義と無縁であるはずがない。彼らが新しい情報機器の出現に強い関心を示したのも、それが「人類の進歩」を象徴するものだったからである。「新人類」たちにとっても、新しい社会を築き上げる「理想」を語ることもせず、ただ営々と働いて財を蓄えていく親の世代のあり方は疑問符のついたものだった。彼らが生を受けた日本の六〇年代について、エチエンヌ・バラールは次のように述べている。「民主主義は生まれつつあった。だが、その看板に掲げられる《自由・平等・博愛》が日本語に訳されねばならなかった時、若者に与えられたのは、ただ《勉強せよ、仕事せよ、消費せよ》だったのだ」(Barall, 1999

＝二〇〇〇：四七)。バラールは、親世代の理想の空白がオタクを生んだと考え、「第一世代おたく」(「新人類」世代)の次のような意見を紹介している。「私たちは、みてくれだけで中身のない、パロディのような社会で大きくなりました。……その空白を自分たちのやり方で埋めることにしたんです。その時にあったのが、……子供の頃の世界でした。最初の感動がある世界です。そして、この優雅な時期、私たちの想像力を占めていたのは、漫画やテレビ番組のヒーローたちでした。……同じ世代の若者の大半は内心、本当に小さい頃の数少ない友だちか、子供の頃みたアニメのヒーローしか信用していないと思いますよ」(同書：七)。

七〇年代、八〇年代の若者たちも親の世代の没理想的傾向に強い反発を示していた。しかし、同時に彼らはその親たちへの依存の度を強めていったのである。居心地のいい未決状態にいつまでもとどまろうとする「モラトリアム人間」や、学生の身分から抜け出そうとしない「現代のオブローモフ」は、今日の「引きこもり」や「パラサイトシングル」の先駆的存在である。たとえば連続幼女誘拐殺人事件を引き起こし、「おたく」ということばを広く人口に膾炙させるきっかけを作った「M」は、親に生計を依存しながらビデオに埋まった八畳間でよからぬ妄想を膨らませていたのである。この二つの世代は、「団塊」と同じように親世代との断絶を言い立てながら、ぬくぬくとしたその庇護のもとから抜け出そうとはしなかった。『パラサイトシングルの時代』(山田、一九九九)で、現代の若者たちの依存的傾向を鋭く抉った山田昌弘が、筆者と同じ世代に属する社会学者なのは単なる偶然はあるまい。

3　若者文化のゆくえ——世代間断絶は消失したのか？

(1) 友だち親子の共依存——世代間断絶の消失

アメリカの「X」世代は、一九六五年からの二〇年間に生まれた人たちであった。これを日本に当てはめてみると、ほぼ「団塊ジュニア」以後の世代に対応するものといえるだろう。しかし、二つの国の対応する年齢コーホートがたどった運命は対照的である。アメリカの「X」たちは、経済の悪化と家族の解体とがもたらした厳しい子ども時代をくぐりぬけて、長じた後はITバブルの担い手となった。ところが日本の「団塊ジュニア」から後の世代の場合はまったく逆である。日本の場合不況は長期化しているが、いまの若者たちは裕福で甘やかされた子ども時代を送ることができたのである。それでもまだ「団塊ジュニア」たちは高い人口圧のゆえに、受験競争という試練にさらされている。しかし「大学冬の時代」を迎えた九〇年代半ば以降に大学に進んだ人たちの場合には、その入試競争さえ大幅に緩和されていった。彼らは、ほとんど何の試練も受けることなく子どもや若者の時代を過ごしてきたのである。ところが社会に出る段階で、彼らは大きな試練に直面する。仕事がないのである。低い出発点から青年期以降上昇軌道に乗ったアメリカの「X」と、逆に青年期以降恵まれたポジションから下降の軌道にシフトしてしまった「日本版X」。そうした対照を指摘することが可能だろう。

日米「X」世代のさらに際だった差異は次の点にある。それは、アメリカの「X」が先行する「ブーマー」に敵意にも近い対抗心を燃やしていたのに対して、日本の対応部分の場合には親世代に対する断絶の感覚がきわめて希薄な点である。「六八年」を通過した理想主義と「新金ピカ時代」に培われた拝金主義。繁栄の子どもたちが抱く未来へのオプティミズムと、衰退の時代が植え込んだペシミズム。アメリカの「ブーマー」と「X」との間には、価値意識のうえでの大きな断絶が認められた。日本の「団塊」から「新人類」までの若者たちも、戦前的な価値観を保持している親世代との間に、深い断絶の感覚を抱いていたのである。ところが「日本版X」とその親世代（「団塊」およびポスト「団塊」世代）は、ともに戦後教育の価値観を内面化した人たちである。また、「団塊」以降の若者たちは、消費文化の発達と情報化の進展のなかで成長を遂げていった人たちである。ものと情報の消費のなかに喜びを見いだす点においても、子ども世代との間に大きな断絶は存在しない。「断絶」どころか、いまの親子の間には友だち感覚が支配している。とくに母娘の密着が著しい。「一卵性母娘」という呼称が流行ったほどである。

現在の日本の世代間関係をみた時、問題なのは世代間の「断絶」などではなく、むしろ「癒（密）着」なのではないかとさえ思われてくる。こうした「友だち家族」・「仲よし親子」はどうして生まれたのであろうか。その根源を、「団塊」たちの「ニューファミリー」に求めることができる。新しがりやの「団塊の世代」は「ニューファミリー」を築き、「友だち親子」を標榜していた。しかし、彼らは不思議なことに欧米的な「カップル本位型」の家族を志向することはなかったのである。「ニューファミリー」においても、「子はかすがい」の伝統は崩れなかった。むしろ「イエ」観念の崩壊後に出現した「ニューファミリー」は、より徹底した「子ども本位型」家族となったのである。性別役割分業が崩れなかったことと、日本の大企業体制の拘束的労働がその大きな原因であった。夫は「外」で過労死の淵まで働き、妻は「内」を守る。これでは夫婦で分かち合うべき何物も生まれない。こうして、子どもの存在だけが夫婦の共通の関心事となる。子どもにかまけることだけが、家族の存在理由となるのである。日本の家族が「子ども中毒」に陥る所以であろう。

山田昌弘の『パラサイト・シングルの時代』(山田、一九九九)は大きな社会的反響を呼んだ。しかし、日本の若者が示す強い依存性は、若者たちの「寄生(パラサイト)」にのみ原因があるのではない。むしろそれは、親と子の「共依存」の結果なのではないか。子どもの側に立てば、家事を親に負担してもらい自分の稼ぎをすべて小遣いにできる境遇は快適この上もない。だから「パラサイト・シングル」が増加していく。だが、親の側にしても子どもがもし巣立ってしまえば夫婦でいる理由はより希薄なものになってしまうのである。この意味では、親もまた子どもに依存している。こうした構造が、「引きこもり」や「パラサイト・シングル」を生み出す温床となっているのではないか(3)。

「どうしてこれだけ就職事情が悪化しているのに、日本の若者はデモの一つもしないのか」。さるアメリカ人の文化人類学者は、私にこんな疑問をもらしていた。日本の若者の政治的・社会的能動性の低下は明らかである。そしてこの「共依存家族」が、社会の波風から若者を守るシェルターとなっている。厳しい就職戦線から脱落し、「フリーター」の身分に甘んじたとしても、寛容に「パラサイト」を許す親がいるのであれば、「デモの一つ」を打つほどの危機感をもつこともないだろう。経済の悪化が、日本の若者のなかにアメリカの「X」たちのようなハングリー精神を植えつけることにならなかったのはこのためである。「日本版X」たちは、アメリカの同類のような拝金主義にではなく、むしろ「自分探し」や「夢を追う」方向へと走っていった。しかし、この微温的な状態は永続するものではないだろう。経済の悪化がさらに進み、親世代が大きな打撃を受けた時に「パラサイト・シングル」や「引きこもり」たちは一体どこに行くのだろうか。その時には、「X」たちのような「拝金的エリート」と、犯罪の温床とさえなりうる「デスペレート(世の中に絶望した)なノンエリート」というアメリカ的な両極分解がはじまるのであろうか。

世代間の「断絶」がもたらす位置エネルギーが、若者文化の活力源であった。世代間断絶の意識が希薄になってくれば必然的に若者文化から活力が失われていく。母親が子どもと同じアニメや特撮番組に熱中を示すことなど珍しくない。サブカルチャーの領域での世代間障壁のメルトダウンはいまや極限的に進行している。社会人になってからも、週末に「おたく」的活動に邁進している種族の存在は広く世に知られている。若者文化は一人の人間が成長の過程で「卒業」していく通過点ではなくなったのである。ある年齢コーホートに属する人々に熱烈に共有されるサブカルチャー的表現の存在は、今日見いだしがたくなっている。かつてなら若者文化の領域に属したであろうものが、いまは全体的なタコツボ状況のなかに解消してしまっている。若者文化を研究する社会学者の間でも、若者文化の「消滅」・「溶解」を指摘する声があがっているのも、こうした状況を反映したものである。

(2) 無関心と無理解と――新たな世代間断絶の深まり

表面的に「世代間断絶」は大幅に解消してしまった。それでは、本当に世代の間を隔てていた溝は埋まってしまったのであろうか。先のアメリカ人文化人類学者は、筆者にこうもいっていた。「日本の家族は、まだアメリカのようには壊れていない。親たちの子どもへの責任感も、アメリカとは比べものにならないほど強い。しかし、子どもが援助交際をして得たお金でものすごく高い服を着ていても気がつかない親がいる。こんなことはアメリカでも考えられない」。「世代間断絶」の「解消」した、「友だち親子」のなかで、外国人研究者を驚かせるほどの無関心が支配しているのである。

世代間の「断絶」が喧伝されていた時代、まだ親と子は相互に関心を抱いていた。そうであればこそ互いの主張をぶつけ合い、その結果相互の価値観の違いに愕然として「断絶」を言い立てたのである。いまの親子はぶつかり合うことがないから「仲良し」でいられるのではないか。ぶつかり合わないのは、相互に関心がないからである。世代間の無関心。それに伴う相互理解の欠如。これまでとは異なる、新しい形での「世代間断絶」が、この社会のなかに癌細胞のように広がっている。

では、子どもへの強い責任感とこのような無関心とは、何ゆえ両立可能なのだろうか。戦中世代の

「生産力至上（拝金）主義」に反発していた「団塊」以降の世代も、結局はそこに落ちてしまったのである。ご馳走を食べさせ、良い服を着せ、私立学校や塾に通わせる。子どもに金をかけることが親としての責任を果たすことだと、現在の親世代は考えている。長引く不況のなかで「親の責任」を果たすためには母親も、何らかの形でまとまった収入を得なければならない。いまや日本の家族では、父親のみならず母親も不在なのである。小さな子どもは、塾や習い事で忙しい。中学生になると部活、高校生ではアルバイトがはじまり、いよいよ家にいつかなくなる（若者はなぜ、アルバイトに狂奔するのか。彼らは一様に「お金がないと何もできないから」と答える。親世代の拝金主義の文化遺伝という印象を禁じえない）。家族が触れ合う時間的余地は、極度に小さくなっている。そしてテレビ・携帯電話・パソコン等のメディアは家庭のなかにもくまなく浸透しており、かつ日本家族のそれらへの依存度はきわめて高い。家族の対話の時間はますます削り取られてしまう。無関心と相互理解の欠如とが生まれる所以であろう。

そして、日本の親世代も若者たちもともにカメレオン化している。親世代が身をおく日本企業では、終身雇用、年功序列は過去のものとなりつつある。かつての会社人間は、生涯にわたる集団帰属を切望し、そのためには自己の本心を押し殺しても周囲に同調する「他者指向」型人格の典型であった。終身雇用は強い閉塞感を伴うものの、一面で企業はそこで働く者にとっての共同体だったのである。しかし、終身雇用の崩壊がささやかれるいま、日本企業の特質とされていた家族的・共同体的性格は急速に失われていっている。隣の席に座る同僚は、自分を蹴落とそうとする恐ろしいライバルなのかもしれない。そうした「人が人に対して狼（狸？）である」ような状況のもとでは、周囲の色に自らを合わせて、決してその本性を明らかにしないカメレオン的擬態が自己防衛の術として優勢になっていくことだろう。親世代のなかからさえ、集団の和を重んじて、生涯にわたってそこに帰属しようという意識は希薄化している。沈みゆく泥舟と化した自分の「カイシャ」から、一日も早く立ち去ることを夢見ている人が、むしろ多数派なのではないか。落日の日本経済を担う親世代のカメレオン化は顕著である。

若者たちも、親世代とは異なる理由からカメレオン化している。いまの若者たちは、多忙な子ども時代を過ごした人たちである。学校に通い、放課後は塾や習い事。スポーツ少年団やリトルリーグのような活動もある。一日の間にさまざまな集団の間を忙しく行き来する生活に慣らされて育った人たちである。こうした多忙な生活のなかで支配的になるのが、「広く浅く当たりさわりのない」人間関係であろう。安心して自分のすべてをさらけ出すことのできる友人は得がたいものとなる。日本の若者たちは、安定した友人関係をもたずに育った世代である。忙しくスケジュールに追い立てられていて、友人たちに完全な信頼をおくことができない。こうして日本の若者たちは、周囲に合わせて自らの色を変えるカメレオン的自己提示に幼いうちから慣らされていく。彼らが青年期になってから登場した携帯メールは、「広く浅く当たりさわりのない」人間関係を維持・管理していくうえでの必須のツールなのである。そして筆者には、表層的なカメレオン的役割演技の網の目から落ちこぼれてしまった若者たちの末路が、「引きこもり」のように思えてならない。ともあれ、カメレオンのように自分の本性を押し隠す二つの世代の間に相互理解が生じるとは考えにくい。

日本の大人たちは、若者に関心を失いつつあるようにみえる。「団塊ジュニア世代」の後にあらわれた若者「世代」の呼称が出てきていないことも、その証左といえよう。さまざまな若者たちへの言説が新しい世代感覚と、それに見合った若者文化を生み出してきたことはこれまでにみてきたとおりである。識者が「若者文化の消滅」を語ることは、結果として若者文化を葬り去る「自己実現予言」として機能してしまう危険性を孕んでいる。「若者文化の消滅」と呼ばれる事態は、「右肩上がり」の時代の終焉に対応するものであろう。これまでは経済の急速な発展が社会のあり方を短期間で大きく変えてしまい、それが細分化された世代とそれに見合う若者文化とを生み出してきた。しかし、九〇年代以降のこの国は著しい停滞に陥ってしまっている(「失われた一〇年」)。そのことが新しい若者世代とその文化的表現が生まれる可能性を潰してしまった側面のあることは否めない。

関曠野は、環境への本能的な適応能力をもたない人間にとって、すべては学習のプロセスであり、世代を超えた経験の継承が文化にとって本質的な問題であると指摘している。そして、異なる世代間の緊張感溢れる対話のなかから、文化は革新されていく。世代間対立は文化が活力を保つために不可欠のものなのである。「そしてこの世代交替の過程をつうじての再学習ということがなければ、本能的基礎をもたない人間の社会は失敗を重ねて自滅してしまう。物わかりのよい大人と素直で従順な子どもから成る社会は、崩壊の危機にさらされている」(関、一九九五：一二)。「物わかりのよい大人と素直で従順な子ども」たちの間で、世代間の対話がまったく成立していないわれわれの社会は、まさに「崩壊の危機にさらされている」。この状況を呑気に「若者文化の消滅」などと論評してすませてしまうわけにはいかないのではないだろうか。

注

(1)一九四七年から四九年にかけての出生数は、年間約二七〇万人。ちなみに二〇〇〇年の出生数は、一一九万人である。「団塊の世代」の人口の厚みと、近年の少子化の著しい進行とが窺える数字である。
(2)二〇〇一年の自殺者は三一、〇四二人。四年連続で三万人を超えた。男女比では男性が七一・三%。六〇歳以上の高齢者が一〇、八九一人で最多。次いで「団塊の世代」の含まれる五〇代が七、八八三人となっている。自殺原因では「経済・生活問題」が三一・五%と「健康問題」(四〇・一%)に次いで多い。経済的理由による自殺者の数は過去最多となっている。このうち八五%が四〇歳以上である。経済的苦境が中高年の上に重くのしかかっている(警察庁、二〇〇二)。
(3)パラサイトシングルは、一、〇〇〇万人と推計されている(山田、一九九九:五七)。厚生労働省の推計によると、引きこもりの人口は二〇〇万人。民間の調査会社リクルートワークス研究所(http://www.works-i.com/index.html.)の試算でフリーターは、三五〇万人に達している。またフリーターの六〇%が、親と同居している(フリーター研究会、二〇〇一:八三)。

文献

Barall, E., 1999, *OTAKU-Les Enfants du Virtue*, Editions Denoel. ＝二〇〇〇年、新島進訳『オタク・ジャポニカ——仮想現実人間の誕生』河出書房新社。

フリーター研究会編、二〇〇一年、『フリーターがわかる本』東京研数出版社。

井上俊、一九九七年、『遊びの社会学』世界思想社。

笠原嘉、一九九七年、『青年期』中公新書。

警察庁、二〇〇二年、『警察白書』。

小谷敏、一九九三年、『若者論を読む』世界思想社。

——、一九九八年、『若者たちの変貌』世界思想社。

栗原彬、一九八一年、『やさしさのゆくえ＝現代青年論』筑摩書房。

中井久夫、一九八六年、「精神医学からみた子どもの問題」『教育と医学』三月号。

小此木啓吾、一九七八年、『モラトリアム人間の時代』中央公論社。

Rosen, B., 2001, *Masks and Mirros-GenerationX and the Chameleon Personlity*, Prager.

堺屋太一、一九七六年、『団塊の世代』講談社。

関曠野、一九九五年、『教育、死と抗う命——子ども　家族　学校　ユートピア』太郎次郎社。

植村崇裕、一九九三年、「マーケティング時代の『若者論』と若者たち」(小谷、一九九三)所収。

山田昌弘、一九九九年、『パラサイト・シングルの時代』ちくま新書。

山田真茂留、二〇〇〇年、「若者文化の析出と融解——文化志向の終焉と関係嗜好の高揚」宮島喬編『講座社会学7 文化』東京大学出版会。

第4章　「長生き社会」という観点

宮原浩二郎

はじめに

「現代社会」の特徴はどこにあるのだろうか？　いいかえれば、二一世紀初めの現在、日本をはじめとする経済先進社会は、歴史的にみてどこが新しいのだろうか？　この問いに対しては、すぐにいくつか答えを予想することができる。まずは「情報化」と「グローバリゼーション」。それから「少子高齢化」。少し古いかもしれないが、「消費社会」や「ポストモダン」。さらに、「リスク社会」などもある。

これらのキーワードは、一九世紀欧米型の近代社会とは異なる現代社会の一面をそれぞれにつかんでいる。しかし私は、これらに加えて、もう一つ決定的に重要なキーワードに注目してみたい。「長生き社会」、である。

たとえば、今日の日本人の平均寿命は男七八歳・女八五歳（二〇〇〇年、少数点以下四捨五入。以下、同様）で、男女とも世界一である。人間がこれほど長く生きることのできる社会は、かつてこの地上のどこにも存在したことはなかった。還暦（六〇歳）を迎える人は男九〇％・女九五％、古稀（七〇歳）に達する人も男七七％・女八九％と大多数、さらに傘寿（八〇歳）でも男五二％・女七四％と今や多数派である（**表1**参照）。一度生まれたら、大多数が六〇、七〇まで生きることが期待でき、八〇はもはや普通、百歳でも驚かなくなったという、人類史上未曾有の長生き社会。これこそが「現代社会」の特徴なのだ。

表1　賀寿を迎える人の割合

（％）

性・賀寿	1950	1960	1965	1970	1975	1980	1985	1990	1995	2000	2010	2025
男												
還暦(60)	71.1	74.2	78.3	80.6	83.8	85.7	86.8	88.3	89.1	89.6	90.3	90.9
古稀(70)	49.4	51.9	56.2	59.6	66.0	69.9	72.7	74.7	75.4	77.2	77.7	78.5
喜寿(77)	28.5	29.5	32.8	36.4	44.1	48.9	53.8	57.1	58.3	61.4	−	−
傘寿(80)	20.0	20.1	22.6	26.1	33.2	37.8	42.8	46.9	48.4	52.2	53.7	56.0
米寿(88)	4.6	4.1	4.3	6.0	8.8	11.4	14.5	17.2	18.9	23.3	−	−
卒寿(90)	2.7	2.3	2.3	3.5	5.4	7.1	9.4	11.6	12.8	16.8	19.0	22.1
白寿(99)	0.1	0.0	0.0	0.1	0.2	0.3	0.4	0.6	0.8	1.4	−	−
女												
還暦(60)	77.2	81.5	85.8	87.9	90.3	92.1	93.2	94.0	94.3	94.8	95.3	95.8
古稀(70)	61.0	65.6	70.8	74.3	79.1	82.7	85.1	87.1	87.9	89.1	90.3	91.7
喜寿(77)	41.5	44.6	50.2	54.4	61.7	67.2	72.2	75.8	77.7	80.6	−	−
傘寿(80)	31.9	33.8	38.4	43.0	50.7	57.0	63.0	67.8	70.5	74.4	77.1	80.2
米寿(88)	9.7	9.6	10.7	13.5	18.2	23.2	29.7	35.2	40.1	47.5	−	−
卒寿(90)	6.2	6.0	6.5	8.6	12.0	16.0	21.2	26.3	31.1	38.7	41.7	47.6
白寿(99)	0.2	0.2	0.2	0.4	0.6	0.9	1.4	2.4	3.9	7.0	−	−

出典：日本人口学会編『人口学大事典』培風館、2002年、p. 520。

このような長生き社会で、人はどう生きていくのか。戸惑っているのは私だけではないだろう。何しろどこにもモデルが見つからないのだ。かつての王侯貴族は、圧倒的多数の短命な下層民の犠牲の上に、大切に養育・保護され比較的長生きした。それでも、乳幼児期の落命のみならず成人してからも病気や災害、出産などであっけなく死んでしまうのは日常事であった。現在の経済先進社会では、その大多数を占める中流市民がかつての王侯貴族をはるかにしのぐ長寿を維持している。それでも社会通念や人生智の方は新しい現実に追いつかず、いまだに古い時代の物語や習俗に結びついた「年齢」や「人生」のイメージが人々の頭のなかに色濃く保存されている。そこで、この未曾有の長生き社会のただ中で、昔からみれば贅沢な、しかし、現在からすれば切実な問題も生じている。

私は、長生き社会における生き方の問題は、現代社会学の重要なテーマだと考える。「長生き社会」と「少子高齢化社会」はここ数十年の人口現象のとしては重なり合うが、社会をみる視点としてはまったくの別ものである。「少子高齢化」は、「子どもが少なく老人が多い」社会の抱える問題、たとえば、「従属人口」増大による年金制度の危機、高齢者の介護福祉制度の整備、経済活力の衰退などを憂い、その解決策を模索する。これが差し迫る深刻な問題であることは私も理解している。が、少なくともその一部は従来の「年齢」観や「人生」観を変更すれば無害化できるのも事実である。たとえば、「高齢者」の定義を現在の六五歳から七〇歳に引き上げるだけで「従属人口」増加はかなり緩和される。また、「豊かさ」を経済成長に直結させる観念が崩れれば、「経済活力」の低下も嘆くに値しなくなる。

翻《ひるがえ》って、「長生き社会」という観点は、この社会に生まれる大部分（望むらくはすべて）の人が「天寿を全う」できるという現実的可能性に感謝し、この人類未踏の新事態のなかで、個々人はどのように生きることができるのか、また、どのように生きるのがよいのか、それを考えていくのである。そのなかには、当然、「高齢者」や「豊かさ」の再定義の試みも含まれてくるだろう。たくさんの新しい問題提起が出てくるに違いない。

そこで、本章では、まず何よりも、最近の人口学の成果を借りて「長生き社会」の現実を素描してみたい。いままさに現実に起きていることなのに、意外に知られていないことも多いのである。そのうえで、現代社会を分析するための一つの観点としての「長生き社会」について考察してみたい。「少子高齢化社会」とはまったく異なる観点としての「長生き社会」は、意外に新鮮な仕方で現代社会の光と影を照らし出してくれるはずである。

1　長生き社会の現実

古人口学では、人骨を手がかりにしてヒトの生存年数を推定している。それによると、北京原人の場合、年齢推定の可能な二二体のうち一五体（六八％）が一五歳未満であり、五〇歳代に達したとみられるのは一体にすぎない。ネアンデルタール人では三五歳以上に達した個体は一〇％以下とされている(河合、一九九九：一二八)。旧石器時代の新人に属する北アフリカ・タフォラルト出土の一八六体の場合も、一五歳未満の子どもが半数以上を占める。また、新石器時代、日本の縄文人の人骨二三五体からの推定によれば、一五～一九歳時の平均余命は男女とも一六年ほどとされている(日本人口学会、二〇〇二：五一六)。縄文時代に至ってなお、一〇代後半まで生き抜くことができた人々にしてやっと三〇代前半まで生き延びることが期待できたのである。

歴史人口学は、教会の教区簿冊や寺の過去帳などの文書記録をもとにしてその時代の平均寿命を推定している。とくに日本の宗門改帳の個人記録は充実しており、いくつかの改帳を連結させて生命表を作成する試みがなされている(速水、一九八八／二〇〇一)。こうした方法による平均寿命の推定は、たとえば江戸時代中期(一七八二～九六年)の三河西方村で男三五歳・女五五歳、同時期の信濃岩虎村で男女とも三七歳、江戸時代後期(一八一九～五四年)の越前田島村で男二六歳・女二四歳などと報告されている(日本人口学会編、二〇〇二：五一六)。かなりのバラつきはあるが、平均して三〇代半ばほどになる。乳幼児死亡率の高さを考慮すれば、六〇代や七〇代に達した者もかなりいたはずで、さすがに江戸時代は縄文時代からすれば長命になっている。それでも織田信長の好んだという一節、「人間五十年、下天の内をくらぶれば、夢幻のごとくなり……」(敦盛)は、上層社会の人々にとっても実感だったはずである。たとえば七〇歳という年齢は、文字どおりの「古稀」であった。

ところが、一九世紀後半からの近代化は着実な平均寿命の上昇をもたらすことになる。明治後期になると人口調査に基づいた平均寿命の計算が可能になり、一八九一〜九八年については男三五歳・女三七歳と推定されている(水島改作生命表)。これはまだ江戸時代の水準から大きく出ていないことがわかる。が、以後着実に上昇していく。一九〇九〜一三年になると、男女とも四〇歳代に手が届き、第二次世界大戦直前の一九三五〜三六年には、男四七歳・女五〇歳に達した(日本人口学会、二〇〇二:五一六)。とはいえ、つい六〜七〇年前でも、日本人の平均寿命はまだ五〇歳に達していなかったという事実は、あらためて認識する価値のある驚くべき事実だと思う。

戦後の長寿化の傾向は急激である。経済復興や福祉国家化に伴う乳幼児死亡率の急激な低下に付随して、一九五〇〜五二年には男六〇歳、女六三歳に急伸した。その後は高齢者死亡率の低下も加わって、男六五歳・女七〇歳(一九六〇年)、男六九歳・女七五歳(一九七〇年)、男七三歳・女七九歳(一九八〇年)と伸び続け、欧米諸国を追い抜いて男女とも世界一となった。生物学的限界に近づいているためか、最近の伸びは小さくなったとはいえ、その後も上昇し、二〇〇一年現在では、男七八歳・女八五歳(!)という驚異的水準に達している。ちなみに二〇五〇年の予測では、男八一歳・女八九歳まで伸びるという(表2参照)。

ところで、平均寿命の伸びの人口学的要因は時期によって明らかに異なる。当初は乳幼児や児童の早世を防止することによって、全体の平均を押し上げた。最近は高齢者がより多く生きることによって押し上げている。たとえば、男の場合、二〇世紀前半(一八九一〜一九四七年)に平均寿命は一五年伸

表2　平均寿命の推移

年 次	平均寿命		
	男	女	男女差
1921−25	42.06	43.20	1.14
1926−30	44.82	46.54	1.72
1935−36	46.92	49.63	2.71
1947	50.06	53.96	3.90
1950−52	59.57	62.97	3.40
1955	63.60	67.75	4.15
1960	65.32	70.19	4.87
1965	67.74	72.92	5.18
1970	69.31	74.66	5.35
1975	71.73	76.89	5.16
1980	73.35	78.76	5.41
1985	74.78	80.48	5.70
1990	75.92	81.90	5.98
1995	76.38	82.85	6.47
1996	77.01	83.59	6.58
1997	77.19	83.82	6.63
1998	77.16	84.01	6.85
1999	77.10	83.99	6.89
2000	77.72	84.60	6.88
2001	78.07	84.93	6.86
2005	78.11	85.20	7.10
2025	79.76	87.52	7.75
2050	80.95	89.22	8.27

出典：国立社会保障・人口問題研究所編『人口の動向・人口統計資料集 2002／2003』厚生統計協会、2003年、p. 82より。

びたが、そのうちの五一％はゼロ歳児死亡率の低下による。六五歳以上の死亡率低下による寄与は三％にすぎない。これが、二〇世紀後期（一九七〇〜二〇〇〇年）になると、八年の伸びのうち、ゼロ歳死亡率低下の寄与は一〇％に下がり、高齢者死亡率低下の貢献度が四八％に上がる。最近のデータ（一九九五〜二〇〇〇年）に絞れば、それぞれ四％と七八％である（国立社会保障・人口問題研究所編、二〇〇二：八四）。平均寿命の上昇は、当初は乳幼児や子どもの早世を防ぐことで支えられてきたが、それが実現されてしまうと、最近では老人がより長く生きることによって支えられてきた。これこそは、文字どおりの長寿化であろう。一度生まれた子どもは、乳幼児期を無事に過ぎて若者へと成長するだけではない。さらに壮年を経て老年まで、かなり高い確率で生きていけるようになったのだ。

こうした事情は、「特定年齢までの生存率」をみるとさらに明確になる（**表3**参照）。新生児の一五歳までの生存率は、大正末期（一九二一〜二五年）では、男七二％・女七三％であった。若者期に達する時点で、すでに同世代の三割近くが亡くなっていることになる。この同じ生存率は、一九九〇年代に入ると男女とも九九％を超えている。今日では、新生児が若者に成長するのは確実なことなので、「成人式」が格別の重みをもたないのかもしれない。同様に、六五歳までの生存率をみると、大正末期（同上）では、男三一％・女三五％。同世代の三割強しか生存していなかった。ところが現在では、男八六％・女九三％である。六五歳以上は「高齢者」という公的定義に従えば、実に同世代の九割近い人が「敬老の日」を迎えることになる。さらに、七〇歳の古稀を迎える人の割合も、二〇世紀半ばの五割程度から現在の八割以上に達し、いまや八〇歳の傘寿さえ同世代の過半数が迎えることになる。「成人式」のみならず「敬老の日」もまた、かつての有難みを失ったとしても不思議ではない。

とはいえ、日本社会の平均寿命はすでに生物学的・人口学的限界に近づいており、今後はごく緩やかにしか延びていかない。スウェーデン、オーストラリア、カナダなど、すでに高水準にある欧米先

表３　性別特定年齢までの生存率：1921〜2050年

（%）

年 次	出生から15歳まで		出生から65歳まで		出生から75歳まで		15歳から65歳まで	
	男	女	男	女	男	女	男	女
1921–25	72.47	73.26	30.52	35.02	12.80	18.71	42.11	47.81
1926–30	75.70	76.52	33.81	39.59	14.81	22.10	44.67	51.74
1935–36	79.10	80.12	36.22	43.55	16.48	25.26	45.79	54.36
1947	82.91	83.97	39.85	49.15	18.49	28.95	48.06	58.53
1950–52	90.02	90.82	55.11	62.85	29.44	40.45	61.22	69.20
1955	93.19	93.98	61.84	70.61	34.57	47.62	66.36	75.13
1960	94.87	95.82	64.78	75.21	36.12	51.47	68.28	78.49
1965	96.75	97.54	69.08	79.96	39.86	57.14	71.40	81.98
1970	97.57	98.20	72.07	82.57	43.53	61.17	73.87	84.08
1975	98.15	98.62	76.82	86.09	51.05	67.80	78.27	87.29
1980	98.60	98.95	79.39	88.50	55.74	72.68	80.52	89.44
1985	98.96	99.18	81.12	90.09	60.25	76.94	81.97	90.83
1990	99.10	99.30	82.60	91.32	63.04	79.85	83.35	91.96
1995	99.16	99.33	83.30	91.62	63.84	81.20	84.00	92.23
1996	99.26	99.42	83.95	92.07	65.09	82.27	84.57	92.61
1997	99.30	99.42	84.31	92.18	65.63	82.68	84.90	92.72
1998	99.29	99.41	84.06	92.20	65.44	82.88	84.66	92.75
1999	99.34	99.46	84.12	92.28	65.46	82.92	84.68	92.78
2000	99.38	99.50	84.64	92.58	66.61	83.69	85.18	93.04
2001	99.42	99.52	85.11	92.81	67.52	84.16	85.60	93.25
2005	99.44	99.55	85.28	93.03	67.87	84.74	85.76	93.45
2025	99.59	99.68	87.17	94.41	71.79	87.99	87.52	94.71
2050	99.68	99.75	88.40	95.27	74.43	90.01	88.68	95.51

出典：国立社会保障・人口問題研究所編『人口の動向・人口統計資料集 2002／2003』厚生統計協会、2003年、p. 84より。

表4　世界主要地域の性別平均寿命

（年）

地　域	男					女				
	1950–55年	1970–75年	1995–2000年	2020–25年	2045–50年	1950–55年	1970–75年	1995–2000年	2020–25年	2045–50年
世界全域	45.2	56.6	62.9	69.1	73.7	47.9	59.5	67.1	73.5	78.5
先進地域	63.6	67.8	71.1	76.1	79.0	68.6	74.8	78.6	82.5	85.1
発展途上地域	40.2	54.0	61.4	67.9	72.9	41.8	55.5	64.5	71.7	77.3
アフリカ	36.5	44.9	50.3	58.7	67.9	39.2	47.8	52.4	60.6	71.2
ラテンアメリカ	49.7	58.6	66.1	71.1	74.7	53.1	63.3	72.6	77.5	80.9
北部アメリカ	66.1	67.9	73.8	78.0	80.0	71.9	75.5	79.6	83.3	85.3
アジア	40.7	55.8	64.3	70.9	74.9	42.1	56.8	67.4	75.2	79.5
東部アジア	41.4	63.2	68.7	74.0	77.2	44.7	65.2	73.4	79.2	82.2
南部・中央アジア	40.0	50.7	61.0	68.4	73.2	38.7	49.5	62.0	71.3	76.8
南東部アジア	39.9	50.1	63.2	70.5	74.8	42.1	53.7	67.5	75.2	79.8
西部アジア	43.6	56.0	65.8	72.7	76.2	46.8	59.8	70.0	77.1	80.9
ヨーロッパ	63.1	67.3	69.1	74.3	77.7	68.0	74.4	77.4	81.0	83.8
オセアニア	58.5	63.3	71.0	75.3	78.1	63.5	69.0	76.1	80.0	83.1

出典：国立社会保障・人口問題研究所編『人口の動向・人口統計資料集 2001／2002』厚生統計協会、2002年、p. 84。

進社会の場合も同様である。しかし、アフリカや南東アジアではなお日本の戦前の水準に達しない地域もある。国連統計によれば、現在（一九九五〜二〇〇〇年）の世界全域の平均寿命は六三歳である。発展途上地域に限れば六一歳で、とくにアフリカは五〇歳前後という低水準にある（**表4**参照）。医療の普及や食生活の改善によって長期的には長寿化の傾向にあるとはいえ、先進地域との格差は大きい。世界社会という観点からみれば、先進地域はかつての王侯貴族に、途上地域はかつての下層民に相当するともいえる状況である。世界社会という立場からみれば、長寿化はまだまだその途上にあるというのが実情である。

また、個々の地域では、平均寿命の低下という逆行現象も希ではない。とりわけ深刻なのはエイズによる死の激増で、アフリカ南部のボツワナ、ナミビア、南アフリカ、スワジランド、ジンバブエでは、成人の三～五人に一人がＨＩＶに感染していると推定されている。たとえば、ボツワナの平均寿命は一九五〇年代前半の四〇歳代から順調に延び、一九八〇年代には六〇歳代に達したが、エイズによる死者の急増のため二〇〇〇～二〇〇五年には四〇歳代すれすれの水準にまで急低下するといわれている(日本人口学会編、二〇〇二：一四九)。エイズのほかにも新種の伝染病やウイルスが発生しており、飢饉や地域紛争などの脅威も含め、途上国の長寿化傾向が維持できるかどうか、予断を許さない。

また、一九九〇年代前半に平均寿命が低下したロシアの例も注目に値する。ロシアの平均寿命は一九五〇年代までは世界のトップクラスであったが、その後長期間にわたって停滞し、九〇年代前半の社会主義体制崩壊に伴う混乱のなかで自殺、殺人、アルコール中毒などによる死亡が急増した。その結果、一九九四年にはロシア男性の平均寿命は五七歳という低水準にまで落ち込んだ(その後九九年には六〇歳まで回復)(日本人口学会編、二〇〇二：一五二)。この例は、飢饉や伝染病や戦争という目に見えるカタストロフでなくても、社会的連帯の崩壊や心理的不安の蔓延が平均寿命の低下という深刻な事態を招きうることを示している。現在の日本のような豊かな長生き社会も、経済的・社会的・文化的その他の攪乱要因によっては、いつまで現在の長寿化傾向を維持しうるか、これまた予断を許さない面がある。

ただ、いずれにしろ、日本をはじめ現在の先進地域は人類史上未曾有の長生き社会を実現してきたのは事実である。また、一九世紀の近代化以降、途上国も含めて世界全体が長寿化という大きな長期的趨勢のもとにあるのも事実である。そして、いうまでもないことだが、一度この世に生を受けた一人一人ができるだけ長く人生を楽しむということは、ほぼ無条件に良いことである。

もちろん、伝染病や社会不安、テロや戦争をはじめ、今後の世界情勢、社会情勢のうちにどのような攪乱要因や逆転要因が出てくるか予断を許さない。が、だからこそ、そうした否定的要因を未然に防ぎつつ、現在の長生き社会を維持し、途上国を含めた人類全体の長寿化を達成していこうと努力することは、今日の世界を生きる者にとっての最大の責務の一つであろう。私は、こうした視点が現代社会論にとって不可欠だと考える。

2　長生き社会という観点

さて、「長生き社会」は一つの事実であるが、すべての事実がそうであるように、一つの観点（ものの見方）でもある。ある社会の「平均寿命」や「賀寿に達する割合」に注目するということは、その社会の個々のメンバーが生きていく時間の長さを重要な問題と考えているからである。「少子高齢化社会」もまた、一つの観点である。ある社会の「出生率」や「高齢者人口割合」に注目するということは、その社会の年齢別人口構成を重要な問題と考えているからである。以下では、「少子高齢化」という観点と対比させながら、「長生き社会」という観点をもう少し明確にしてみよう。

一九九〇年代以降、日本社会の急速な少子高齢化の問題が盛んに議論されている。事実、一人の女性が生涯に生む子どもの数(合計特殊出生率)は、一九七〇年代半ばに二人を切り、その後も減少を続けて現在では一・三六人(二〇〇〇年)まで低下している。大雑把にみて、一人の女性が二人の子どもを生めばその社会の人口は再生産されていく計算だから、この一・三六という低出生率が続けば日本の人口は(数千万という規模の移民を迎えない限り)やがて激減していくことになる。国立社会保障・人口問題研究所の将来推計によれば、日本の人口は二〇〇六年から減少しはじめ、五〇年後には一億人を下回る。幕末期以降、増えに増え続けてきた人口が一世紀半ぶりについに減りはじめるという、歴史的瞬間が目前に迫っているのだ。

より深刻なのは、高齢化である。戦後の急速な長寿化とこれまた急激な少子化が合流したために、日本社会の総人口に占める高齢者の割合が急激に上昇している。戦後のベビーブームで生まれた際立って人数の多い世代(現在五〇代の「団塊の世代」)が、やがて確実に高齢者の仲間入りをしていく。そこで、日本の六五歳人口割合は現在の一七%(二〇〇〇年)から急速に増大し、一〇年後には二三%、三〇年後には三〇%に達すると予測されている(国立社会保障・人口問題研究所編、二〇〇二：三八)。ほぼ三人に一人は「高齢者」という時代が迫っているのである。

こうした少子高齢化現象をめぐって、さまざまな危機が叫ばれている。たとえば、大学をはじめとする教育機関や塾などの受験産業は一八歳人口の減少によって厳しい「淘汰」の時代に入った。鉄道会社は旅客減少のため確実に運賃収入が減る、など。なかでも深刻なのは年金制度の今後である。年金をもらう高齢者(六五歳以上の「従属人口」)が急増するのに対して、掛金を払う若者・中壮年(一五〜六四歳の「生産年齢人口」)は減っていく。これでは現在の年金制度は確実に破綻する。そこで、「高齢者一人を何人の現役が支えるか」に深刻な関心が向けられ、高齢社会の重圧が問題にされることが多い。これに加えて、高齢者の介護や生き甲斐をどうしていくのか、日本が老人ばかりの国になり経済や社会の活力が失われるのではないか、などを危惧する声も多い。

私も、この「少子高齢化問題」の深刻さを理解しているつもりである。とくに年金の問題は不可避であり、一人一人の生活設計に大きな影響を及ぼす以上、真剣かつ厳粛な取り組みが必要だと思う。ただ、年金問題も含めて、「少子高齢化問題」で世情を騒がせているものは、大きな人類史的観点からみれば、たかだか数十年の短期的問題が多いという印象をもつ。「高齢者」のあり方の変化や人口減少のもたらす利点を上手に活用できれば、さほど破滅的な事態を招くとも思えない。どちらかといえば私は、当面の少子高齢化や人口減少をより成熟した社会の可能性をもたらすものとして歓迎したい気持ちをもっている(藤正・古川、二〇〇〇)。

すでに述べたように、「少子高齢化」は事実であると同時に一つの観点でもある。この観点は一社会の年齢別人口構成を重大視するのだが、ここには人口ピラミッドの逆立ち(先端を除いて)に対する危機感が伏在していると思われる（Wallace, 1999 ＝二〇〇二）。古典的な人口ピラミッドでは、どっしりした「生産年齢」層が先の細った「高齢者」層を支える構図が目に浮かぶ。それに対して、ピラミッドが不安定に逆立ちしていく現在の構図では、やせ細った「生産年齢」層は分厚く重い「高齢者」層に押しつぶされてしまいそうだ。事実、日本の人口ピラミッドは一九五〇年ごろまでは古典的なピラミッド（ただし、多くの戦死者のため、男女のバランスが崩れている！）であったが、一九七〇年頃には二重底になり、現在ではすでに底の細った壷形になっている。これでは高齢者の重みで社会全体が押しつぶされてしまうのではないか……。そうした不安や危機感が「少子高齢化」という観点を支えているのである。

それに対して、同じ人口現象を見つめていても、「長生き社会」の観点はまったく異なっている。こちらは人口ピラミッドではなく、「生存曲線」に注目する。同じ時期に生まれた個体について、時間の経過とともに生き残っていく数の変化をみるのである。動物の生存曲線のタイプを示した図を参照して頂きたい（**図1**）。牡蠣に代表されるⅢ型では、出生直後や幼少期に大多数の個体が死んでしまい、生き残ったごく少数の個体が長生きする。ヒドラや鳴禽類の

図1　動物における生存曲線の種差

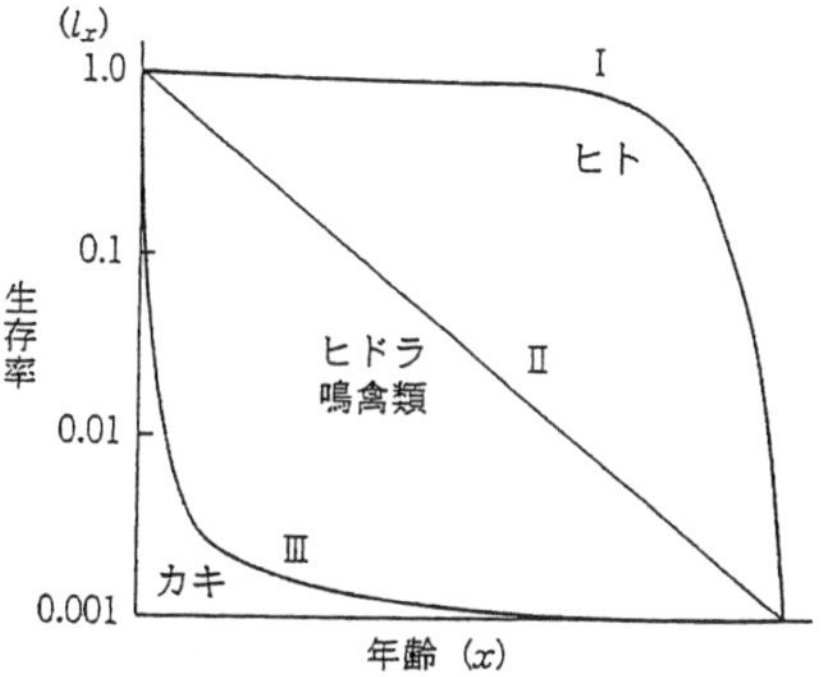

出典：日本人口学会編『人口学大事典』培風館、2002年、p. 514。

図2　日本の生存数曲線の推移

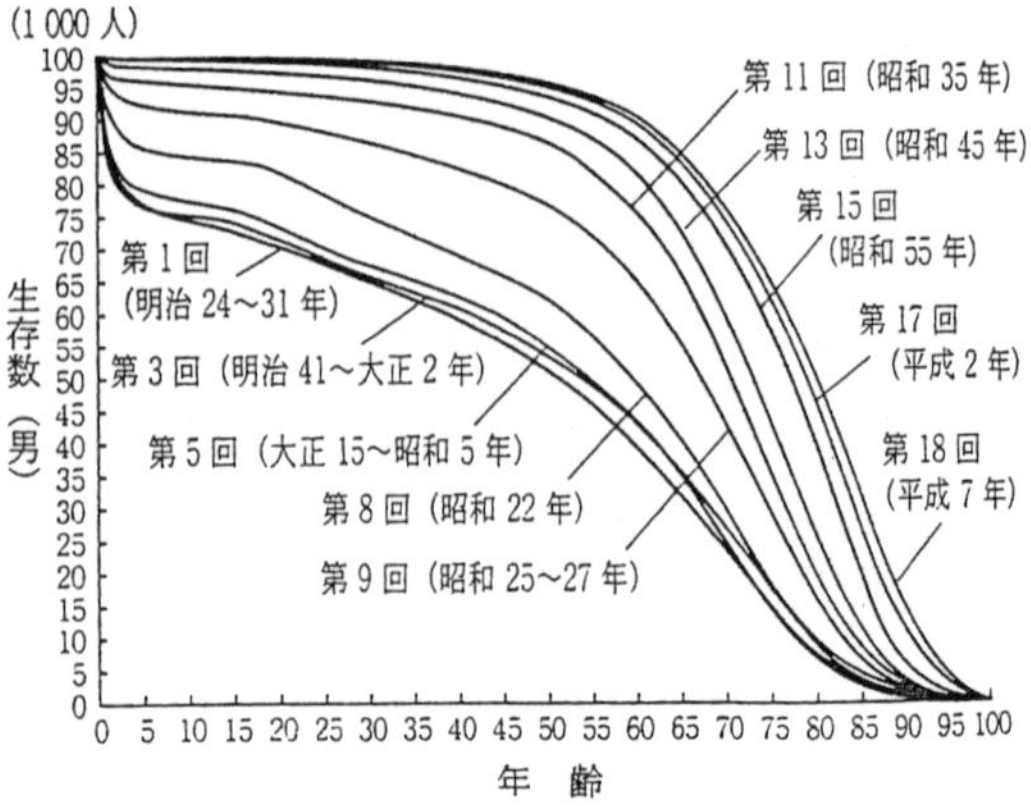

出典：日本人口学会編『人口学大事典』培風館、2002年、p. 514。

II型では、生存期間に比例して生存数が減っていく。これに対して、人間（とくに、日本をはじめとする現在の先進地域住民）だけにみられるI型では、大多数の個体が高齢に達するまで生きていき、寿命を超えた時点でいっせいに死んでいく。

日本の人口データに当てはめてみると、この生存曲線は過去に遡れば遡るほどII型に近くなっていく（**図2**）。同様に、現時点でのデータでみれば、アフリカや南アジアの途上地域ほどII型に近く、日本などの経済先進地域ほどI型に近くなる。いずれにしても、同世代の九割以上が還暦を迎え、八割以上が古稀を迎えるという日本社会の現実は、I型生存曲線の典型を示している。私は、このような生存曲線は他の動物種には決してみられない人類の到達点を見事に示していると思う。一度この世に生をうけた以上、他の動物のような苛酷な「淘汰」にさらされることなく、誰もがかなり高い確率で寿命の尽きるまで生きていけることになるからである。

もっとも、日本の現実もまだ限界点には達していない。たとえば、「ゼロ歳から八〇歳までは一人残らず生き残り、その後は個体差に従って逝く」というような理想的な生存曲線を想定することができるだろう。これは、全員が「天寿」を全うできる社会である。これは実際にはありえないが、ここ数十年進んできた長寿化傾向の延長上にある理想点として、また、今後の社会が向かうべき理想として、意味のあるモデルである。新生児は一人残らず幼年期・子ども期を過ぎ、若者になり、成人期・壮年期を経て老年期を迎え、ついには天寿を全うしてこの世から退場していくような社会。これを「総天寿全う社会」と呼ぼう。「長生き社会」の観点は、高齢者を背負う重みとか、国力の衰退といった視点とは異なり、長寿化の趨勢を根本的に肯定し、「総天寿全う社会」という理想に向けられるまなざしに由来しているのである。

3　長生き社会の光と影

繰り返せば、私のいう「長生き社会」は「皆が長生きできる」社会である。経済的・社会的に、あるいは、肉体的・精神的に恵まれた一部の人々だけでなく、大多数のごく普通の人々が長生きする社会、いわば「大衆長寿社会」を指している。

たとえば、明治以前の日本でも長寿に恵まれた人は少なくない。歴史的人物では、平安末期の藤原俊成（九〇歳）、室町時代の北条早雲（八七歳）、同じく雪舟（八六歳）、江戸後期の葛飾北斎（八九歳）など、八〇歳を超えた人はいくらでもいた。その他、歴史に登場しない長寿者が無数にいたはずだ。食料生産力が低く、医療技術の乏しい時代でも、長生きする人々はいたのである。しかし、同時代人のなかでみれば、彼らのような長寿者はきわめて少数の恵まれた人々だったはずである。社会的・経済的に上層であり、肉体的・精神的にも頑健であり、少なくとも、類いまれな幸運に恵まれた人々だったに違いない。とくに、下層庶民における乳幼児死亡率の高さ、成人後も病死や飢饉・災害による死の危険性を考えれば、寿命における格差は現代人の想像を絶するものだったと推測される。

「皆が平等に長生きする」社会。これは人類にとってはじめての経験である。一部の上層階級や幸運な人だけではなく、生まれてきたすべての人に長生きが約束される社会。同世代の九割強が還暦を迎え、八割強が古稀を迎えるという現実、そして今なおわずかながらも長寿化傾向が維持されているという現実は、現代社会（とくに、この点で先頭を行く日本社会）が「総天寿全う社会」という理想的限界点に向かっていることを物語っている（現在でも階層差はある。たとえば、大阪・釜ヶ崎の寄せ場労働者の平均寿命は著しく短いことが知られている）。

私は、こうした長寿化の傾向や、その向かう限界点としての「総天寿全う社会」を、大いに歓迎すべき社会状態だと考える。長生きという側面からみれば、現代社会は昔の人々が夢見た理想郷に近づいている。つい一世紀前まで、庶民大衆はもちろん王侯貴族も夢見てきた不老長寿の夢が、ある程度実現されてきたのである。一部の特権階級や芸術家だけでなく、すべての人の生活が「生き残るための手段」ではなくなり、生活を味わい楽しむという、人生それ自体が目的となってきたのだ。「命あっての物種」というが、何はさておき、皆が長生きするということは素晴らしいことである。

さて、問題はここからなのだ。長生き社会はそれ自体一つの理想郷であることは確かだとしても、この理想郷の抱える新たな問題はないのだろうか。それを考えてみなければならない。長生き社会の光だけでなく、その投げかける影をも視野に収めなければならない。これこそが現代社会を分析する「長生き社会論」の課題なのである。

まずは、よく耳にする指摘からはじめよう。「長生きも大事だけれども、充実していなければ意味がない」。「長さより中味」、「量より質」という問題である。極端なケースではあるが、ただ平均寿命を延ばすだけなら、多くの末期患者を延命装置につないでおけばよいことになる。このような過剰医療による「長寿化」は無意味であるばかりか、人間の「生命の質」を破壊するおぞましいディストピアをもたらすだろう。また、そこまで行かなくとも、ただ退屈と倦怠だけの人生なら、いくら長くても意味がないというのも理解できる。長生き社会が理想郷であるためには、充実した人生（喜びも悲しみも含めて）が長く続くということでなければならない。昔の人の二人分、いや三人分の人生を生きるということでなければならない。

この点を確認したうえで、私はやはり長生きは絶対的に良いことだと思う。私自身も含めて、現代人はこの長生き社会を目前にして、ややたじろいでいるところがある。長く生きるのはいいのだが、さてどうやって充実させたらいいのか、戸惑ってしまうのである。ただでさえ人は、人生に倦み疲れたとき、早く死んでしまいたいと思うことがある。そのような厭世観から長生き社会への疑問が語られることも少なくないのである。しかし、私はこれは採るに足らない疑問だと考える。答えは簡単で、「長さも中味も」、「量も質も」生きればよいのである。皆がそう生きることのできる社会をめざせばよい。もっとも、これが意外に難しい大問題なのだ(逆に、長生きを強要する社会も望ましくないだろう。この文脈で「自殺権」の問題を考える必要がある)。

次に、よく聞く疑問として、社会ダーウィニズム的な観点からの長生き社会批判がある。「総天寿全う社会」は個々人にとっては理想かもしれないが、社会全体にとっては最悪である。なぜなら、弱い個人や劣った個人が「自然淘汰」されずに生き残る結果、その社会が全体として「劣化」するから、というものである。

私自身、若者の「引きこもり」や成人式での乱暴狼藉を耳にするにつけ、思わずこの「劣化」論を口にしたことがある。この若者たちは、昔だったらとっくに「自然淘汰」されていたのではないか。今は誰でも「成人」になるのだから、そのなかにはとても「成人」とは呼べない人もたくさん含まれているにちがいない。それに若者だけではない。この社会では、四〇代や五〇代の「いい年をした大人」のなかにも、まるで足腰の定まらない幼稚な人がたくさん棲息しているのだ……。社会学者にあるまじき乱暴な「意見」である。

ただ私は、現代社会において「年齢」のもつ意味が大きく変容したという事実は重要だと思う（宮原、一九九八b）。日本のかつての郷村の「年齢階梯制」のように、長寿化が進行する以前の社会において「年齢」は威信を伴っていた。「長く生きた」ということは「長く生き抜いた」ということであり、年齢は苛酷なサバイバルの試練に耐えたことの証しでもあったはずである。だからこそ「年上」は尊敬されたのだし、たまに「いい年をして」駄目な人がいると軽蔑されたのだ。ところが、誰もが「成人式」を迎え、中壮年期を生き、還暦を迎えるという時代になると、年齢はもはや勲章ではなくなる。伝統社会のもっていた（そしていまだに私たちの頭のなかに残っている）年齢に応じた成熟のイメージは、かなりの部分、無効になったのである。そう考えれば、「成人式」で「成人」にふさわしくない若者がうろうろしていても、また、「敬老の日」に「敬老」にふさわしくない高齢者がぶらぶらしていても、別に驚くに値しないということになる（Bly, 1996＝一九九八、参照）。

しかし、だからといって私は、長生き社会が人間の「劣化」をもたらすから望ましくないという立場を支持することはできない。はるか昔から、人間という種は他の動物と異なり、同種内の苛酷な「自然淘汰」を避け、社会の力によって弱者を保護していく傾向があった。現在の長生き社会、その向かう限界点としての「総天寿全う社会」は、こうした人間的社会力の飛躍的発展によって実現されていく。他の動物のような「自然淘汰」がないということこそが、人間社会のなしえる偉業なのである。それに、

「淘汰」圧力が相対的に弱かったとみられる歴史上の貴族社会や上層社会においても、人間の「劣化」が生じたという証拠など存在しない。

さらにいえば、長生き社会は少子社会でもあり、新生児一人一人に対する保護・養育がかつてより格段に手厚くなされていく。肉体面でも、精神面でも、一人一人が大切に養育され、社会の力を分け与えられていくのだから、「自然淘汰」されないからといって必ずしも昔より劣った人間ばかりが出てくるわけではない。むしろ、十分に恵まれているからこそ、これまで以上に優れた、長い人生をより深く享受する能力のある人々も現れてくるはずである。つい先ほど私は、メディアを騒がせている未熟な若者や中高年に言及したが、他方では、豊かさの恩恵をたっぷり吸収した素晴らしい若者や中高年もたくさんいるのだ。少なくとも私は、これまで以上に素晴らしい人間が増えていく気配を感じるし、また、その可能性に賭けたいと思っている。

現在、「劣化」の印象が強まっているのは、長生き社会がなお過渡期にあるからなのだ。たしかに統計的事実だけみれば、長生き社会はすでに半ば現実である。ところが、人々の頭のなかや社会制度のなかには今なお長寿化以前の価値観や慣行が根強く生き残っている。このタイム・ラグのために、長生き社会が「劣化」を引き起こすかのように見えるのである。大切なのは、この現実を正面から見据えて人々の自覚を高め、価値観や社会制度の内実を長生き社会の実態に即したものに改変していくこと、長生き社会の現実に見合った「成熟のモデル」を創意工夫していくことである（宮原、一九九八a／一九九九九b／二〇〇二）。それによって、できるだけ多くの人々が新しい「目的としての人生」を長く充実させることのできる仕組みを作り上げていくことである。それは、現代社会のもつ巨大な生産力と教育力をもってすれば、決して不可能な夢物語ではない。「自然淘汰」なしには何ごともはじまらない社会ダーウィニズム的発想は、それ自体が長寿化以前（生存曲線Ⅱ型！）の視点なのである。

さて、最後に当然予想される重い問題がある。それは、長寿化における世界的格差の問題である。すでに強調したように、「長生き社会」が現実化しつつあるのは、日本や欧米を中心とした経済先進社会に限定されている。発展途上地域の多く、とくにアフリカや南アジアでは、平均寿命が五〇歳に満たない所も多い。サハラ以南のアフリカでは、エイズや飢饉などによって平均寿命が下降している地域もある。安定した「長生き社会」は世界全体からみれば少数の経済先進国クラブの特権なのである。世界社会論的にいえば、少数の世界貴族（先進地域住民）が多数の世界下層民（途上地域住民）の犠牲の上に長生きを謳歌している。これでは、規模の違いがあるだけで、近代化以前の構造と何ら変わるところがない。

経験的にいって、長生き社会は豊かな社会である。そこで、現在の世界状況のなかで、日本をはじめとする経済先進社会のとるべき方向はあまりにも明白である。あらゆる手段を用いて途上地域の経済発展を援助し、少しでも多くの人々が豊かな社会の恩恵に浴することによって、世界全体の長寿化を促進すること。たとえば、途上地域の平均寿命に関する数値目標を設定し、その実現に向けて国際的努力を傾注していくことが必要である。世界的な平均寿命格差は長期的には縮小傾向にある（表4参照）とはいえ、新しい伝染病、飢饉、紛争の脅威など予断を許さない状況である。途上国（第三世界）の長寿化に向けて、あらためて格段の国際的援助を実施していくべきである（移民の積極的受け入れも一つの方法である）。

同時に、日本をはじめとする長寿先進社会は、現在の水準を低下させることなく、さらなる長寿化の深化と「総天寿全う社会」への接近に向けて、一層の努力を傾けるべきである。そのためには現在の豊かな社会を維持し、長生き社会にふさわしいライフスタイルや価値観を醸成し、社会崩壊や社会不安の芽を未然に摘み取っていく必要がある。これはこれで容易なことではない。しかし、途上地域の長寿化と先進地域のさらなる長寿化の両者をうまく実現できない限り、人間は「長生き社会」という未曾有の経験を真に消化したことにならないだろう。私はここに、現代社会論の抱える最も先鋭な問題が開示されていると考える。

おわりに

私は本章を、「長生き社会の成人論に向けて」というタイトルを念頭において書きはじめた。ところが、長寿化の実態把握と「長生き社会という観点」の重要性に気づかされ、肝心の「成人論」に踏み込む前に紙数が尽きてしまった。

この「成人論」というのは、私自身の「モラトリアム」青年期を長生き社会論の観点からふりかえり、現代社会における通過儀礼の長期化や個人化、ムラ型大人から都市型大人への脱皮、人口減少社会における人間的成熟のあり方などを考察しようという試みである。その問題関心は本章のなかにも少しだけ反映されているが、それがそのまま今後の課題になるだろう（宮原、二〇〇三／Owen, 1994 ＝二〇〇二）。

文献

Bly, R., 1996, *The Sibling Society*, Addison-Wesley Pub. ＝一九九八年、荒木文枝訳、『未熟なオトナと不遜なコドモ』柏書房。

藤正巖・古川俊之、二〇〇〇年、『ウェルカム・人口減少社会』文春新書。

速水融、一九八八年、『江戸の農民生活史』日本放送出版協会。

――――、二〇〇一年、『歴史人口学で見た日本』文春新書。

河合信和、一九九九年、『ネアンデルタールと現代人――ヒトの五〇〇万年史』文春新書。

国立社会保障・人口問題研究所編、二〇〇三年、『人口の動向・人口統計資料集二〇〇二／二〇〇三』厚生統計協会。

宮原浩二郎、一九九八年ａ、『ニーチェ・賢い大人になる哲学』ＰＨＰ研究所。

――――、一九九八年b、「言葉に聴く現在――他者と大人」『ソシオロジ』第一三三号。

――――、二〇〇二年、「〈大人〉のイメージ転換に向けて」『教育と医学』第五〇巻四号、慶應義塾大学出版会。

――――、二〇〇三年、「新たな成熟の問題」『人間会議』夏号、宣伝会議。

日本人口学会編、二〇〇二年、『人口大辞典』培風館。

Owen, D., 1994, *Maturity and Modernity*, Routledge ＝宮原浩二郎・名部圭一訳、二〇〇二年、『成熟と近代』新曜社。

Wallce, P., 1999, *Agequake: Riding the Demographic Rollercoaster Shaking Business, Finance and our World*, Nicholas Brealey. ＝二〇〇一年、高橋健次訳、『人口ピラミッドがひっくり返るとき』草思社。

第5章　危機の時代の社会批判
――カルチュラル・スタディーズと民主主義の問い――

渋谷　望

はじめに

日本においてカルチュラル・スタディーズが〝導入〟されたのは比較的最近、九〇年代に入ってである。しかし、カルチュラル・スタディーズそのものは、六〇年代イギリスのバーミンガム現代文化研究センター以来、長い歴史があり、さまざまな理論的な試行錯誤の累積の厚みがある。本章は、こうした理論的試行錯誤の積み重ねをいくつかの複数の契機に解きほぐしていく作業を試みる。ただしここではこれらの契機を具体的な歴史状況に照応させながらその意義を検討することに重点をおきたい。このような作業は、九〇年代に入り一挙に導入されたカルチュラル・スタディーズを、便利な理論パッケージとしてではなく、日本に固有な社会条件においても開かれた、利用可能な知として鍛え上げていくためにも避けては通れないと思われる。

本章では、カルチュラル・スタディーズの形成に寄与した理論的契機を、①構造主義〈とりわけアルチュセール〉、②グラムシのヘゲモニー論、③ラクラウ＝ムフのラディカル・デモクラシー論に、分析的に段階化し、検討する。大雑把にいって、それぞれの時期区分を、①②は七〇年代、③は八〇年代に対応させることができ、このような順序でカルチュラル・スタディーズにそれぞれの理論的契機が取り込まれたと考えることができよう。ただし注意しておきたいのは、こうした理論の変遷が、前のものを後から来るものが取って代わる移行的プロセスではなく、前者に後者が積み重なっていく累積的なプロセスであるということである。したがって、先のものは廃棄されることなく、後のものに〈保存〉されている。それゆえ、理論的な試行錯誤の痕跡を解きほぐす必要があると考えるのである(1)。

1　アルチュセールからグラムシへ

(1)アルチュセールの〈社会的全体〉

ステュアート・ホールの「カルチュラル・スタディーズの二つのパラダイム」によれば、六〇年代、構造主義が導入される前のバーミンガムにおける文化研究の支配的パラダイムは、リチャード・ホガード、レイモンド・ウィリアムスらに代表される「文化主義」的傾向にあったという。このパラダイムは、一方で文化を教養主義的な閉域から解放し、日常生活全体を覆うものとして再定義したが、他方、主体の意識的・自覚的行動によって、文化が形成されるという前提をもっていた。そしてそれゆえ、人々が、いかに「生き」、「経験」したかという観点から文化を解釈する傾向があった(Hall, 1980)。

これに対し、七〇年代に導入された構造主義パラダイムは、個人の意識を直接問うのではなく、社会のなかに個人の意識がいかに規定され、また、位置づけられているかという問題を提起する。とくにアルチュセールはこの点を鋭く問いかけている。

アルチュセールが精神分析を援用しながら再定義したイデオロギー概念は、「意識」、「経験」、「主体」の権威をカッコに入れることを可能にした。アルチュセールは主体の構築こそがイデオロギーの機能であるとみなしたのである。彼は、学校、家族、メディアなどの制度を国家イデオロギー装置として捉え、これらの制度のなかで日常的に遂行される慣習的行為が、現存の社会秩序の維持・再生産を正当化する支配的イデオロギーに自発的に服従する主体を生み出すとした。有名な〈呼びかけ〉の理論では、イデオロギーからの呼びかけに「ふり向き」、「応え」続けるという、きわめて日常的で儀礼的な実践の繰り返しが、主体を主体として構築し、再生産するとした(Althusser, 1970)。

ところでアルチュセールのイデオロギー論の重要な理論的支柱は、「社会的全体」の把握の仕方にある。彼は社会的全体のなかでいかに文化を位置づけるかを問題にするパースペクティヴを提出し、同時に、歴史や社会を理解する際に参照される因果律の転換を図ったのである。

アルチュセールは、従来のマルクス主義が前提としていた因果律を「表出主義」と呼び、これに「構造主義的」な因果律を対置させる。従来のマルクス主義の因果律モデルでは、土台(下部構造)決定論であり、経済的なもの(下部構造)が政治や文化(上部構造)を決定すると考えられていた。ここでは政治や文化は、経済的なもののいわば「表出」(現れ)にすぎない。その歴史観は、経済の発展に従って、それぞれの段階に対応した政治制度や文化が後からついてくる、というものであった。これに対しアルチュセールのそれは、上部構造の自律性やそれが下部構造に及ぼす力を認め、経済、政治、文化の各々領域が相対的に自律していると同時に、相互に関連し合い、決定し合っていることを主張するものであった[2]。アルチュセールはこのような因果律を「重層決定」(Althusser, 1965＝一九九四)ないし「構造的因果律」(Althusser et al., 1965＝一九九七：二四〇―二六八)と呼ぶ。したがってアルチュセールの構造主義の「構造」とは、相対的に自律したこの各領域(審級)の総体、より正確には各領域間の共時的関係を指している。「社会的全体」とはこのような諸領域の総体にほかならない。このような全体性概念は、あらかじめ何らかのかたちで各々の要素に全体が内在し、表出されていることを前提とする「精神的全体」とは決定的に異なっている。

それゆえ、この全体性概念は、ヘーゲルから正統派マルクス主義までを貫く歴史認識とも決定的に異なった性質のものといえる。これらの歴史認識は、歴史を何らかのマスターキーならぬ「マスター・

ナラティヴ」(Jameson, 1981 ＝一九八九：三八)に照らして読み解こうとする。当該の社会の〝発展〟は、大文字の〝歴史〟や〝近代化〟というものさしによって、その〝発展の程度〟が計測され、単線的な歴史過程のなかに位置づけられる。これにより、たとえば前近代的で封建的な制度が残存するとみなされる場合、その社会は〝遅れている〟と判断され、これらの封建遺制は払拭されるべきものという単にネガティヴな規定が与えられる。

これに対し、アルチュセールは各々の時代、各々の地域の社会的全体――しばしば「社会構成体」と言い換えられる――を、その構成要素である諸領域(審級)間の関係の独自のあり方(articulation ＝接合)によって規定されているとみなす。また、それゆえ、その社会構成体にはこれに対応した独自の矛盾のあり方が存在するとみなす。この観点によってはじめて、古いものと新しいものが共存＝接合している社会のあり方を、独自のもの――種別(種差)的なもの(specific)――として捉えることが可能になる。封建遺制の存在も、矛盾に満ちた社会を構成する「現実」の一部として認知され、もはや「マスター・ナラティヴ」からみて例外的なものとして等閑視されることはない(3)。

この認識のもとでは、全体社会(＝社会的全体)を問題にせずには、もはや文化を問うことはできない。また政治や経済などの他の領域とは隔絶したものとして文化を研究することももはや不可能である。言い換えれば社会科学と人文科学の相互不可侵的な分業が成り立たないということである。カルチュラル・スタディーズを語の十全な意味で〝文化の政治学〟とみなすとき、必然的にこのような全体社会の認識が要請されるといえよう。

(2) グラムシのヘゲモニー論

しかし、アルチュセールの構造主義は、イデオロギーや文化の自律性を重視するものの、静態的ないし再生産的な側面が前に押し出されていた。彼はイデオロギーや文化を、社会構成体――「社会的全体」――にとって、重要な要素であることを認めるが、それはあくまで個々の社会構成体の再生産に不可欠な役割としてであった。逆にいえば、彼の議論のなかでは変革や変動などの契機は説明されえないし、再生産された秩序に対する、より積極的な抵抗の契機を認めることは難しい(毛利、一九九八)。「もしイデオロギーの機能が、システムの「要求」に従って資本主義的な社会関係を再生産することにあるなら、現状を転覆するような思想やイデオロギー闘争といったことをどうやって説明するのか」(Hall, 1996a ＝一九九八：四九)。カルチュラル・スタディーズがやがて徐々に、システムの危機や不安定性に重きをおくグラムシのヘゲモニー論に目を向け、再生産から社会変動に分析の焦点を移動させたのはこのような限界の自覚からである。グラムシによれば、ヘゲモニーとは被搾取階級に対する支配階級による説得と合意を通じた支配であり、暴力を通じた抑圧的な支配と対置される(4)。また、ヘゲモニー的な支配は、市民社会における支配・従属関係の形成に際し力を発揮する。市民社会は、君主の抑圧による支配とは異なり、言説的な説得を通じて支配が行使されるからである。したがって、市民社会における社会変革や革命は、それ以前の社会における機動戦(war of maneuver)――一挙に相手を攻め落とすような戦術――によってではなく、陣地戦(war of position)――ひとつひとつ確実に陣地をわがものにしていくような戦術――のメタファーによって理解され構想されうるとする(Forgacs, 1988; Hall, 1988b)。

重要なのは、ここでヘゲモニーは不安定で一時的な均衡状態、しかも常に失敗の可能性にさらされた均衡として概念化されていることである。換言すれば、ヘゲモニーの獲得をめざす諸集団間の抗争の場、陣地戦の場として市民社会を捉えることができるのである。したがって、そこにさまざまな抵抗や転覆的な介入の余地を見いだすことができるのである。

2　マクロな歴史状況における抗争の場としての文化と記号

グラムシ的なパースペクティヴのカルチュラル・スタディーズへの導入により、文化を支配的な力と対抗的な力がぶつかり合うヘゲモニックな抗争の場として取り出すことが可能になる。文化とは、秩序を維持する実践であると同時に、秩序に抵抗する実践でもあり、その両者である。また、それはこうした諸々の力のぶつかり合いの場のことでもある。

ホールはこの点をより一層明確にするために、ヴォロシノフ(＝バフチン)の言語理論を援用した。

この理論はカルチュラル・スタディーズにとってヘゲモニー論と記号論をつなげ、ミクロな文化実践とマクロな歴史的状況の分析を媒介する役目を果たした。バフチンは、社会闘争の沈静時における記号の意味やアクセントの単数性を、社会闘争の顕在化の局面における記号の意味やアクセントの多数性と対比させたのである。

あらゆる生きた記号はヤヌスのように二つの側面を有する。広く使われているどんな罵言も賞賛の言葉となりうるし、現在通用している真実も、他の多くの人にとって大変な虚言にひびくことは避けられない。記号が内部にはらむこのような弁証法的な性質が十全に明るみに出るのは、社会的な危機や革命的変動のときである(Volosinov=Bakhtin, 1929 = 一九八九:三九、訳は一部変更)。

危機の時代、記号の意味はその自明性を失い、シニフィアン(記号表現)とシニフィエ(意味)とのあいだの自明な結びつきも解かれる。古い意味《シニフィエ》から自律したシニフィアンは、新たな意味を獲得する可能性に開かれる。しかし、新たに獲得された意味も不安定で、別の新たな意味にも開かれてもいる。社会が安定した通常の状況では、この意味の不安定性は覆い隠され、顕わにされない。

ホールは、ネガティヴな象徴としての黒《ブラック》をポジティヴな意味に変容させたブラック・パワー期の黒人闘争を例にこの認識を説明している。

> 言語における階級闘争は、二つの異なった用語のあいだで生じた。たとえば、「移民(immigrant)」を「ブラック」という用語に置き換えようとする場合のように。しかし、闘争はしばしば、同じ用語に異なったアクセントを与えようとするかたちをとった。たとえば、堕落した色としての「ブラック(black)」が、高められた価値としての「ブラック(Black)」になる(「ブラック・イズ・ビューティフル」の場合のように)プロセスがそうである。後者の場合、闘争は用語それ自体をめぐるのではなく、そのコノテーション的意味をめぐって生じたのである。……同じ用語(「ブラック」)が、抑圧する者と抑圧される者の両方の語彙に属していたのである(Hall, 1982: 78-79)。

ここにグラムシのヘゲモニー論を容易に重ね合わせることができる。ホールはバフチンの理論を援用し、ある同一の記号の定義、意味、アクセントの置き方をめぐる闘争の存在を明らかにした。ヘゲモニー闘争とは、さまざまな集団間で闘われる「自発的な」合意の獲得をめぐる闘争である。とすれば、この合意を獲得するための最も有効な方法は、自分に有利な、あるいは自分たちのアイデンティティを肯定する意味を獲得し、他者にこれを「自明なもの」として承認させることであろう――このような闘争は一般に「アイデンティティ・ポリティクス」と呼ばれる。もちろんこの意味の「獲得」や「承認」は観念レベルで生じるものではない。意味(〝ブラック・イズ・ビューティフル〟)を自分たちのものとするためには、文化的、審美的スタイルの共同的実践が不可欠である。実際「黒人 black」であることのプライドやアイデンティティを肯定しようとした六〇年代後半から七〇年代前半のブラック・パワー運動は、音楽におけるファンクやレゲエ、ヘアスタイルにおけるアフロやドレッドロックスなど、スタイルの「発明」による自己肯定の戦略を繰り出し、後のさまざまな闘争のモデルとなった。ヘゲモニー闘争とは、何よりも記号、文化、審美的領域で争われるものなのである。

3　危機の時代の文化

(1) ヘゲモニーの危機

以上のように、カルチュラル・スタディーズは理論において、グラムシのヘゲモニー論やバフチンの言語理論など、社会の危機における文化と言語に関する思考を要請してきた。以下、この要請が単なる理論的発展というよりは、現実のマクロな歴史・社会的状況に由来する点を確認しておきたい。

戦後のケインズ主義的福祉国家体制のもとでは、先進工業諸国は〝黄金時代〟を享受していた。この時代は大量生産と大量消費の好循環に支えられたいわゆるフォーディズム的な蓄積体制によって、一方で、生産性の向上とともに労働者の消費生活の水準を押し上げ、他方で、その見返りとして労働の資本への妥協を保証してきたのであった。アルチュセールの再生産論的な社会批判が分析対象としていたのは、社会のこうした安定的な局面であったといえよう。しかし、周知のように一九六〇年代後半以降、福祉国家への政治的なコンセンサスは左右からの攻撃により消滅する。ここにおいて〝経済成長〟と〝福祉国家的な連帯〟によって特徴づけられていた戦後的社会秩序（社会的全体）の自明性は解体し、あらゆる関係や言葉が「ヤヌス的な二面性」を帯びはじめる。グラムシのヘゲモニー論を要請する社会とは、このような危機の時代の社会なのである。

左派からの攻撃とは、いわゆるニューレフト運動や〝新しい社会運動〟からの、既存の中道左派ヘゲモニー下の福祉国家に対する批判であり、三つの点から整理できる。第一に、福祉国家が生活のすべての領域に介入し、官僚的な管理を行う点に対して批判が集中した。第二にフェミニズムによる批判がある。すでに述べたように、福祉国家体制においては、労働運動はほとんど制度化され、資本との妥協と引き換えに、高賃金と高福祉を約束されていた。しかし、こうした制度は、男性労働者中心に設計されてきたものであり、女性は専業主婦として労働市場から排除されてきたのである。いわば福祉国家制度の家父長制的側面への批判である。もちろんこれらの差別構造は労働市場のみならず、それと連動して教育システムや文化的領域においても自明視され、不可視化されてきた。第三に、人種やエスニシティの点でも差別が制度に内包されており、このような制度に対する批判はすでにみたブラック・パワー運動を典型とする闘争によって表現された。さらにまたこれにとどまらず、社会的に不可視の存在であったゲイやレズビアンなど、さらにさまざまなマイノリティによる「アイデンティティ・ポリティクス」が活性化し、増殖していった。新しい社会運動は、このように戦後の福祉国家に内包されてきた差別構造や諸問題への異議申し立てとして六〇年代後半に先進工業諸国で一気に噴出していった。パリの五月革命が起きた「六八年」の日付にそれは象徴されている。

他方、右派から攻撃とは、〝ニューライト〟と呼ばれる勢力からのものである(5)。詳述は次節に譲るが、彼らによると、福祉国家とは、人々から自立心や自助努力を奪い、怠け者を養う社会制度であり、社会全体の生産性と競争力を損なうものにほかならない。七九年に誕生したサッチャー政権は、こうした考えを、民営化《プライヴァタイゼーション》や社会保障費の削減などを通じて次々に政策的に実現したのである。そしてこの局面こそホールたちが、新たな問題として真摯に受け止めた現象であった。というのは、しばしば〝六八年〟に象徴される左派の側での新しい社会運動の増殖は手放しで称えられる。もちろん〝六八年〟は新しい社会運動のための解放のポテンシャルを孕んでいた。だが戦後のヘゲモニー編成――福祉国家と労使の妥協を中心とした――の危機の本質をつかみ、これを乗っ取ったのは、旧来の労働党や新しい社会運動やニューレフトではなく、ニューライトの側だったのである。それゆえ〝六八年〟は、新しい社会運動の勝利ではなく、むしろ敗北とすらいえないだろうか。あるいはこうも言い換えられよう。新しい社会運動とニューライトは手を組むことさえありうるのだ、と。

(2) ヘゲモニーの再編――〝社会批判〟の分裂とポピュリズム

以上のようなヘゲモニーの危機において、〝ポストモダン〟的な脱構築戦略の行使――脱構築的〝社会批判〟――が不十分であることは明白である。それは一層の難局を生み出す場合さえある。すでにみたように、ヘゲモニー編成の脱構築は、新しい政治的な主体やアイデンティティの解放を可能にしてきたが、以下で検討する七〇年代、八〇年代の具体的な歴史が示すように、そのポテンシャルはニューライトによって簒奪され、流用されていったからである。コベナ・マーサーが指摘するように、多様性、差異、断片化、といったポストモダンの言語は、実践的な場面において負の側面を顕わにした(Mercer, 1994: 265)。この難局は、さしあたり二つの局面によって重層的に構成されているといえよう。

まず第一に、アイデンティティ・ポリティクスや新しい社会運動どうしの、あるいは「新しい」社会運動と「従来の」労働党左派とのあいだの、相互不信と敵対が顕在化した点にある。マーサーはこの難局を「左翼のアイデンティティ・クライシス」(Mercer, 1994: 259)と命名するが、換言すれば、いわば〝社会批判〟どうしの敵対が顕わになったのだともいえる。つまり、かつてであれば、コンセンサス・ポリティクスのなかで封じ込められていた、個々の社会的アイデンティティや争点のあいだのコンフリクトが、危機において顕在化していったのである。マーサーは、ゲイでありカリブ地域からの移民でもあるという自身の経験から、八〇年代のイギリスにおいて、ゲイ・ブラックの存在は、一方で暗黙のレイシズムによって白人中心のゲイの活動家から、他方でホモフォビアによって黒人コミュニティから、排除され、不可視なものとされてきたことを指摘している(Mercer, 1994: ch.1)。また、八〇年代の初頭に声をあげたブラック・フェミニズムは、フェミニストが暗黙のうちに白人の女性の主張を優先し、結果的に黒人女性の存在を不可視にしていることを問題化していった。こうした事態を、ヘイゼル・カービーは、人種、ジェンダー、階級の問題がいつまでたっても交わらない「パラレリズム」として問題化している(Carby, 1982)。

このように、八〇年代に顕在化した事態とは、アイデンティティ・ポリティクスの更なる分裂と敵対である。しかし、この「分裂」は自然発生的なものではなく、ヘゲモニックな権力=言説の積極的な介入の効果として形成された「統一」としてみる必要がある。すなわち、第二に、左派どうしの敵対性の上昇にいわば乗じるかたちで、ニューライトがヘゲモニーの再編に積極的かつ効果的に介入していったのである。

まず、ゲイとレズビアンの運動に関して。八〇年代の革新自治体は、積極的にゲイとレズビアンに関する啓発教育や、アンチレイシズムの運動を支援する、きわめて実験的な政策を行っていた。とりわけケン・リビングストン率いる大ロンドン行政区(Greater London Council, 以下 GLC)のそれが有名であった。ＧＬＣと対決姿勢にあったサッチャーはゲイとレズビアンのポジティヴ・イメージ教育を、地方国家自治法〝第二八条〟によって禁止することに成功した。この法制化は、労働党と、ＧＬＣおよびアクティヴィストとのあいだに効果的なくさびを打ち込むことに成功した。そのプロセスで労働党は「レズビアンとゲイ問題は、年金受給者たちにとって高くつく」として、この問題からすっかり手を引いた。取り残されたアクティヴィストは、タブロイド誌によって「狂信左翼（loony Left）」のレッテルを貼られ、次第に孤立していったのである（Smith, 1994; Mercer, 1994）。

また、同様に人種問題に関しても、サッチャリズムは、新人種主義的な戦略をたくみに繰り出した（Gilroy 1987: ch.2; Mercer 1994; 渋谷、二〇〇三：五章）。七〇年代からイギリスを襲った構造的不況のなかで失業の不安にあえぐ白人労働者は、旧植民地からの移民――アフリカン‐カリビアンやアジアからの移民――を、同じ「労働者」ではなく、自分達の職を奪う「敵」とみなしはじめた。その結果、サッチャーは、移民に対する実質的な援助であるさまざまな福祉政策のカットや、都市貧困地区――移民の居住率が高い――の犯罪を厳しく取り締まる「法と秩序」などの、一連のニューライト政策に対する積極的な支持を、労働者から取り付けることに成功したのである。

この政策が「新しい」人種主義とみなされるのは、あからさまな人種差別を迂回しつつ、効果としての人種差別を狙っているという点においてである。つまり、人種的差異を別の記号に置き換えることによって――たとえば「たかり屋」としてコード化することによって、あるいは「英国らしさ」を強調する文化ナショナリズムの言説を媒介として――実質的な人種差別を機能させていたのである。そこでは市民は二つの形象、すなわち「納税者」と「たかり屋」に分類される。サッチャリズムの言説実践は、一方の側、すなわち「まともな」英国民たる「納税者」をエンパワーし、他方の側、すなわち「たかり屋」、「怠け者」、「家族崩壊」、「依存」——実質的にアフロ・カリビアンやアジアからの移民を意味する——を、二級市民、犯罪者予備軍、「内なる敵」として排除することを狙ったのである。

こうしたヘゲモニックな戦略は、人民＝大衆（people）にダイレクトに「呼びかける」ことから、しばしば「ポピュリズム」として特徴づけられる。戦後の福祉国家時代のコンセンサス・ポリティクスにおいては、人々は〈労働者〉という主体として「呼びかけ」られてきた。これに対し、ポピュリズムにおいては、人々は〈労働者〉ではなく、〈大衆〉として「呼びかけ」られ、〈大衆〉として構築される。またかつて労働者は労働党を通じて、福祉国家政策を支持するというかたちで国家と結びついていた（労働者＝労働党＝福祉国家）。これに対して、ポピュリズムは、法的な市民権を遵守する国家をむしろ敵とみなす。国家はいわば「左翼エリート」によって乗っ取られたのであり、エリートは福祉国家の再配分政策を通じて、「怠け者」の味方をする。したがって——彼らにいわせれば——必要なのは形式的な市民権などではなく、むしろ文化的差異の認識、つまりナショナリティの認識である。こうして、体制化された「左翼エリート」（福祉国家主義者ないし官僚主義者）＝「怠け者」（移民）＝「狂信左翼」（左派アクティヴィスト）の同盟に対抗し、伝統的英国文化に根ざした「大衆」の利害や不満を代表＝表象するものとして、サッチャリズムは自らを位置づけ、過去のヘゲモニー編成との決別を図ったのである（Hall, 1988a ／酒井、一九九八)。

このようにヘゲモニーの再編とは、古いヘゲモニーを脱構築し、さまざまな主体の分散、分裂を企て、また促すと同時に、他方で新たな主体間の連合や敵対のパターンを再構築することなのである。以上のような歴史的文脈で次のホールの主張を理解することができる。

グラムシのいう有機的イデオロギーの全般的目標は、相異なる諸主体や、相異なる諸々のアイデンティティ、相異なる諸々の企図、相異なる諸々の熱望を一つの布置へと接合(6)することなのである。それは差異から「統一性」を構築するのである(Hall, 1988b＝一九九八：一二一)。

4　ラディカル・デモクラシーの問いと文化実践

ここで、問題を以下のように定式化することができよう。ポピュリズム的なヘゲモニー編成に対抗的な、オルタナティヴなヘゲモニー編成は、いかにして打ち立てられるべきなのか。コベナ・マーサーは、GLCの実験の最終的な敗北を目にし、次のように問いを立てる。「なぜ労働党は、年金生活者、とレズビアンおよびゲイを同じ言説のなかで接合できなかったのであろうか」(Mercer, 1994: 261)。

カルチュラル・スタディーズと民主主義の理論が出会うのはまさにこのような問いかけを発した時

点からである。ラクラウとムフは、「新しい社会運動」と呼ばれる七〇年代から八〇年代にかけてのさまざまな政治的主体と、これらの主体間のコンフリクトの増殖に向き合った経験から、民主主義的なヘゲモニーという点から新しい社会運動を鍛え直す必要を主張し、その議論を「ラディカル・デモクラシー」と名づけた(Laclau and Mouffe, 1985)。そのエッセンスはシャンタル・ムフの次の主張に要約されよう。

闘争の進歩的性格はその起源的場所に依拠するのではなく――われわれはすでに労働者のすべての闘争が進歩的であるわけではないと述べた――、他の諸闘争とのリンクに依拠する。ある集団の権利の保護と他の集団のそれとのあいだに打ち立てられる等価性の連鎖が長ければ長いほど、民主主義化のプロセスは深化するだろうし、ある闘争を中性化させ、それらを右派の目的に役立たせることは難しくなろう。連帯の概念は、このような民主主義的等価性の連鎖を形成するのに使うことができる(Mouffe, 1988: 100)。

闘争と闘争とのあいだのリンク(連鎖)が長ければ長いほど、民主主義は深化する。この認識に基づく戦略は、ポピュリズム戦略と決別するためのものとして位置づけられる。ポピュリズムの本質は不満やルサンチマンにつけ込みながら、他者を巧妙に排除するものだからである。

だが、この連帯は単なる観念的に、あるいは〝ポリティカル・コレクトネス〟に特化されたかたちで擁護されるべきものではない。むしろこの連帯は〈文化を通じた連帯〉とでもいうべき文化的・審美的なスタイルの観点から定義し直す必要があろう。というのは、あらゆる連帯は、ハビトゥスのレベルで、あるいは審美的な文化実践を媒介に生み出されるからである。それはかつての〝ブラック・イズ・ビューティフル〟に象徴されるブラック・パワー期のアイデンティティ・ポリティクス型の闘争が、日常における文化的、審美的な実践を媒介としていたのと同様である。

ホールは論文「ニュー・エスニシティズ」で、アイデンティティ・ポリティクス型の本質主義的戦略とは異なった別種の戦略が要請されつつあることを認めている。アイデンティティ・ポリティクスでは〝ブラック・イズ・ビューティフル〟のように、二項対立――白人／黒人――を前提としながら、これを単に反転させる「転倒の戦略」がとられる(Hall, 1996b: 444)。しかし、このような戦略を採用した文化実践はすでにみたように、アイデンティティ・ポリティクスどうしの無関心、相互不信などを生み出すだけでなく、文化的差異を本質主義的に強調するポピュリズムの介入により、マイノリティどうしの対立を煽るからである。「女性、黒人、レズビアンおよびゲイ・ピープル、そして、社会的公正や原子力、エコロジーなどを憂慮する人々」は、「左翼の位置に接合されるのと同程度に、右翼の位置に呼びかけられもする」(Mercer, 1994 ＝一九九七：二七三)。なぜなら「闘争の進歩的性格はその起源的場所に依拠するのではない」からである。多様な主体が本質主義を回避し、民主主義的に連帯を形成する、新たなアイデンティティの感性をホールは「ニューエスニシティ」と呼ぶ。このようなアイデンティティはいまだ具体的なかたちで明示されているとはいえない。しかし、それはいまのところ若い世代の音楽や映画などの文化実践に徴候的なかたちで見いだせるのではないだろうか(7)。

ホールが挙げるのは、映画『マイ・ビューティフル・ランドレッド』(スティーヴン・フリアーズ監督、ハニフ・クレイシ原作、一九八五年)である。サッチャー政権下でもがき苦しみながらもアントレプレナーをめざすパキスタン移民の青年を軸に、親密な関係性のなかで階級、人種、セクシュアリティが複雑に交差する様子を描いたこの作品は、「本質的に善良な黒人主体」が「本質的に悪しき白人主体」に対置する「転倒の戦略」の失効を言い当てている(Hall, 1996b)。

別の一例を示せば、八〇年代後半の、短命ではあるが実験的な〝UKブラック〟と名づけられたサブカルチャーのスタイルに見いだされる「ブラック」の再定義の試みがある。SOUL II SOUL の音楽に示されるように、UKブラックはレゲエ、ソウル、ヒップホップの感性を融合させたが、何よりもその革新性はアンチ・ホモフォビアないし〝クィア〟の感覚を有することで、ホモフォビアが支配的な従来のブラック・カルチャーと鋭く対立する点にある。

これらのアイデンティティの交差と融合の文化的な実験は、たしかに不安定で、長続きしないかもしれない。しかし真に重要なのは、その試みがそれ自体ニューライトのポピュリズムを問題化する実践であり、したがって、文化的領域で民主主義の問いを問い続ける行為だということである。カルチュラル・スタディーズを単なる〝多文化の称揚〟や〝商品化された多文化主義〟と隔てるものがあるとすればこの点にほかならない。

おわりに

以上、危機の時代という歴史状況のなかでカルチュラル・スタディーズが、アルチュセールからラディカル・デモクラシーまで、その力点を推移させながら、いかにして批判的な文化理論として鍛えられてきたかを検討してきた。しかしこのような理論的関心の変化は、最初に述べたように、単なる〝流行〟としてではなく、理論的諸契機の累積として捉えられるべきものであるように思える。社会の危機を「危機」として認識し、定義するためにはマクロ・レベルでのアルチュセール的な「社会的全体」概念の作動が不可欠である。またニューエスニシティの概念の要請は、ニューライトによるヘゲモニー編成を分析する作業と不可分であった。

日本におけるカルチュラル・スタディーズが、ニューライトやポピュリズムなどをめぐる、こうしたマクロな権力分析の試行錯誤とは切り離されて〝導入〟されてきたことは否めない(8)。しかしこの傾向を、日本のカルチュラル・スタディーズ固有の問題として片付けるべきではない。これは社会学も含めた日本の批判的言説全般にいえることではないだろうか。それゆえ、社会批判を民主主義と結びつけるカルチュラル・スタディーズの試みは、批判的社会学にとってもきわめて重要な問いを提起しているように思われる。

注

(1)ターナー(Turner, 1997)、上野・毛利(二〇〇〇)、吉見(二〇〇〇)などがカルチュラル・スタディーズ全体を俯瞰するのに有用である。ホールの理論に関しては小笠原(一九九七)の整理がある。また、シチュアショニスト・インターナショナルの系譜にカルチュラル・スタディーズを位置づける作業としては上野(一九九六)を参照。

(2)しばしば文化の相対的自律性の主張がアルチュセールの貢献とみなされがちだが、この逆も真である。つまり政治や経済の側も、文化からの影響作用を免れた自律した領域とみなすこともできない。いずれも「社会的全体」という観点から導き出される命題である。

(3)たとえば「後進国」ロシアにおける革命の偶発的な諸条件に関するアルチュセールの議論を参照(Altusser, 1965＝一九九四:一五八―一五九、三五三)。

(4)ただし、ヘゲモニーはあくまで中立的な用語であり、ブルジョワ階級によるヘゲモニーの行使もあれば、プロレタリア階級によるヘゲモニーの行使もありうる。

(5)ここではニューライトとは、新保守主義と新自由主義の接合形態と理解したい。

(6)接合(節合)articulation とは、すでにみたアルチュセールにおいても、カルチュラル・スタディーズにおいても、そして後述のラディカル・デモクラシーにおいても、本質主義を避けながら、諸要素の偶発的結合としての全体性を把握するためのキー概念である。ホールの言葉では、「特定の条件下で、二つの異なる要素を統合することのできる、連結の形態」であり、しかも「そのつながりは、いかなる時も常に、非必然的で、非決定的で、非絶対的かつ非本質的なもの」である(Hall, 1996a ＝一九九八：三三)。またそれゆえ、本質主義の回避という点で、それは「言説」と等置される。「節合的実践から生じる、構造化された全体性を私たちは言説と呼びたい」(Laclau and Mouffe, 1985 ＝一九九二：一六九)。

(7)たとえば萩原(二〇〇二)が、イギリスのブラック・アートの政治を詳細に分析している。

(8)なお日本におけるカルチュラル・スタディーズのポピュリズム分析の数少ない試みとして、毛利(二〇〇〇)、スズキ(二〇〇二＝一一二一一二七)を挙げることができる。

文　献

Althusser, L., 1965, *Pour Marx*, La Decouverte/ Maspero. ＝一九九四年、河野健二・田村俶・西川長夫訳『マルクスのために』平凡社ライブラリー。

———, 1970, *Ideoligie et appareils ideologique d'Etat*, La Pense, n. 151. ＝一九八九年、柳内隆・山本哲士訳『アルチュセールの〈イデオロギー論〉』三交社。

Althusser, L. et al., 1965, *Lire le Capital*, Francois Maspero. ＝一九九七年、今村仁司訳『資本論を読む(中)』ちくま学芸文庫。

Carby, H., 1982, "White women listen! : Black feminism and boundaries of sisterhood," CCCS, *The Empier Striks Back*, Hutchinson.

Forgacs, D.,ed., 1988, *A Gramsci Reader*, Lawrence & Wishart. ＝一九九五年、東京グラムシ研究会監訳『グラムシ・リーダー』御茶の水書房。

Gilroy, P., 1987,"There Ain't No Black in The Union Jack," University of Chicago Press.

萩原弘子、二〇〇二年、『ブラック――人種と視線をめぐる闘争』毎日新聞社。

Hall, S. 1980,"Cultural studies: two paradigms," *Media, Culture and Society* 2-1.

———, 1982, "The rediscovery of 'ideology': return of the repressed in media studies," Curevitch, M. et al. eds., *Culture, Society and the Media*, Methuen.

———, 1988a, *Hard Road to Renewal*, Routledge.

———, 1988b, "Gramsi and Us," Hall, S., *Hard Road to Renewal*. ＝一九九八年、野崎孝弘訳「グラムシとわれわれ」『現代思想』三月臨時増刊。

———, 1996a（1983）, "The problem of ideology: Marxism without guarantees," Morley, D. and Chen, K. H. eds., *Stuart Hall*, Routledge. ＝一九九八年、大中一彌訳「イデオロギーという問題」『現代思想』三月臨時増刊。

———, 1996b,"New ethnicities," Morley, D. and Chen, K. H. eds., *Stuart Hall*, Routledge. ＝一九九八年、大熊高明訳「ニュー・エスニシティズ」『現代思想』三月臨時増刊。

Jameson, F., 1981, *The Political Unconscious*, Cornell University Press. ＝一九八九年、大橋洋一ほか訳『政治的無意識』平凡社。

Laclau, E. and Mouffe, C., 1985, *Hegemony and Socialist Strategy*, Verso. ＝一九九二年、山崎カヲル・石澤武訳『ポストマルクス主義と政治』大村書店。

Mercer, K., 1994, *Welcome to the Jungle: New Positions in Black Cultural Studies*, Routledge. ＝一九九七年、渋谷望

訳(ch.10)「〃一九六八年〃：政治とアイデンティティを時期区分する」『現代思想』五月号。

Mouffe, C., 1988, "Hegemony and new political subjectivity," Nelson, C. and Grossberg, L. eds., *Marxism and the Interpretation of Culture*, University of Illinois Press.

毛利嘉孝、一九九八年、「文化と過剰決定」『現代思想』一二月号。

――――、二〇〇〇年、「反転する抵抗」吉見俊哉編『メディア・スタディーズ』せりか書房。

小笠原博毅、一九九七年、「文化と文化を研究することの政治学」『思想』三月号。

酒井隆史、一九九八年、「内なる敵――ポストコロニアル期における人種／ネーション／ピープル」『現代思想』三月臨時増刊。

渋谷望、二〇〇三年、『魂の労働――ネオリベラリズムの権力論』青土社。

スズキ、テッサ・モーリス、二〇〇三年、『批判的想像力のために』平凡社。

Smith, A. M., 1994, *New Right Discourse on Race and Sexuality*, Cambridge University Press.

Turner, G., 1996, *British Cultural Studies: An Introduction* (2nd. ed.), Routledge. ＝一九九九年、溝上由紀・毛利嘉孝ほか訳『カルチュラル・スタディーズ入門』作品社。

上野俊哉、一九九六年、『ポップの政治学』作品社。

上野俊哉・毛利嘉孝、二〇〇〇年、『カルチュラル・スタディーズ入門』ちくま新書。

吉見俊哉、二〇〇〇年、『カルチュラル・スタディーズ』岩波書店。

Volosinov (=Bakhtin), 1986, *Marxism and the philosophy of language*, Harvard University Press [1929] ＝一九八九年、桑野隆訳『マルクス主義と言語哲学』未来社。

第6章　政治社会の今を問う

早川　洋行

1　ムラ型政治文化の衰退

日本は戦後、自民党による一党優位体制が長く続いてきた。このことによる最大の弊害は、利益誘導政治、陳情政治といわれるシステムが出来上がり、それが汚職の温床になったことだろう(中野、一九九三：一五五―一八〇)。

収賄容疑で捕まったある政治家は、自らの氏名を利用して、「スぐ働きます。ズぅーっと働きます。キっとお役に立ちます。ムりな　ネがいも　オまかせください」と宣伝していた(『朝日新聞』二〇〇二年八月二日)そうだが、ここには、日本社会の宿痾といってもいい「お願い政治」の特徴がよく出ている。

「お願い」とは、相手に対して初めから恭順の意を示すことで目的を遂げようとする社会的行為である。それは、お願いをする側が得る利益だけが明確であり、それに対する返礼がどのようになされるのかがまったく明確でないという点に特徴がある。わかりやすいのが選挙である。候補者は有権者に投票をお願いする。しかし、当選後にどのような政策を実現するのか、多くの場合、候補者は有権者にろくに説明しようとしない。

ちなみに筆者の住む選挙区で、比較的最近、当選した候補の掲げた公約は次のようなものだった。「改革を積極的に進め、元気な日本を創ります。環境保護、資源循環型社会を構築します。教育問題に積極的に取り組みます。経済の活性化と雇用問題に全力を注ぎます。安心して暮らせる社会づくりを進めます」。

誰も反対しない、そして実現できなくても責任を問われない文言、すなわち当たり障りのないスローガンが「公約」にすり替わる。しかたなく多くの有権者は、政党や年齢や性別(そして写真映り!)などを手がかりに決断することになる。もっとも、そういう有権者ばかりではない。なかには、「しかじかの利権を当地にもってきます」という暗黙の公約を読み取って、特定の候補者に投票する人もいる(森嶋、一九九一：一七八)(1)。そして、そういう人達が運動員となって、何も知らない人々の票をかき集めることも多いのである。

こうしたお願い関係は、逆の場合にも成り立つ。ある有権者が何かの政策的利益を誘導してくれるように政治家へ「お願い」したとしよう。政治家が有権者の「お願い」に応えて活動するのは、「次の選挙では協力致します」とか「政治献金を致します」とかの約束が有権者の側にあるからにほかならない。もちろん、こうした約束が明示されることはまれである。両者の間には「お願い」する側は覚悟し、「お願い」を受ける側は期待する、そういう曖昧な関係性が成り立っている。

ブラウは、社会的交換を経済的交換と区別するのは不特定の義務を伴うことであると述べたが、このように政治家と有権者が互いに「お願い」し合う関係は、一種の社会的交換といってよいだろう（**Blau, 1964** ＝一九七四：八四）。

「お願い」は、厳密な契約ではないから、たとえ期待したことがうまく行かなくても相手を責めることはできない。せいぜい相手が十分な努力をしなかったことを批判できる程度である。だから、なあなあの関係が延々と続く。とはいえ「お願い政治」には、多分相手はうまくやってくれるだろうという「信頼」が欠かせない。日本において、政治家と有権者の間でこうした信頼が成り立ってきたのは、先に述べたように戦後を通じて政権が比較的安定していたからにほかならない。

こうした「お願い政治」に慣れ親しんでしまう弊害は、汚職事件を引き起こすことばかりではない。そうした犯罪に至らないまでも生じる弊害が多いのである。

まず有権者に関していえば、政治主体としての自立性を失うことが挙げられる。「お願い政治」に親しむと、ささいなことでも、自らの手で問題を解決しようとするのではなく、すぐ権力者に頼るようになる。この点で政治家は麻薬によく似ている。刹那的快楽は得られてもやがて体を蝕んでいく。住民が自治する能力を失った地域社会がやがてどうなるかは明白だろう。

次に政治家に関していえば、自分が住民や国民の負託を受けた仕事をしているのを忘れ、あたかも住民や国民の統治者であるような錯覚に陥ってしまうことが挙げられる。昨今、各地の自治体で住民投票の動きが広まっている。こうした動きに政治家たちが反対するケースが間々見られるが、これなどはこうした錯覚によるものといわざるをえない。

かつて、松下圭一は「日本文化の原型は、わび・さび、お茶・お花のたぐいではない。それをも包摂する古代以来のオカミ崇拝・土下座の世界である」として、水戸黄門物語を例に挙げて次のように論じた(松下、一九八五：一八―二二)。

ここに登場する日本の庶民は、市民というには似つかわしくない。日常生活の問題を解決する自治能力をもっていないからである。庶民は、「悩み」「訴え」「平伏」するだけである。もし名君があらわれなければ、永遠に耐えなければならない。このとき、最後には一揆という手段がのこされるが、それはかならず鎮圧される。テレビ映像では、この一揆さえ許されず「闇の必殺仕掛人」に依頼するという怨念ばらししか庶民にはのこされていない。

「お願い政治」は、松下のいう「オカミ崇拝・土下座の世界」へ時計の針を逆戻りさせかねないのである。

さて、こうした「お願い政治」を生み出した要因は、何といっても政権の安定性だといってよいが、さらにその奥に、松下が指摘したような日本の伝統的な政治文化の問題があるのは確かだろう。そもそも、政治的主体として自立してきた経験があれば、安易に政治家に「お願い」するとは考えにくい。日本人にはそうした経験が少ないのではないか。では、日本の伝統的な政治文化とはどういうものなのだろうか。

日本の政治文化については、古くは「権威信仰」として特徴づけた丸山眞男の研究(一九九五(一九四八)：三二三—三二九)、それを引き継いで「閉鎖的同調性」として特徴づけた石田雄の研究(一九七〇)、「マイルドな政治」とした神島二郎(一九七七：一六四—一八〇)、最近では「ムラ原理」としてまとめた橋爪大三郎の仕事(二〇〇一：九八—一一二)、またベァワルド(Baerwald, 1986 ＝一九八九：二六五—二七二)やウォルフレン(Wolferen, 1986 ＝一九九〇)といった外国人の手になる研究がある。しかし、最も包括的なのは、中村菊男の政治文化論(一九八五：五七—一三八)だといってよいだろう。そして、この論のなかに、これら論者の指摘のほとんどが包摂されていると思われる。

しかし、中村の議論はいわば螺旋的であり、同じ指摘が繰り返し出てきたり、同じ事柄が違う分類に組み込まれていたりして、決してわかりやすいとはいえない。そこでここでは、彼の指摘を筆者なりに再整理して、日本の伝統的な政治文化とは何かという問いに答えることにしよう。

中村がまず指摘するのは宗教の影響である。日本には唯一の超越神を前提におく思想がなかった。神道の特徴は一定の教義がないことであり、いずれの宗教とも、あるいは主義とも結びつきうる柔軟性をもっていることである。ここから、神がムラ(自然村)の守り神になり、快楽とご利益を与える特徴をもつことになる。日本では、信仰と物見遊山とご利益が三者一体になっている。そのことは有名な神社の周辺でセックスと飲食が日常茶飯事に行われることに如実に現れている。また御蔭参りのように、一度に人々が騒ぎ出し、一種のエクスタシー状況になって行動するところもある。中村によれば、街頭でのデモ行進も神社の祭りで神輿をかつぐのと基本的に同じであり、日本人が政治上の「対決」を嫌うということも、唯一絶対の神をもたなかったということから説明できる。

第二に指摘するのは生活環境の影響である。日本は国土の地理的条件から村々が孤立して存在していた。またそうしたムラ社会では、共同作業が不可欠だった。そこでムラの平和が第一に考えられ、多数決の決定はしこりを残すとされ満場一致が好まれた。日本人が個人主義的ではなくて集団主義的傾向が強く、生活のモラルを維持する場合に、絶えず他人を意識して「恥」をかかないように心がけるのは、こうした環境によっている。仏教の以心伝心という言葉が定着したことや政治で「腹芸」なるものが重んぜられることなど、非言語的コミュニケーションの価値が高いのも、そうした生活の結果である。しかしこうしたムラ社会は、支配者に対する下位者の反逆＝「下克上」の風潮を内在せざるをえない。これもまた、日本の政治文化である。

第三に、法よりも政治が優先される、という点を指摘できる。日本人の法意識のなかに内在していたものは、慣習法であり、制定法を尊重する精神は薄かった。このことが憲法九条の問題にかかわって自衛隊の増強を許す原因になっている。また、法意識の特徴として、動機を重んずる観念が強い。動機さえ正しければ、その用いる手段は問うところではない、という考えである。このことが過去の政治犯的行為に対する処罰の軽さに結果している。日本人には、一般の道徳規範とは違った「心情規範」が優先している。国会や官庁への陳情が多いのもこのことによっている。

第四に、思考様式が論理的ではないことが挙げられる。日本人は、哲学的であるというよりも、文学的発想をする。ここには四季折々に変化があり一日の気象状況も変わりやすいという環境条件が影響している。日本人は、和歌や俳句にみられるように、直感的であり結論を早く出そうとする。そして、原理原則に忠実に行動するというよりも、状況の変化に応じて態度を変えていく傾向がある。そこから政治を論理で受け止めずに情感で受け止めるという傾向が生まれている。

第五に最高のリーダーは、権威があるが実権がない。最高のリーダーは祭り上げられるだけの権威をもたなければならないが、権力はなく、それは側近ないし参謀にゆだねるというやり方がとられる。そうしたナンバー2たちが集団指導制をとり、そのチームワークがうまくいけば、支配が好都合にいくという体制こそ、ムラとムラが重なり合った重複合社会では最も無難で長持ちがするものである。

こうした指摘を単純化して示せば、①所属集団への同調傾向、②集団割拠体制、③建前と本音の二重規範、④価値や論理よりも状況と心情を優先する傾向、⑤お神輿型リーダーシップ、というのが日本の伝統的政治文化であるとまとめられるだろう。ここでは、これらの特徴をムラ型政治文化と呼ぶことにする。

こうしたムラ型政治文化は、たしかに現在でも存在している。しかし、かつてほど一般的なものではなくなっているのではなかろうか。その原因としては第一に、近代化に伴って人々の多集団所属が当たり前のことになり、唯一の集団への同調が現実的にかなり難しくなったということ、第二に、情報化と国際化、すなわちグローバル化の進展によって異なった文化や社会に生きる人々との関わりが増え、また人々の多様性が拡大し、行為や判断に対して明確な説明責任が問われるようになったこと、第三に、教育の普及が権威を相対化したことや変化の激しい時代のなかで強力なリーダーシップが期待されていること、などが挙げられる。

つまり、かつての政治文化を支えてきた社会構造が変化しつつあり、それに伴ってムラ型政治文化の力は減衰しつつあるといってよいと思われる。

2　私生活(マイホーム)主義からの離陸

ムラ型政治文化の崩壊は、高度経済成長の時代からすでに進行していた。当時、伝統的な政治文化の対極として論じられたのが、私生活主義とか、マイホーム主義といわれる生活態度である。私生活主義もマイホーム主義も、国家権力や社会制度から距離をおき、それらよりも個人の生活や家族の生活を優先させるところにその特徴がある。これは、地域や職場やその他の場で形成されていた「ムラ」からの離脱傾向といってよいだろう。私生活(マイホーム)主義者は共同性にかかわる参加に消極的であり、「政治からの逃避・政治的無関心」の傾向によって特徴づけられるといわれた。

かつて田中義久は次のように述べた(田中、一九七四：八一)。

私生活主義は、人びとの日常性の私的生活領域と公的生活領域とへの分裂を背景として、近年のわがくににおける社会的性格となってきた。それは、端的にいって、「私人」と「公人」への人間の自己分裂をものがたるものであるが、それでもなお、第一には、戦前の天皇制的権威主義の下でのあの「公民」のような枠づけへの反発として、そして第二に、現代日本の国家独占資本主義の収奪と搾取に抗して、せめておのれの私的生活領域だけでも防衛的に「充実」させようとする利益意識をもつものとして、ひとつの積極性をもつものである」(傍点は原文)。

また山手茂はマイホーム主義について次のように述べた(山手、一九七四：一九八—二〇七)。

マイホーム主義は、国家独占資本主義＝大衆社会の産物であり、都市の核家族化したサラリーマン・労働者家族(その典型は団地族)を中心として形成されている。経営の合理化・官僚制化によって疎外され、働きがいを喪失したサラリーマン・労働者は、私生活や消費生活に逃避してささやかな生きがいを求めるようになっている。住宅難が深刻なために、広い快適な住居に住む家族は少ないが、大部分の家族はテレビをはじめとする耐久消費財を買いそろえて、「狭いながらも楽しいわが家」をつくり、維持することを生活の目標にしている。マイホーム主義の構造は以上のように素描することができる。

これら二つの文章からもいくらか類推可能なことであるが、当時から、私生活(マイホーム)主義は二つの相反する評価を受けてきたといえる。基本的にはそれは、社会的連帯による幸福の実現という人間らしい理想を否定し、産業社会が用意したマイホームの獲得と維持という目標、あるいは消費社会が用意した即自的快楽の享受という罠に見事はまった態度にすぎない、という否定的な評価が下された。しかしながら他方、そこにはかつての国家権力や封建的共同体への明確な拒否の態度があることは確かであり、その点に戦後民主主義をみて、その可能性に期待する意見も存在したのである。ところで、作田啓一は庶民と市民を区別して次のように述べている(作田、一九七一:四〇七)。

共同態へのコミットメントの場合と同じように、職業へのコミットメントの深さが現存の国家を批判する視点への道を開く。しかし、「庶民」が職業と生活とを未分化に融合させる共同態の成員であるのに対し、「市民」は職業の生活との分離の段階で形成される。そうした分離の上で、職業と区別された地域の問題に「市民」が取り組むこともある。しかし、この段階での「市民」の地域とのかかわり合いは、「庶民」の共同態とのつながりと同じものではない。

私生活(マイホーム)主義に期待する意見は、彼らがもはや前近代的社会に生きる庶民ではないということに起因していたといってよい。庶民ではないのであれば、市民ではないか、日本にも西欧型の近代的な政治主体が誕生しつつあるのではないか、私生活(マイホーム)主義に対してそそがれた眼差しのいくつかには、たしかにそうした期待が込められていたといえるだろう。

しかしながら、高度経済成長のなかで経済的な意味での世帯の平準化と同時に、政治的な機会の平等化と文化的な全国的均質化が進むにつれて、大衆社会の到来を指摘する声の方が大きくなる。大衆社会に生きる大衆とは、自らの判断や行為に確固たる拠り所をもたず受動的に生きる存在である。そして大衆は、テレビに代表されるマス・メディアが作り出す大衆文化を受動的に楽しむ存在としてイメージされた。つまり大衆は、期待された「市民」とは相違して、自らの生きる社会を積極的に構築する意欲をもたない存在であり、自立した政治的主体とはほど遠い人間であった。

したがってその後、私生活(マイホーム)主義者を市民の萌芽として捉える見解は影を潜める。そして一九八〇年代になっても「市民」はまだ「期待概念」であるとされ、「国民が市民としての価値意識・行動準則を成熟させていない限り、民主政治も成熟」しないとされたのである(松下、一九八五：二九)。伊東光晴による日本的都市経営の主張は、その認識をよく表している(伊東、一九八九：一三一―一三二)。少し長くなるが引用しておこう。

都市経営が対象とする多数住民の第一のタイプは、自分や自分の家族といった私的なことだけに関心を持ち、社会的なことに関心を持たず、そうしたことから逃れ、政治への無関心を特徴とする私化(privatization)された庶民である。市行政への参加など考えたこともなく、個人的楽しみが唯一の関心である。一言でいって、無関心層をなす〝私化された〟庶民である。

第二のタイプは、石川啄木が『一握の砂』の中で「いのちなき砂のかなしさよ　さらさらと握れば指のあいだより落つ」と歌った砂のように、バラバラで孤独で不安で、行動規範を失い、暖かい人間関係を持たない原子化(atomization)された大衆である。共同体的田舎から大都会に放りだされた青年、急速な近代化・工業化にともなって生まれる孤独な群衆——そうした人たちである。このような人たちは、組織を作ることはない。共同の問題をいかにして建設的に充実させていくか等々のことに関心はない。だがその孤独と不安とは、巧みな大衆扇動者によって、突然ファナティックな行動に転じ過激な平等化要求、政治批判へと転化する。権威ある指導者を求め、大衆運動の中に自らを失って過激な政治行動をとるのである。古くはナチズムを支持したドイツの民衆、戦後では文革中の中国の若者の動き、全共斗運動に引きずられた学生等々がこれである。

（中略）

もしも社会問題に無関心な私人化された住民が多いならば、政治も行政も一部の人たちのものとなり、たとえそれが腐敗してもこれを正す復元力が生まれないだろう。こうしたときもしも原子化された人たちの大衆運動がおこるならば、それは激しい平等化要求、民主化要求となり、一見革新的な様相を呈しながら、人々の支持を失うまで極端に進むかもしれないのである。

都市経営をこうした動きにさらしてはならない。したがって私たちが都市経営を考えるとき、もっとも大切なことは、こうした二つの危険をさけるためにも、いかにして自立した市民を作り出していくかということであり、そのための政策を提出して行くことである。

さて、このような認識と主張に違和感を感じるのは筆者だけだろうか。伊東の考えは、行政と学者を統治するもの、住民を統治されるものとして固定的に捉えている。そして、さらにいうならば、住民を道を踏み外しかねない愚かな存在とみなして、彼らを教導する政策を推奨するものであった。

一九九〇年代に入ると、日本社会では庶民、大衆、そして市民という言葉とは別に「生活者」という言葉が頻繁に使われるようになる。庶民と市民、あるいは大衆と市民という対立、二分法を超えた新たな人間のイメージが生まれたのである。伊東の言葉に感じた筆者の違和感は、その前提する人間像の違いに起因している。端的にいってしまえば、彼には生活者が見えていない。今日の日本社会に生きる人々は、庶民でもなければ大衆でもない、そして市民という概念でも捉えることができない、まさに生活者なのである。では、生活者とはどういう人間を指すのか、次にこの点について論じることにしよう。

3　生活者の政治と三つのジレンマ

「生活者」概念の系譜を調べ上げた天野正子は、その結論として次のように述べる(天野、一九九六：二三六)。

生活者という概念は時代により、さまざまな意味をこめられ、一つの理想型として使われてきた。しかし、それらに通底しているのは、それぞれの時代の支配的な価値から自律的な、言い換えれば「対抗的」(オルターナティヴ)な「生活」を、隣り合って生きる他者との協同行為によって共に作ろうとする個人——を意味するものとしての「生活者」概念である。

そうかもしれない。しかし、「生活者」という言葉が、これまで識者によってどのような意味で使われてきたのかということを整理することで、この問題は理解されるべきなのだろうか。むしろ問題なのは、一九九〇年ごろから、この言葉が日本社会で人口に膾炙し、説得力をもつようになった原因について社会学的解釈を提示することではないのか。かつて大衆社会論が流行したときに、その言葉によってしか言い表すことができない状況がたしかに日本社会にあったのであり、同じように、生活者という言葉が広まった背景には、その言葉によってしか言い表すことができない状況が日本社会にあるとみるべきである。それは何か。筆者は、こちらのほうが識者の「語り」を跡付けることよりも重要な社会学的課題だと思う。

この点で『生活者の政治学』を著した、政治学者の高畠通敏は鋭い指摘をしている(高畠、一九九三：二三)。

今日における「生活者」の概念は、たんなる「くらし」や「家計」よりもはるかに広い概念です。これまで、生活やくらしという視点は、どちらかといえば女性が使う概念であり、そしてそれはとりわけ家庭の主婦の視点に局限されて、強調されがちでした。しかし、女性の社会参加が当たり前になった時代を反映して、女性の生活関心は、家庭から地域社会へ、あるいは職業生活へと広がり、女性の部長や議員も珍しくなくなってきています。そして、いまや生活の概念は、女性の専売特許ではありません。男性も同じように、企業や会社中心だった高度成長時代の生き方をふりかえり、人間的な生活を求めるようになっているのが、現代です。

近代社会は、産業化の過程で男性を会社へ、女性を家庭へ、子どもを学校へ隔離していった。その結果、男性は「しごと」、女性は「くらし」、子どもは「まなび」をもっぱらするという分業が生まれた。さらにいうならば、会社や家庭からリタイヤした高齢者は地域でもっぱら「いこい」、受験というハードルを越えた若者は、街でもっぱら「あそび」を楽しんだ。「しごと」「くらし」「まなび」「いこい」「あそび」という、人間の生活の全体性が分断され、性別・年齢別に担われるという事態が生まれたのである。

二〇世紀も最後の一〇年ほどになって、こうしたことの反省と人間としての全体性を回復しようとする動きが、たとえば、男性の家事育児参加、女性の職場進出、生涯学習、ボランティア参加など、さまざまな形をとって現れてきた。生活者とは、こうした人間としての生活の全体性の大切さに気づいた人々であるといってよいだろう。

今やこうした生活者の意見が、地方選挙でも影響を及ぼしていると考えられる。東京や大阪、長野や高知に見られるように、政治家や官僚ではない候補者が知事になるという「事件」が起きた。そして、政治家や官僚であったとしても、政治家らしくない政治家、官僚らしくない官僚でなければ、住民や国民の人気を得ることができなくなってきている。おそらくそれは、政治家や官僚の態度が、有権者には、あまりにも「しごと」に片寄った生活から滲み出ているように思われ、それが違和感を与えるからであろう。

生活者という人間類型を基本的に特徴づけるものは、生活の全体性への感覚をもっているということである。さらに、この点から必然的に導かれる特徴を、庶民や大衆との比較で、次のように言い表すこともできる。

まず、生活者は、庶民とは違ってイエや地域共同体といった社会関係の「しがらみ」から自由であるとともに、大衆とも違って、そうした関係性への自由も保持している。すなわち、自らの生活を維持し向上させるためには、さまざまな人々との関わり合いが大切であることを自覚している存在である。また生活者は、大衆とは違って、主体的で賢明な行為者である。目先の便利さの追求が、環境破壊や税金の増額といった長期的な不利益に結び付くことをよく承知している。そして、消費者の利益と生産者の利益が決して矛盾していないことを理解していて、その立場から建設的な提言と行動を示せる存在なのである。

つまり生活者とは、「私」や「マイホーム」を守るためには、個人だけでは、あるいは家族だけでは、とうてい十分でなく不可能であるということに気づいた人々である。したがって彼らにとって私益と公益は重なり合っている。そして彼らは、その自覚から地域社会や国家社会に対して、積極的なアクションを起こしつつある。

ところで、こうした生活者が生まれてきた背景に、インターネットの普及に代表される高度情報化という社会変化があることを見逃してはならない。かつて大衆は、孤立し受動的で享楽的な存在として論じられたが、そうした大衆の誕生にはテレビの各家庭への普及という状況が深くかかわっていた。同様に、生活者の誕生と一般の人々へのインターネットの普及はパラレルな関係にある。インターネットは(当時の)テレビとは違い、グローバルな圏域と発信能力をもつメディアである。このことは生活者の社会的性格を規定している。生活者のイメージは、マートンの言葉を使えばローカル型というよりもコスモポリタン型の影響者である(Merton, 1949 ＝一九六一：三五一―三八一)。インターネットが人々の生活へのリフレクティビティを刺激し、また積極性を解放したのは確かであろう。生活者はこうした新たな情報環境のなかから立ち現れたとも言えるのである。

ただし、こうした生活者による政治は、まだまだ発展途上にあって紆余曲折、一進一退を繰り返しているとみなければならない。今日、さまざまな場で実践されつつある生活者の政治は、以下の三つのジレンマに直面しているように思われる。

第一のジレンマは、生活者としての感覚をもつ政治リーダーが望まれているにもかかわらず、職業政治家や官僚といった専門的に政治にかかわるリーダーのなかにはそうした人物は少なく、彼らはあまり頼りにならないというジレンマである。

森嶋通夫が指摘しているように、かつてヴェーバーは「天職的職業意識が金銭合理的な資本主義といかにして両立するか、自分の天職を果たしたいという人間の激情が、資本主義をいかに支え、その社会でいかにいかされているか」を問題にした（森嶋、一九九一：一四四）。しかし、日本の職業政治家たちの姿を見ていると、そもそも政治を職業にすること自体への疑問を感じざるをえない。選挙制度を変えてみたり資産や政治資金の公開を義務づけたりしたにもかかわらず、政治家の汚職は、かつてよりましにこそなれ、一向になくなる気配をみせない。この原因は、政治家たちには落選によって職を失うという普遍的な恐怖があるからにほかならない。この点で、今村浩たちが主張しているように、首長や議員の職に就いている間は本業を休職扱いにできる、ドイツにあるような在職立候補制度が、日本にも必要であろう（今村、二〇〇一：二四一―二四二）。もしこれが実現すれば、一般有権者の感覚がより政治に反映されることにもなるだろう。

第二のジレンマは、生の全体性を大切にする生活者が、実際の政治の場において活躍するとは限らないというジレンマである。ヴェーバーは政治家にとくに必要な資質として、情熱と責任感と判断力の三つを挙げたが、実際は、それらより弁論術やパフォーマンス、あるいは押しの強さといった能力の方が、人々の帰依を引き出すことがある。生活者としての感覚をもっていることと実際の政治の場で能力を発揮できることはまったく別の事柄であり、前者の資格をもつものが後者の能力をもつとは限らないという問題は、実はかなり深刻である。そしてこのことは、職業政治の場だけに限らないのである。住民運動や市民運動の場においても、普通の住民や市民よりも、住民運動家や市民運動家と呼ばれる「セミプロ」がしばしば幅を利かせる。よりてっとり早い成果の実現のために、面倒なことは専門家に任せればよいという誘惑にかられて、そうした活動家たちに運動をゆだねるならば、もう一つの「お願い政治」が再現されるだけである。

第三のジレンマは、変えていく対象の権力機構の側にも、変えていく主体の運動の側にも、相変わらずの古い体質が残っているというジレンマである。ここで古い体質と呼ぶのは、庶民や大衆とパートナーを形成してきた政治エリートの感覚である。現在権力をもっている政治家や官僚に生活者の感覚が薄いことは明らかであるが、実はこれまでそうした勢力と戦ってきた、労働運動、消費者運動、市民運動や住民運動の側にも、同じことが指摘できるのである。

かつて越智昇は次のように述べた(越智、一九八二：一三七)。

地域ときれた自由な場での集会に参加し、そこでは、生き生きと討論し、社会革新の構想を主張する。それが、地域に帰れば、地域社会にしろ全体社会にしろ何ら関心のない男であり女であるかのようにふるまう。革新的な労働運動、社会運動にかかわる人びとに、とくにこのような傾向が強かったのは事実である。

これは生活者としての態度ではない。そして今でも、こうした運動団体の実質的メンバーが、年齢と性別でわりあい同質な人々によって担われているという事実は、真に生活者の運動になりえていないということを如実に示すものだろう。生活者の政治を実現しようとする者は、権力の側に対する戦いばかりではなく、自らの内部改革を迫られているのである。

しかし以上三つのジレンマを抱えつつも、生活者としての主張は少しずつ力をもちはじめている。ＮＰＯやＮＧＯに対しての社会的評価が高まっていること、ボランティアが奨励されていること、そして各地で住民投票条例が制定されつつあることや情報公開制度や住民参画制度の一般化など、権力の側でも生活者の力を評価し、それをよりよい社会の実現に役立てようという動きがみられることは、その証明になるだろう。生活者の政治は、じわじわと全体社会においても地域社会においても陣地を獲得しつつある。

4　混沌の彼方へ

今から半世紀ほど前、松下圭一は、日本社会の近代性と前近代性の併存をマス状況とムラ状況と名付け、「いまだ未発掘のあたらしい『質』をもったムラ状況からの膨大なエネルギーを開発するとともに、マス状況への傾斜をのりこえて市民的抵抗を拡大して行くことが必要である」と述べた(松下、一九六二：二三)。

二一世紀を迎えた日本社会は、ムラ状況からもマス状況からも脱しつつあるといってよいだろう。しかし、生活の全体性を回復しようという運動はまだはじまったばかりであり、上述の三つのジレンマを抱え予断を許さない状況にある。

生活者の主張は、従来の政治システムとは明らかに異質なものである。それゆえ現存の権力機構との対立は不可避である。なかでも、かつて神島二郎が「機構」聖化方式、出世民主化方式、マジックミラー方式と呼んだ三つの権力側の政治文化とは鋭く対立するものといえるだろう(神島、一九七七：二六三―二六四／一九七九：一七九―一八八)。

「機構」聖化方式とは、「機構」人となることによって変身＝変心し、「機構」人と個人とが使い分けられることである。公の職務について行動する際には、日常の私生活とはまったく違う論理で行動してもよく、またそうすべきだとされる。出世民主化方式とは、地位に応じた変心＝転向が常態化することである。物言いも考え方もポストに応じて変わる。裏切りとされるものも出世によって許されるのである。マジックミラー方式とは、境界を不透明にする方式で、一方からのみ情報が得られ逆のルートは閉ざされていることである。「上」からは透明に見えても「下」からは見えないようにして「上」の利益を守るやり方である。

生活者としての発想は、組織の一員であることに基づいた発想を否定する。それはまた、組織内的地位に基づく発想をも否定するだろう。さらに片務的なコミュニケーションは、生活者として許されることではない。今日、日本社会において官僚への批判が高まっていることを、単に官僚の不手際や不作為、汚職や政治家との癒着が原因であるとみなすだけならば十分だとはいえない。そうした事件の深層には、官僚機構がもつ先述のような政治文化と生活者としての倫理の対立が存在していると考えるべきである。

そして、こうしたことは何も官僚機構に限ったことではないのである。企業や大学、そして労働運動、消費者運動、住民運動や市民運動のなかにも同様な対立が潜んでいることを忘れてはならない。

ヴェーバーの言葉を思い出すべきだろう(Weber, 1971 ＝一九八〇：一〇五―一〇六)。彼は次のように述べていた。

自分が世間に対して捧げようとするものに比べて、現実の世の中が――自分の立場からみて――どんなにか愚かであり卑俗であっても、断じて挫けない人間。どんな事態に直面しても「それにもかかわらず！」と言い切る自信のある人間。そういう人間だけが政治への「天職（Beruf）」を持つ。

生活者が政治への天職をもっているかどうかが、まさに今、問われているのである。

注

（1）もっとも、二〇〇三年になってやっと、選挙にマニュフェストが導入されるようになった。この方式が定着し、国政選挙に限らず、すべての選挙に波及していくかどうか注目されるところである。

文献

天野正子、一九九六年、『「生活者」とはだれか』中公新書。

Baerwald, H.H., 1986, *Party Politics in Japan*, Allen & Unwin. ＝一九八九年、橋本晃・土屋光芳訳『続 日本人と政治文化』人間の科学社。

Blau, P. M., 1964, *Exchange and Power in Social Life*, John Wiley & Sons, Inc. ＝一九七四年、間場寿一・居安正・塩原勉訳『交換と権力――社会過程の弁証法社会学』新曜社。

橋爪大三郎、二〇〇一年、『政治の教室』PHP新書。

今村浩、二〇〇一年、「むすび――二一世紀を担う政治家を生み出すために」吉野孝・今村浩・谷藤悦史編『誰が政治家になるのか――候補者選びの国際比較』早稲田大学出版部。

石田雄、一九七〇年、『日本の政治文化――同調と競争』東京大学出版会。

伊東光晴、一九八九年、「都市政策から都市経営へ」『日本的都市経営の特質と課題』総合研究開発機構。

神島二郎、一九七七年、『政治の世界』朝日選書。

――――、一九七九年、『政治をみる眼』NHKブックス。

丸山眞男、一九九五(一九四八)年、「日本人の政治意識」『丸山真男集 第三巻』岩波書店。

松下圭一、一九六二年、『現代日本の政治的構成』東京大学出版会。

――――、一九八五年、『市民文化は可能か』岩波書店。

Merton, R.K., 1949, *Social Theory and Social Structure*, The Free Press. ＝一九六一年、森東吾・森好夫・金沢実・中島竜太郎訳『社会理論と社会構造』みすず書房。

森嶋通夫、一九九一年、『政治家の条件――イギリス、EC、日本』岩波新書。

中村菊男、一九八五年、『政治文化論――政治的個性の探究』講談社学術文庫。

中野実、一九九三年、『日本の政治力学』NHKブックス。

越智昇、一九八二年、「コミュニィの核を形成する思想」『コミュニティの社会設計』有斐閣選書。

作田啓一、一九七一年、「共同態と主体性」古田光・作田啓一・生松敬三編『近代日本社会 思想史Ⅱ』有斐閣。

高畠通敏、一九九三年、『生活者の政治学』三一書房。

田中義久、一九七四年、『私生活主義批判――人間的自然の復権を求めて』筑摩書房。

Weber, M., 1971, "Politik als Beruf," *Gesammelte Politishe Schriften*, Dritte erneut vermehrte Auflage, hrsg.von J. Winckelmann. ＝一九八〇年、脇圭平訳『職業としての政治』岩波文庫。

Wolferen, K.van, 1989, *The Enigma of Japanese Power: People and Politics in a Stateless Nation*, Macmillan. ＝一九九〇年、篠原勝訳『日本／権力構造の謎（上・下）』早川書房。

山手茂、一九七四年、「マイホーム主義の形成と展開」『講座 家族八 家族観の系譜』弘文堂。

第7章　情報社会の夢と現実
――ＩＴは社会を変えるか――

張江　洋直

はじめに

情報社会の到来が叫ばれてから、すでに久しい。それはすでに四半世紀を越えている。だが、情報技術をめぐる微細な変化にも対応して流布される情報社会をめぐるさまざまな言説からは、この社会〈像〉が現実のものとなっているのか、それともいまだ到来していないのかを十全に知ることは難しいようだ。むろん、こうした事態を、たとえば近代化がそうであるように、情報化という概念が〈過程性〉をその本質としていると考えることで対処することはできる。しかし、たとえそうであるにしても、そこに一定の実現性を測りうる指標を成立させることはできるだろう。だが、それはいまだ衆目の知るところではない(1)。このように考えてみると、情報社会をめぐる議論には、実に奇妙な事態が含まれているといってよい。言い換えれば、情報社会をめぐる言説のあり方には、どこか「狼少年の寓話」とよく似たところがある。

この点に関してはすでに佐藤俊樹が明確な論定を下しているので、それを簡略に鳥瞰しておこう。それによれば、そもそも「情報化社会論自身が近代産業社会の申し子」(佐藤、一九九六：六六)であって、テクノロジーの高度化が近代産業社会を超えて新たな社会変動をもたらすとする議論は、結局のところ「AI的アナロジーの罠」(同書：五二)に陥っているのだという。そこでの論点の骨子は二つ。まず、「情報社会の到来」がもっともらしく、つまり信憑性をもって受け取られるのは情報社会論が技術という具体性に基づくからではなく、「未来社会イメージを技術予測の形を借りてなぞっているからにすぎない」(同書：五一)。この論理機制に「AI的アナロジー」が重ねられると、情報社会論は現在のような広い信憑性を獲得する。これが二点目の要点である。周知のように、「AI」とは人工知能(artificial intelligence)の略であり、「アナロジー」は類推(analogy)を意味する。要は、その時代ごとに最新コンピュータ・モデルと社会モデルとをアナロジカルに同型とすることで、情報社会論は人々に信憑性を広く感受させてきたのである。

たしかに、この論定は妥当なものだろう。だが、そうであるにもかかわらず、私たちはどこかで情報社会の到来を、言い換えれば〈社会変動〉の予兆を抱いているのではあるまいか。実際私たちは、コンピュータライゼーションの進行をすでに日常の至るところで目にしているはずだ。それは、単にパソコンの普及を意味するだけではない。さまざまな家電製品や電話、自動車などにおいて、すでにそれは進行し、さらに増加傾向にある。その趨勢は、むしろコンピュータの偏在化とネットワーク化を意味する情報環境であるユビキタス・コンピューティングというべきであり、それもすでに周知の事柄に属しはじめている。かつては単なる夢想であった、衣服と一体化することにより「身にまとう」ことができるウェアラブル・コンピュータ、移動体通信(携帯電話)、インターネット……などが、いまや次々に実現され普及している。このリアリティを前にしたときに、ある種の〈社会変動〉への感慨が抱かれたとしてもなんら不思議ではない。こうして、新しい技術動向が私たちの日常生活を変化させる。つまり、私たちは現在、大きな社会変動を体験しつつある。

このように、日常的な諸経験が私たちに《現代とは大きな社会変動の時代である》と実感的に語ってくる。むろん、こうした大衆的な心性が成立する十分な根拠はあるだろう。いま、デジタル革命あるいは「IT(information technology)革命」が進行している。それを、「あらゆるものが電子テクノロジーによって再編成/脱構築される」(粉川、一九九三:八―九)過程と捉えることができる。この命題は正鵠を射ている。だが、留意しよう。なぜならば、ややもすると、こうした了解からただちにやってくる新たな命題とは、「ITは社会を変える」というものだからである。しかし、それは果たして本当だろうか。これが本章に一貫して通底する基本的な問題意識である。それをより端的に示せば、《ITは社会を変えるか》といえよう。その真偽を、これから見極めることにしよう。

1 現代社会論の存立機制

社会学には「現代社会論」という一つの独立した研究領域がある。情報社会論はそこに位置する。この点の吟味を通して、情報社会論の存立機制を考える手がかりを得ることにしよう。さて、そもそも社会学という学理には、「①関係性（ないし共同性）、②日常性、③現代性、④実証性、といった主要な特徴づけ」（西原、一九九一：六）がみられる。とはいえ、これら四つの焦点が社会学研究のすべてに等質に顕れているわけではないし、その必要もない。なぜなら、これら四つの焦点は個々の学的営為から構成される相互テクスト性として成立する〈社会学の世界〉を統合的に把握することによってはじめて顕現化するものだからである。この了解からは、現代社会論が「現代性」をより鮮明化する視角によって構成される、と形式的に理解可能だろう。だが、問題は「現代性」を捉える指標とは何か、である。むろん、それは単一ではないはずだ。それゆえ、「現代社会論は、現代社会というものをどのように考えるかによって、さまざまな色合いの異なった特色をもつ」（矢澤、一九九三：三九九）ことになる。

では、現代性を十全に把握するための具体的な指標とは何か。「現代社会論として大衆社会論、産業社会論、管理社会論、知識・情報社会論、……世界社会論などとよばれる理論」（同書）を挙げるのが通例だろう。言い換えれば、そこで設定される指標とは、大衆化、産業化、管理化、情報化、世界システム化といったものだ。だが、留意しよう。というのも、現代社会論とは「時代診断」の意義を濃密にもつからである。そうであれば、このようにいくつもの指標がほぼ一〇年の間隔をおいて次々に登場すること自体に、どこか奇異な感触はないだろうか。現代社会が複雑性を特徴とするのであれば、それに対応して、より複雑な、つまり複数の指標から現代社会を把握することはできないのだろうか。

むろん、それは可能だ。たとえば金子勇・長谷川公一は「産業化、都市化、官僚制化、流動化、情報化、国際化、高齢化、福祉化、計画化という9つのトレンド」(金子・長谷川、一九九三：i)を指標とする。これらに、さらに異なった複数の諸指標が設定可能だろう。だが、現代社会論はその方途を採らない。それは、むろんさまざまな指標が成立しうることを前提にしつつも、最も中心とする指標で理論世界を被い尽くす。それを理論的な徹底性といってよく、そのことによってモザイク化された社会像を創り出す危険性を避けることもできる。だが、現代社会論がこうした複数の指標による分析と統合という方途を採らない主因は、それが本質的に直観的だからである。この点を少し敷衍しておこう。たとえば、大衆社会論は大衆化という指標から、情報社会論は情報化という指標から現代社会を捉えることで成立する。だが、これらの諸指標は、単に新たに生起する社会的な傾向性を指示しているだけではない。というのも、そこには必ず一定の〈歴史物語〉が独特の理論機制においてすでにつねに下図のようにはたらいているからである。言い換えれば、この下図的な機能そのものが現代社会論の示す理論的な徹底性を担保している。

ここで〈歴史物語〉とは、通常の歴史意識や歴史認識を意味するだけではない。たとえば、社会学の古典的知見であるF・テンニース（Ferdinand Tönnies）のゲマインシャフトとゲゼルシャフトという対概念は単なる集団類型論ではなく、それぞれが前近代性と近代性とに対応・推移するという〈歴史物語〉によって裏打ちされている。大衆は公衆や群集とともに非組織的な集団類型であるだけでなく、公衆から大衆へという歴史的な転換の〈物語〉を本質的な基軸とする。これが〈歴史物語〉が下図的に機能することの意味である。

産業化とは近代化と直接的に対応する概念であり、その汎用性は高い。それが現代社会論として語られうるのは、わが国の高度経済成長期がイエや村落に端的にみられる従来からの共同体的特質を弛緩ないしは変形・解体させていく過程に対応しているとする〈歴史物語〉がそこにすでに成立しているからである。また、管理化が語られるためには、その言説を統制する基準として〈自立した個人が活躍する市民社会〉という理念化の産物がすでに成立しているだけではなく、それが少なくとも管理社会というディストピアに向かう〈歴史物語〉のなかに明確に位置づけられていなければならない。

では、こうした〈歴史物語〉の正当性や妥当性はどのようになっているのだろうか。言い換えれば、こうした〈歴史物語〉を基礎づけるものとは何か。すでにみたように、現代社会論は大衆化、産業化、管理化、情報化、世界システム化といった新たに生じる社会的な傾向性に正確に対応している。つまり、それら諸指標はそれぞれの〈歴史物語〉を招来している。ここからは、新たに生じる社会的な傾向性がそれぞれの〈歴史物語〉に妥当性を与えているとみえるかもしれない。だが、それは皮相的であるばかりか、論点を転倒させている。なぜならば、新たな傾向性がそれとして認知されうるためには、少なくともそれを一つの社会変動の契機として〈予期する了解〉がすでにそこではたらいていなければならないからである。むろん、それは明確な〈歴史物語〉ではない。だが、そうであるにせよ、こうした〈予期〉が新たな〈歴史物語〉を要請する。

このように、現代社会論は単に新たに生起する社会的な傾向性——たとえば情報社会論であれば情報技術革新——を最もよく体現するというよりは、むしろ人々がそれを一つの時代的な転換として予期する信憑性構造（plausibility structure）の強度と揺らぎに明確に対応する仕方で成立するといえよう。ここで信憑性構造とは、そこで生きる人々にとって「もっともらしい（plausible）と感じる現実規定」（Berger and Kellner, 1981＝一九八七：八七）の意味である。たとえば、〈見合い婚から恋愛婚へ〉という婚姻制度の歴史的な転換は、厳密にいえば統計的資料と合致しない場合もある。言い換えれば、それは現代の〈神話〉の一つにすぎない。そうであるにもかかわらず、この婚姻をめぐる〈歴史物語〉が人々にリアリティをもって受容されてきたのは、その深部に《歴史が個人の自由を増大させてきた》とするある種の進歩史観が信憑性構造として成立してきたからである。もっともらしいと感じられるリアリティの所在は、最終的には、こうした社会的文脈に拠っている。

さて、以上の論点をふまえれば、現代社会論は常識的推論からする変動の予兆を基盤としていると言い換えることができる。そこにあるのは、常識的推論からする整合性である。むろん、現代社会論が直観的であるとは、それを人々が直感的に受容することと対応する。留意すべきは、そこにすでに常に一定の〈歴史物語〉が下図として作動していることである。その機制を把握するために、一見するとまったく歴史を語っていないようにみえるある言説を事例として、この問題系を考えてみよう。

来る「情報社会」は、まさに「待つ」という価値観とは正反対の、スピードに価値がおかれる社会である。情報機器の発達が可能にした情報手段は、空間的距離による時間的ハンディを完全に克服し、誰もが全世界と同時通信できるようになった。……あまりにスピード化された社会の中では、人間はますます非人間化するばかりではないか(須賀、一九九八：四七―四八)。

ここでの注目は情報社会の到来にかかわる論題ではなく、「人間―非人間」の語用法にある。ここで問いたいのは「人間とは何か」ではなく、この用語法が〈本来的な人間〉という前提をすでに想定していることである。だが、この理想像はいかなる根拠で構成可能なのだろうか。むろん、そこに明確な論拠はない。単に近代初頭に描かれた理念的な「自然法的人間」が暗黙の前提にされているだけだろう。では、こうした言説が示す問題性とは何か。それは、人々の抱く時代的な転換という予期と対応して生起する〈現在への不満や不安〉を理論的な構成物にすぎない〈過去〉や〈未来〉へと投射させることにある。たとえば、一九六〇年代以降に社会学にも多大な影響を与えた疎外論的言説はそれを〈過去〉へと投射することによって、未来に向けた〈回復の物語〉を紡ぎ出す。では、未来学はどうだろうか。そこにあっては、現在の〈不満や不安〉が〈未来〉に投射されることによって現在はそこから規定され、〈未来〉が基準となる。こうして、実際には現在において成立する〈不安〉や〈変動の予感〉に代わって、〈未来〉という基準が現在に君臨する理論機制と〈歴史物語〉が完成する。だが、そこでは、〈現在の不満や不安〉は吟味されないままなのだ。先に私たちが現代社会論は〈変動への予兆〉を基盤としているというのは、この意味においてである。すでに明白なように、情報社会論はこうした社会的心性に対応した理論機制によって拓かれる認識空間のなかに存立している(張江、二〇〇三)。

2　情報社会論からメディア論へ

ここでは情報社会論の系譜に簡単に触れつつ、その〈原像〉へと遡及する。次いで、それとの対比において、M・H・マクルーハン(Marshall H. McLuhan)にはじまるメディア論的視点を把握したい。ここでメディア論とは、《人間的諸経験の可能性の条件としてメディア性を問う》理論的な志向性(張江、一九九九)と捉えておくことにしよう。というのも、メディアとは単なる情報伝達装置の総称ではなく、

「私たちが生きる社会的世界の技術論的な次元と意味論的な次元を媒介しながら、より全体的な構造連関の社会的な場のことを指している」(吉見・水越、一九七七：一一)からである。

さて、従来からの情報社会論の典型として、田崎篤郎・船津衛(一九九七：一〇―四二)に依拠した干川剛史の情報社会論通史を概観しよう(一九九九：二二二)。

①情報経済論的情報社会論：情報社会論の起源に当たる。
②文明論的情報社会論：未来論的、観念論的、文明史論的に情報化と社会変動の関連が論じられている。
③政策論的情報社会論：政府の情報化政策を裏付けるものとして行政の側から呈示された議論。
④日本文化論的情報社会論：日本の伝統的文化が、情報化の進展にとって有利に働くという議論。
⑤社会批判論的情報社会論：情報社会の現実を批判的な視点を取り入れながら現状分析をしていこうとする議論。

右の五点は通時的な系列である。だが、実際のところ、とくに初期の①②は相互的であり、しかもそれらは一貫してメディア論的視点を欠落させている。こうした、かなり基底的な位相で難点が生じてしまうのは、情報社会論が新しいメディアの登場に着目しないからではなく、むしろその視線がそもそも技術決定論[2]と重なるからである。ここで技術決定論とは、「社会の動きを変えていくのは技術なのだという発想」（黒崎、一九九九：一八）の総称である。その典型を一九七三年に刊行されたD・ベル（Daniel Bell）による『脱工業化社会の到来』（Bell, 1974 ＝一九七五）に端的にみることができる。

この著作は情報社会論の古典といわれるにふさわしく、ベル自らの「イデオロギーの終焉」論を継承しつつ、一九六〇年代を通じて先進社会（現代社会）が財の生産からサーヴィスへとその経済的な中心を移行させ、産業社会＝工業社会（近代社会）から情報や知識・サーヴィスに社会的力点をおく脱産業社会（post-industrial society）へと離陸しようとしているというものである。そこでベルが用いる雇用分布の変化は、情報社会の到来を広い信憑性をもって基礎づけているようにみえるかもしれない。だが、F・ウェブスターが指摘するように、情報労働と非情報労働とを分けることはたやすいことではない。なぜならば、「全ての仕事はある程度、情報の処理や認知を含んでいる」（Webster, 1995 ＝二〇〇一：三〇）からである。言い換えれば、そこで呈示される〈情報労働者〉の計量数値は「研究者の推測の結果であるという事実を、隠蔽してしまう」（同書）のである。

さて、情報社会論の初期②に登場したベルの脱産業社会論は、たとえそれに準拠するにせよ、あるいは批判するにせよ、それ以降の情報社会論の基本的な枠組を形成してきたといえよう。たとえば、すでにみたように、佐藤が下す「情報化社会論自身が近代産業社会の申し子」（佐藤、一九九六：六六）であるという論定や、あるいは一九九〇年代に情報社会論の一つの画期を形成するM・ポスター（Mark

Poster)の『情報様式論』においても、第一に批判されるのはベルの脱産業社会論である。かれの批判の中心は、ベルの言説が示す「言語の抑圧」(Poster, 1990＝一九九一：四八)に向けられている。

情報を言語的事実としてではなく経済的事実として取り扱うことによって、脱工業社会の理論は、電子的テクノロジーによって開かれた、情報の撒種という新しいコミュニケーションの可能性への問いをうやむやにしてしまう。……言語的現象として捉えられた情報の新しい構造は、社会におけるコミュニケーションのパターンに変化をもたらし、……主体の位置を変動させるのである(Poster, 1990＝一九九一：五二)。

ポスターも示しているが、ベルにとってコミュニケーションは制御の問題系へと収斂する。実際、彼が立脚するコミュニケーション・モデルはサイバネティクスのものである。その提唱者であるN・ウィーナーはコミュニケーションと制御とを一体のものとして扱い(Wiener, 1954＝一九七九：九)、「生物個体の物理的機能と最近の通信機械の或るものの行動とが、フィードバックを通じてエントロピーを制御しようとする働きにおいて精密に相似していることを主張」(同書：一二)する。しかも留意すべきことは、サイバネティクスが単なる電子工学の理論ではなく、はじめから社会理論としての射程を考慮されていることである。それをウィーナー自身が端的に語っている。『人間機械論(*The Human Use of*

Human Beings)』の「主題は、……社会というものはそれがもつ通報および通信機関の研究を通じてはじめて理解できるものであること、これらの通報および通信機関が将来発達するにつれて、人から機械へ、機械から人へ、……機械と機械との間の通報がますます大きな役割を演ずるにちがいないことを示すことにある」(同書：九―一〇)。私たちは一九五〇年代のウィーナーに情報社会論の〈原像〉をみることができるだろう。

ウィーナーの編訳者の一人でもある鎮目恭夫が指摘しているように、コミュニケーション(**communication**)は「語源的には、人と人が何かを共に分け合うことを意味し、人と人、町と町との間の通信、交通、交易や、病気がうつることを指すことがある。しかし、第二次大戦後、おそらくはウィーナーの著書『サイバネティクス――動物と機械における **control** と **communication**』が最大の転機になって、この英語は、人間間には限らない意味での情報(**information**)の伝達を指す言葉としても国際的に使われるようになってきた」(鎮目、一九八三：一五九―一六〇)。つまり、こうしたコミュニケーション概念の拡張の地平においてのみ、ベルをはじめとする脱産業社会論＝情報社会論は位置するといえよう。

とはいえ、実は、情報社会論の吟味に際してウィーナーの名前はさほど登場することはない。それはなぜか。理由は明瞭である。情報社会論の系譜において、コミュニケーション理論を一貫して支えたのは、いわゆるシャノン・モデルだからである。だが、このモデルの提唱者であるC・E・シャノンとW・ウィーヴァーはウィーナー自身が明言しているようにサイバネティクス創設の盟友であることを等閑に付してはならないだろう。

さて、ここでいうシャノン・モデルとは、シャノンとウィーヴァーによるコミュニケーションの数理モデルをいう。それは、情報源・送信機・メッセージ・通信路・受信機・受信地という六つの構成要素からなる(Shannon and Weaver, 1964 ＝ 一九六九：四六)、「おそらく、もっとも影響力のあるコミュニケーション・モデル」(McQuail, 1975 ＝ 一九七九：二二)とみなされてきた。すなわち、それは一九八〇年代中葉にメディア論的な議論地平が形成され、いわゆる〈マクルーハン・ルネッサンス〉が生じるまで広く一般的であった旧来型メディア観の典型といってよい。

そこではメディアは情報の単なる通路にすぎず、コミュニケーション過程において中心をなすのはメッセージとされる。言い換えれば、そこでメディアはノイズを縮減させる以外に関心をもたれることはない。それゆえ、メディアと経験との関係も問われず、暗黙裡に自我＝主体は原理的に不同と仮定されている。そこで、たとえ主体変容がみられたとしても、それは運搬されたメッセージ内容によるとされ、それゆえ、そうした事態はこのモデルが関与する射程を超えているものとみなされることになる。

こうした平坦なコミュニケーション・モデルに対して、メディアが諸経験にもつ重要性を対置したのがマクルーハンである。彼は「メディアはメッセージである」(McLuhan, 1964 ＝ 一九八七：一四)と語った。この言辞は、シャノン・モデルが支配的であった一九六〇年代以降だけでなく、今日においてもなお鮮烈かつ衝撃的である。なぜならば、この命題は、「メディアそのものが、それが運ぶメッセージとは独立にもっている……人間の経験と関係を構造化する力を言い表したもの」（浜、一九九六：九八）と理解することができるからである。とはいえ、それが十全に受容されるためには、実際に二十有余年という歳月が必要であった。だが、それはいったいなぜか。それを理解するためには、メディア論的な視点の実際の生成過程を概観しておかなければならないだろう。

わが国の社会学にあって吉見俊哉や若林幹夫とともにメディア論的思潮を深化させてきた水越伸は、一九九三年に「メディア論は、新しい領域だ」と確言し、「メディアがそれ自体として対象化され、批判的検討をなされるようになってから、せいぜい一〇年程度しかたっていない」（水越、一九九三：五八）という。ここで注視すべきは、メディア論の研究対象がメディアそれ自体だという指摘である。言い換えれば、シャノン・モデルに立脚したコミュニケーション研究はメディアを情報通路としてしか捉えていないがゆえに、そもそも原理的には、メディアがもつ人間の経験と関係を構造化する力を問題とすることができないのである。その典型を一九七〇年代から八〇年代半ばまでにとりざたされた「ニュー・メディア論」にみることができる。

ここで「ニュー・メディア」とは、新しい電子メディアを意味する。つまり、その議論は新しい技術に触発され、そこに焦点化されている。水越によれば、ニュー・メディア論は、「官庁や財界、メディア業界のポリティカルな力学のなかから噴出し、研究者もまたその議論のステージに便乗することでとりざたされた」（同書）という。つまり、「電子的な情報通信技術の高度化と社会の関係をめぐる議論……の焦点は……新しい電子情報通信メディアが社会にもたらすであろう新たな便益をめぐる未来像の構築に据えられていた」（若林、一九九三：四六）。それゆえ、こうした〈新しい技術に触発された未来学〉といった技術決定論的視点から解放され、メディアが人々の経験にもつ本源性を議論の俎上に載せるようになるのは一九八〇年代半ば以降のことである。こうした議論の推移を若林は、「ニュー・メディア論からメディア論への転換」（同書）と述語化しているが、それはただちに、《情報社会論からメディア論への転換》へと置換できる推移である。

3　メディア史観からソシオ・メディア論へ

情報社会論の理論的な支柱の一つは、すでにみたサイバネティクスを起源とするコミュニケーション・モデルにある。言い換えれば、マクルーハンにはじまるメディア論的思潮の生成とは、このシャノン・モデルの呪縛から解かれる過程でもあるといえよう。だが、留意しなければならない。なぜならば、マクルーハンは、情報社会論のもう一つの支柱である〈歴史物語〉をも同時に呈示しているからである。その意味でいえば、彼の功罪はともに大きいといわなければならないだろう。まずここでは、メディア史観と呼ぶにふさわしい包括性をもつ、マクルーハンの〈歴史物語〉を概観することからはじめよう。

いかなる技術も新しい人間環境を創り出す傾向がある……。文字とパピルス紙は……古代世界の諸帝国にとって欠くべからざる社会環境であったと思われるものを用意したのだった。……技術的環境というものはひとびとをただそのなかに住まわせるというだけの受動的な容器にとどまるものではない。それはひとびとを作り直し、他の技術をも更新する能動的過程なのだ（McLuhan, 1962＝一九八六：i）。

マクルーハンが語るメディアとは「われわれ自身の拡張したもののこと」であり、それは「新しい技術」（McLuhan, 1964＝一九八七：七）を意味する。たとえば「衣服は皮膚の拡張であり」（同書：一二〇）、「機械化」とは「人間の外なる自然あるいは人間の内なる本性を、増幅させ特殊化した形式に移し変えたものに他ならない」（同書：五九）。簡略化すれば、マクルーハンの「メディア論は、メディアの技術的な変化がそのまま人間自体を変化させるという発想」であり、「道具が手の延長であるように、活字メディアも電子メディアも、人間の延長だという」（小阪、二〇〇〇：三二）ことになる。彼の技術観は技術を単純に〈人間的な諸経験の拡張〉であるとあまりにも素朴に考えている点に問題があるのだが、そうであるにもかかわらず、技術を徹底して〈人間的な諸経験との相関〉のうちに捉えようとするメディア論的視点はいまなおその指南力を失ってはいない。

その要点は、人間的諸力の外化と環境の内化という相互規定的な関係にある。彼は、ここからメディア史観を紡ぎ出す。その基本的な論点は社会的に中心的なメディアの歴史的推移に向けられている。概していえば、それは、①聴覚系メディア（話し言葉）↓②視覚系メディア（文字、とくに表音文字）↓③電気メディア（電気通信）というメディア発展段階説である。だが、その〈物語〉の主人公は、人間的諸力と環境との弁証法ではない。その基底にあるのは、アナロジカルな直観力に支えられた技術決定論である。

技術とはある種の知を別の様式に移し変える方法である。……メディアの力が経験を新しい形式に転換するのを見れば、いっさいのメディアが活発なメタファーであるといえる。話されたことばは人間の最初の技術であった。……この電気の時代にいたって、……人間は、ますます情報の形式に移し変えられ、技術による意識の拡張を目ざしている。……われわれは、拡張された神経組織……つまり、電気のメディアを用いることによって、一つの動的状態を打ち立てた。それによって、これまでの、手、足、歯、体熱調節器官の拡張にすぎなかった技術が、……すべて情報システムに移し変えられるであろう（McLuhan, 1964 ＝ 一九八七：五九―六〇）。

結局のところ、マクルーハンの壮大な〈歴史物語〉は各身体部位＝機能と各技術との安易なアナロジーに支えられているにすぎない。たしかに彼は、通常は道具の地平で捉えられる衣服、車輪、自転車、自動車といったアイテムも、コミュニケーション・メディアとみられる印刷、新聞、電信、電話、ラジオ、テレビなどと同一平面で扱う。だが、電気メディアや電子ネットワークは、果たして「拡張された神経組織」なのだろうか。実際、それらを情報が往来する。そこに同一性はある。だが、この暗喩的な修辞法の向こうに、情報社会は見えるのだろうか。たとえば、盲人の杖が地面の微細な凹凸を感受するのを知るとき、そこに身体の伸張を見ることができる。だが、個体性と共同性との無媒介的な同値は不能なだけでなく、そもそも〈共同的な身体〉を具体的にイメージ可能なのだろうか。

実は、彼のこうした安易なアナロジーを支えているのが技術決定論である。くりかえしになるが、マクルーハンのメディア論は、人間的諸力の外化と環境の内化という相互規定的な関係を動態的に捉えようとする志向に満ちている。だが、そうであるにもかかわらず、その基本は技術決定論といわざるをえないだろう。

われわれがここ数世紀の間、「国民」の名で呼んできたものはグーテンベルクの印刷技術が出現する以前に発生したことはなかったし、また発生する可能性もなかったのである。そして、それと全く同じ理由から、地球上のすべての成員を巻き込んで呉越同舟の状態にしてしまう力をもつ電気回路技術が到来した今日以後、そうした旧来の「国民」は生きのびることができないであろう (McLuhan, 1962＝一九八六：ii)。

聴覚メディアは経験の全体性と小規模で親密な部族社会をもたらす。視覚メディアは画一性と記録性をもつがゆえに中央集権的な社会とともに、視線の極である個人を共同体から析出する。印刷技術は文字の特性を社会全般に延長することで、画一化し均質化した個人＝国民と代替可能な構成要素から成る官僚制組織を析出する。つまり、「印刷メディアが近代をつくる」(西垣、一九九九：一六九)。ところが、電気メディアは音声を電気化して伝える地球規模に拡張された神経組織であることから、人々は脱個人化され、経験の全体性が回復するとともに、「地球という全体を、人類という家族を、単一の意識に仕立て上げること」(McLuhan, 1964＝一九八七：六四)が可能となる。

マクルーハンの包括的ではあるがやや錯綜した議論を単純化してまとめれば、以上のようになるだろう。だが、こうした記述内容は妥当だろうか。たしかに、それは〈大きな枠組〉としては信憑性をもち、また、たとえば印刷＝出版語とナショナリズムとの相互関係を論じたB・アンダーソン(Anderson, 1983＝一九八七)を予兆しているようにもみえる。だが、それは正鵠を射てはいない。というのも、メディアが環境を形成するにしても、メディア＝技術の具体的で社会的な存立様態は、「情報技術の発達によって変化するだけではなく、国家や資本の編制力から、市民、あるいは大衆の想像力にいたる、複合的で重層的な社会の諸力の錯綜した結果」(水越、一九九六：一八七)と考えるべきだからである。言い換えれば、マクルーハンの理路はそこで問うべき課題を暗喩的修辞法で飛び越えてしまうことで、結局は技術決定論というオトギバナシの域を一歩も出てはいないのである。

しかし、この論理傾向は決してマクルーハンに限られたものではない。水越はこうしたメディア論的思潮を広く「テクノ・メディア論」と呼ぶ。それは、「情報技術のたえまない進歩に立脚し、それがメディアを発達させ、……人間や社会を発展させていく」(水越、一九九九：一九)とする技術決定論による〈歴史物語〉を指す。だが、現代の情報社会を的確に捉えるためには、彼がソシオ・メディア論と呼ぶ視点、すなわち、「メディアを情報技術の発達の産物としてとらえるのではなく、人間や社会情報技術の複合的な関係の中でとらえていくという視点」(同書：一六)を十全に育てていくことが最も肝要であるといえるだろう。そのとき私たちは、安易に〈新たな物語〉を創ることも、ましてや進歩史観という旧態以前の〈歴史物語〉に依拠することも共に拒否しなければならないだろう。

おわりに

《ＩＴは社会を変えるか》。この問いに、果たしてどのように応えればよいのだろうか。もはや、その答えは明白なのだから。たとえば、インターネットや情報技術の革新は期待されたように市場メカニズムを十全に機能させていないばかりか、「IT関連産業の販売戦略にしても、普及しはじめたオンラインの競売にしても、情報技術の革新があらためて明らかにしたのは、商取引における交渉力……の偏在性であり、契約という社会的技術のコンテクスト依存性である」(竹田、二〇〇一：一六八—九)。それでは、インターネットは国境を越えたのだろうか。たしかに、そこにグローバル化をみることはできる。だが、実際に圧倒的多数の非エリートたちが直面しているのは、「インターネット上の多言語主義」(西垣、二〇〇一：八三)、つまり、日本語、韓国語、英語……といった多元的なローカル性である。結局のところ、インターネット上を流通するほとんどの情報はそれぞれの言語共同体のなかをグルグルと回っているだけなのだ。

それでは、二〇〇〇年の沖縄サミットでも議題とされ、新たな社会問題といわれるデジタル・デバイド(digital divide)はどうだろうか。それは、情報技術を使いこなせる者と使いこなせない者との間に生じる、待遇や貧富、機会の格差であり、国家間や地域間の格差を指す。実際、先進工業諸国が情報技術によりますます発展を遂げる一方で、アフリカなどの途上国は資金難や人材不足、インフラの未整備などで情報技術を活用できず、その経済格差は拡大している。だが、この問題系は南北問題とどこが異なるのだろうか。また、高学歴者、高所得者などが情報技術を活用してますます高収入や雇用を手にする一方で、情報技術に疎い高齢者や情報機器を購入できない貧困者層はより一層困難な状況に追い込まれる。つまり、情報技術が社会的な格差を拡大し、固定化するといわれる。だが、この構造性は資本制社会にすでに常に偏在する問題系ではないのだろうか。こうした〈構造を再生産する構造性〉に関しては、P・ブルデュー(Bourdieu, 1970 ＝一九九一)をはじめ、すでに教育や文化の研究領域において指摘されて久しい事柄ではあるまいか(3)。

このように考えてみると、情報機器の普及・発達に大上段に構えて語るのではなく、むしろ、自らの認識枠組や信憑性構造を凝視し問い直す具体的な作業がいまなお必要なのではあるまいか。おそらくは、実際の電気ならびに電子メディアの使用場面において現出してきた「もう一つの社会空間」(山嵜、一九九九)といえる〈匿名的で親密な社会関係〉の生成といった微細な日常性のなかに、自我や身体性の変容を伴ったより基底的な〈社会変動〉の予兆は潜んでいると思われる。

注

(1)情報社会の到来を測る指標に関しては、ウェブスターが「情報社会の定義」として、「テクノロジー的アプローチ」「経済的アプローチ」「職業的アプローチ」「空間的アプローチ」「文化的アプローチ」(Webster, 1995 ＝二〇〇一：一八―四三)をそれぞれ批判的に吟味している。

(2)技術決定論への批判に関しては、(佐藤、一九九六)、(黒崎、一九九九)の他に、拙稿(張江、二〇〇一／二〇〇三)も参照していただきたい。

(3)この点に関しては、(苅谷、一九九五)に整理された広範な紹介がある。

文献

Anderson, B., 1983, *Imagined Communities*, Verso Editions. ＝一九八七年、白石隆・白石さや訳『想像の共同体』リブロポート。

Bell, D., 1974, *The Coming of Post-Industrial Society*, Basic Books. ＝一九七五年、内田忠夫ほか訳『脱工業化社会の到来』上・下、ダイヤモンド社。

Berger, P. L. and Kellner H., 1981, *Sociology Reinterpreted*, Anchor Press. ＝一九八七年、森下伸也訳『社会学再考』新曜社。

Bourdier, P. et Passeron J., 1970, *La Reproduction*, Editions de Minuit. ＝一九九一年、宮島喬訳『再生産』藤原書店。

浜日出夫、一九九三年、「マクルーハンの銀河系」『情況』一九九三年七月号、情況出版。

――――、一九九六年、「マクルーハンとグールド」『メディアと情報化の社会学』岩波書店。

張江洋直、一九九九年、「経験とメディア」『稚内北星学園短期大学紀要』第一二号。

――――、二〇〇〇年、「リアリティとメディア」丸山不二夫編『情報メディア論』八千代出版。

――――、二〇〇一年、「メディア変容と〈マス・リテラシー〉」『稚内北星学園大学紀要』第一号。

――――、二〇〇三年、「情報社会論の存立機制」『稚内北星学園大学紀要』第三号。

林進、一九九三年、「情報社会」森岡清美ほか編『新社会学辞典』有斐閣。

干川剛史、一九九九年、「情報社会論再考」『情況』一九九九年一二月号別冊、情況出版。

金子勇・長谷川公一、一九九三年、『マクロ社会学』新曜社。

苅谷剛彦、一九九五年、『大衆教育社会のゆくえ』中公新書。

粉川哲夫、一九九三年、「トランスミッション」『情況』一九九三年七月号、情況出版。

小阪修平、二〇〇〇年、『現代社会のゆくえ』彩流社。

黒崎政男、一九九九年、「メディアの受容と変容」『情報の空間学』NTT出版。

McLuhan, M. 1962, *The Gutenberg Galaxy*, University Toronto Press. ＝一九八六年、森常治訳『グーテンベルクの銀河系』みすず書房。

——, 1964, *Understanding Media*, McGraw-Hill. ＝一九八七年、栗原裕・河本仲聖訳『メディア論』みすず書房。

McQuail, D. 1975, *Communication*, Longman Group Limited. ＝一九七九年、武市英雄ほか訳『コミュニケーションの社会学』川島書店。

水越伸、一九九三年、「メディア論の混沌」『情況』一九九三年七月号、情況出版。

——、一九九六年、「情報化とメディアの可能的様態の行方」『メディアと情報化の社会学』岩波書店。

——、一九九九年、『デジタル・メディア社会』岩波書店。

西垣通、一九九九年、『こころの情報学』ちくま新書。

——、二〇〇一年、「ＩＴの思想」『現代思想』第二九巻第一号、青土社。

西原和久、一九九一年、「社会学理論の現在」西原和久・張江洋直・佐野正彦編『社会学理論のリアリティ』八千代出版。

Poster, M., 1990, *The Mode of Information*, Cambridge Polity Press. ＝一九九一年、室井尚・吉岡洋訳『情報様式論』岩波書店。

佐藤俊樹、一九九六年、『ノイマンの夢・近代の欲望』講談社。

Schannon, C.E. and Weaver,W., 1964, *The Mathematical Theory of Communication*, University of Illinois Press. ＝一九六九年、長谷川淳・井上光洋訳『コミュニケーションの数学的理論』明治図書。

須賀由紀子、一九九八年、「プレイ論からみた情報社会の表と裏」栗原孝ほか共著『情報文化と生活世界』福村出版。

鎮目恭夫、一九八三年、『ウィーナー』岩波書店。

竹田茂夫、二〇〇一年、「模倣と権力」『現代思想』第二九巻第一号、青土社。

田崎篤朗・船津衛、一九九七年、『情報社会論の展開』北樹出版。

若林幹夫、一九九三年、「メディアと社会変容」『情況』一九九三年七月号、情況出版。

Webster, F. 1995, *Theories of The Information Society*, Routledge. ＝二〇〇一年、田畑暁生訳『「情報社会」を読む』青土社。

Wiener, N., 1954, *The Human Use of Human Beings*, 2nd. ed., Houghton Mifflin. ＝一九七九年、鎮目恭夫・池原止戈夫『人間機械論』みすず書房。

山嵜哲也、一九九九年、「もう一つの社会空間」『情況』一九九九年一二月号別冊、情況出版。

矢澤修次郎、一九九三年、「現代社会論」『新社会学辞典』森岡清美ほか編、有斐閣。

吉田純、二〇〇〇年、『インターネット空間の社会学』世界思想社。

吉見俊哉、一九九九年、「グローバル化と文化研究の視座」吉見俊哉ほか共著『メディア空間の変容と多文化社会』青弓社。

吉見俊哉・水越伸、一九九七年、『メディア論』放送大学教育振興会。

――、二〇〇一年、『メディア論』改訂版、放送大学教育振興会。

第8章　社会運動は社会を変えるか
――「〈私たち〉の社会運動」の地平と可能性――

山嵜　哲哉

1　今、社会運動とは何か

編者から与えられた「社会運動は社会を変えるか」というテーマは実に答えづらい。言葉の定義からいえば、社会運動とは「社会問題を解決したり社会制度を変革する集合的行為」なわけであるから、定義上多かれ少なかれ社会を変えるといえる。歴史的にみても市民革命から共産主義革命に至るまで社会体制を転換した運動をいくつも挙げることができるし、日本において労働運動や農民運動、婦人解放運動等が社会制度の変革に一定の力を発揮したことは疑いえない。しかし、この問いが「今日本に共産主義革命は起こりうるか」という問いだとすれば、おそらく「ありえない」と答えざるをえないし、

（旧来型の）社会主義運動に可能性はあるのかという問いだとしても、かなり慎重にならざるをえない。

　こうした答えづらさは、社会運動という言葉がもともと日常用語というよりは、さまざまな社会変革運動を総称する理論的かつ包括的な概念として用いられてきたことにもよるし、運動の内容自体が時代とともに大きく変化してきたことにもよるだろう。

　たとえば、今あらためて「社会運動って何？」と尋ねられると、皆さんはどんなことをイメージするだろうか。「赤旗、バリケード、プラカード、ゲバ棒、ヘルメット」といったシンボルを思い浮かべる人もいれば、「武装闘争、街頭デモ、ストライキ、署名運動、リコール」という運動形態、あるいは「何となくサヨクちっくな運動」という漠としたイメージを浮かべる人もいるだろう。また、労働運動、反戦平和運動、部落解放運動、学生運動、住民運動、市民運動、消費者運動、環境保護運動、障害者解放運動といった個々の領域別の運動を想起する人もいるだろう。昨今ではフェミニズムや福祉・災害時などのボランティア活動、NGO・NPOこそが社会運動だという人もいるに違いない。

　では、われわれは、こうした社会運動という用語が総称するさまざまな「〇〇運動」という言葉に、日常生活でどの程度接しているのだろう。一例として、一九八四年から二〇〇二年までの『朝日新聞』朝夕刊・『週刊朝日』・『AERA』の見出しおよび本文中に、それぞれの言葉が掲載された頻度を集計したものが**表1**である(1)。もちろん、特定の新聞・雑誌から論者が任意に選び出した用語であるから、これをもって運動そのものの趨勢を論じたり、日常生活への言葉の浸透度をはかることはできないが、

表1　『朝日新聞』『週刊朝日』『ＡＥＲＡ』誌上にみる社会運動関連用語の登場頻度

	社会運動	労働運動	社会主義運動	住民運動	市民運動	環境保護(エコロジー)運動	平和運動	学生運動	婦人(解放)運動	女性(解放)運動	フェミニズム	NGO	NPO
1984	5	49	4	29	46	11	65	9	2	7	0	11	0
1985	13	108	20	46	105	5	118	54	8	15	13	41	0
1986	8	111	3	53	163	2	98	58	10	24	4	38	0
1987	17	165	8	43	149	8	87	80	10	14	3	44	0
1988	17	161	8	106	208	12	120	101	10	23	26	98	0
1989	42	247	18	166	433	44	200	296	18	55	66	154	0
1990	29	136	27	179	464	52	175	88	12	58	80	130	0
1991	36	88	7	167	445	60	210	65	13	39	51	190	0
1992	24	124	13	141	403	82	169	70	12	38	57	519	4
1993	32	104	13	112	482	46	127	67	7	43	52	365	2
1994	31	120	9	126	451	24	154	90	6	40	73	685	10
1995	35	120	14	108	522	43	282	104	7	35	73	951	87
1996	31	112	11	160	514	30	208	101	5	40	87	849	169
1997	48	120	14	108	522	43	341	103	7	35	73	1, 258	322
1998	58	126	9	208	545	36	341	161	5	73	90	1, 170	788
1999	41	108	6	247	577	27	343	126	16	76	71	1, 310	1, 392
2000	35	119	10	171	454	39	288	143	10	61	131	1, 593	2, 159
2001	32	89	7	140	386	31	300	112	4	61	68	1, 729	2, 656
2002	39	69	6	118	290	9	305	84	4	38	72	1, 884	3, 723
合計	573	2, 276	207	2, 428	7, 159	604	3, 931	1, 912	166	775	1, 090	13, 019	11, 312
直近3年間計	106	277	23	429	1, 130	79	893	339	18	160	271	5, 206	8, 538

およその傾向性を類推することは許されるだろう。

一見してわかるように、「社会運動」という用語の頻度は過去二〇年間近く一貫して少なく、日常的には馴染みの少ない言葉であると推定できる。「〇〇運動」と呼称される言葉のなかでは、「市民運動」の頻度が顕著に高く過去一九年で七、一五九件であり、次いで「平和運動」(三、九三一件)、「住民運動」(二、四二八件)、「労働運動」(二、二七六件)と続く。しかし、「労働運動」に関しては、記事の内容を概観すると、時々の運動そのものへの言及であるよりは、過去の労働運動の回想記事であったり歴史的な事柄に触れたものが多い。たとえば一九九八年では、一二六件中、選挙等の候補者の経歴紹介を含めその時期の運動に言及した記事は六〇件程度にすぎず、逝去に伴う運動歴の紹介や回想記事が四〇件程度、韓国・中国等のアジア諸国の労働運動に触れたものが一五件程度、学術的紹介記事が五件程度である。また、学生運動についても同様の傾向がある。なお、一九八九年に労働運動の頻度が二四七件と高いのは、総評解散、新「連合」結成に関する記事のためで、同年に学生運動が二九六件と顕著に高いのは、中国の天安門事件関連の記事による。

いずれにせよ、ここ二〇年間でみる限り、社会運動の主たる発現形態は、労働の場における組合運動等ではなく、日常生活に根ざした住民運動や市民運動、あるいは「地球レベルの複合社会という新しい意識」(Melucci, 1989 = 一九九七：二七二)に対応する平和運動や環境保護運動であるとみなすことができよう。

また、女性の解放にかかわる運動では、「婦人(解放)運動」「女性(解放)運動」「フェミニズム」の合計が二、〇三六件で、とくに八〇年代後半以後、重要なイシューとなっていることを確認しておこう。これらのなかでは、「婦人」という言葉が日常用語としては死語化し歴史用語的な使われ方をしており、これに代わって「女性運動」ないしは「女性解放運動」あるいは「女性問題」(一九年間で三、二二九件)」「男女平等(二、九二一件)」「ジェンダー(一、二八二件)」といった用語が普及し、九〇年代以後は「フェミニズム」という専門用語もしばしば紙面に登場するようになる。

以上に挙げた〇〇運動という用語が社会運動の内容を示す概念であるのに対して、NGO(非政府組織)やNPO(民間非営利組織)は、必ずしも社会変革的な目的をもった運動体を示す言葉ではない。チャリティ型の福祉ボランティアや災害ボランティア、あるいは芸術・学術支援活動を目的とする団体も多数あり、NGO・NPOの総体を即座に社会運動体と考えることは難しい。しかし、本章では次の二つの点で、広義のNGO・NPOを社会運動の新たな担い手として位置づけておきたい。

一つには、一九八〇年代末から国際平和にかかわる運動体や世界レベルでの環境保護にかかわる運動体、国家を超えた人権問題に取り組む運動体の呼称としてNGOが取り上げられ、一九九〇年代後半からは、多様な市民運動・住民運動がNPOという呼称のもとで取り上げられるようになってきたからである。たとえば**表1**の「市民運動」をみると、一九九九年の五七七件をピークに以後減少傾向に移るのに対して、同年に「NPO」の頻度が一、〇〇〇件を越え、二〇〇二年度では三、七〇〇件余りに増加している。これは一九九八年にＮＰＯ法(特定非営利活動推進法)が施行されたことにもよるが、多くの市民運動がＮＰＯという名のもとに報道されてきたという経緯もある。つまり、従来は、環境保護運動、平和運動、市民運動、住民運動等と呼ばれてきた運動のかなりの部分が、ＮＰＯ(ＮＧＯ)という組織体の運動として語られるようになっているのである。

二つめは、社会変革を必ずしも意図的には志向していないＮＰＯを含めて、広義のＮＰＯセクターが、資本主義経済システムと国家官僚システムに対抗する非営利的非権力的な公益組織として、新たな経済社会セクターを構築しつつあるという理由による(たとえば、佐藤慶幸、二〇〇二：五)。この点の含意は最終節に譲ることとして、次節では、社会運動という集合的行為が、戦後日本において労組や革新政党主導型の体制変革を目的とした運動から、いわゆる「新しい社会運動」へと展開した過程を概観する。

2　組織主導型の労働運動・学生運動から「新しい社会運動」へ

日本において「社会運動と言えば、ごく最近までは労働運動そのもののことであるか、あるいは少なくともそれを中心とした諸運動のことであった」(庄司、一九八九：二四八)し、ここでいわれる労働運動は社会主義(あるいは共産主義)労働運動であった(2)。つまり、社会運動とは長らく「狭義には、一九世紀以降の資本主義の発達に伴う社会問題を解決するために、社会主義政党の指導の下で行われるプロレタリア解放運動」（塩原、一九八八：三九〇）と了解されてきた。

こうした了解が誰の目にも見える形で劇的に変化するのは、一九八九年の東欧革命に端を発するソ連邦の解体と中国の天安門事件においてであろう。政治・経済体制の東西対立という枠組を前提とし、左側からの体制変革を希求する社会運動は、この二つの世界的な事件によって、ほぼ命脈を絶たれた。もっとも、日本においては、高度経済成長の達成とともに、一九七〇年代以後、こうした体制変革型の社会運動は実質的な効力を失いつつあったし、形式的な賃金闘争へと転化してもいた。

七〇年代以後の社会運動を考える際に重要なのは、旧来型の体制変革を志向した運動ではなく、必ずしも政党や労組主導ではない、私生活圏を基盤として他者との関係性を再構築していくような生活者的な視点からの社会運動である。これらの諸運動は、一九六〇年代半ばに発芽し、先進諸国を中心に七〇年代以後の社会運動の主要な流れを作ってきた。後に「新しい社会運動」と命名される運動である。広義には、左翼政党や労働組合主導ではない形での、学生運動（日本では「全共闘」運動の一部）、女性解放運動（フェミニズム運動）、平和運動、自然環境保護運動、エスニシティをめぐる運動、生協運動、合衆国における広範な公民権運動、などが列挙できる。また、異なる視角からみれば、これらの運動は、地域限定的な単一イシューを争点とした「住民運動」などを経て、広範な市民自治を視野に入れた対案提示型（オルタナティブ型）の「市民運動」へと展開してきた。

戦後日本の時代区分やそれに対応する社会運動を単純に類型化することはできないが、これまでの論述をふまえて、ここでは、おおよその傾向を次のように示しておきたい(**表2**参照)(3)。

産業社会の成立と変遷という視点からおおまかな時期区分をすれば、戦後〜一九七〇年代前期、七〇年代半ば〜九〇年代初頭、九〇年代初頭以後、という三つの時期を、戦後欠乏期(被占領期)から高度経済成長期(産業社会＝高度産業社会＝高度消費社会の確立期)、オイルショックからバブル崩壊まで(高度産業社会＝大量消費社会の確立期)、バブル崩壊以後(複合的情報管理社会の確立期)といった内容をもとに分けることができるように思う。ここではこれらを、とりあえず第一期、第二期、第三期と名付けておこう。

第一期は、戦後占領下の絶対的貧困・欠乏のなかから民主主義イデオロギーのもとに産業社会を立ち上げた時期に当たり、第二次世界大戦後の世界的な冷戦構造のもと、五五年体制が確立し左右対立のなかで、労組・政党主導型の体制変革志向の社会運動が展開されていた。この期の社会運動にとっては、イシューとしての体制変革が一定程度のリアリティをもって運動の指針となりえていたし、賃金闘争も最低限度の生活保障という意義をもってもいた。学生運動においても活動家学生を担い手とする全学連主体の運動が展開され、政党との運動方針の対立も含め、全学連が集散離合した時期に当たる。「社会運動＝デモ・ストライキ」というイメージが定着した時期でもあり、運動は左右対立という「大きな物語」(リオタール)を背景に組織的に展開されていた。この時期の社会運動の担い手が、主として組織化された労働者階級の男性であったこと、世代的には戦前世代生まれが主たる担い手で

表2　戦後日本の社会運動のマトリクス

社会運動の型		政党・労組主導型の労働運動や学生運動	新しい社会運動(→NPO・NGO運動)	
時代の特徴	時期	【第一期】50〜60年前半を中心に1970年代まで	【第二期】1960代後半に萌芽し、70年代後半から80年代を通して	【第三期】1990年代以後
	経済的特徴	戦後欠乏期〜高度成長期	オイルショック〜安定成長期	バブル崩壊後の経済不況 グローバル化の進展
	政治的特徴	55年体制と左右対立	55年体制の解体	新保守主義の台頭
	産業社会の特徴	絶対的貧困から大量消費社会の確立期	高度消費社会(＝複合的管理社会)の成立	複合的情報管理社会の到来
	アイデンティティの様式	立身出世から「大人 vs 若者」コードの分離へ	近代的アイデンティティの探求から集合的アイデンティティへ	多元的アイデンティティの日常化
	主たるメディア	機関誌・新聞・ラジオからＴＶへ(一方向メディア)	ＴＶ・雑誌 パソコン通信の登場(双方向メディアの萌芽)	従来型メディア＋ インターネット (双方向メディアと個人発信)
運動の主な担い手	組織形態	官僚制的組織 〜革新政党／労働組合／全学連	ネットワーク型組織 〜草の根組織	ネットワーク型組織 〜サイバー型組織
	階級・階層	労働者階級・大学生	新中間階層を中心に階層横断的	同左
	世代	大正〜戦前生まれ	戦中派＋団塊世代＋狭間の世代＋新人類	同左＋第二次団塊世代以後を含む
	ジェンダー	男性主導	男性主導からの解放過程 〜女性主導型運動の展開	ジェンダーフリー＆セクシュアリティーフリー
主なイシュー		体制変革と賃金闘争＋反核平和運動	複合的管理社会への対抗 〜環境保護 〜女性解放(フェミニズム) 〜平和運動	同左＋ 〜情報公開
価値志向		革命、経済的生活改善	アイデンティティ模索 対案提示(オルタナティブ)	(関係的)自己決定権の拡大
主な運動スタイル		ストライキ 街頭デモ 署名運動 武装闘争	対案提示型・政策参入型の請求運動、リコール 表出型の街頭デモ、ダイイン、署名運動 裁判闘争、政策提言	同左＋ 情報公開 情報の再組織化 情報発信 NGO・NPO への参加
具体的な運動の事例		三井三池闘争 原水禁運動 全学連運動 (60年安保闘争) (三里塚闘争)	べ平連・全共闘運動(の一部) 水俣や石油コンビナート反対などの反公害運動 原子力発電反対運動・生協運動・消費者運動・リサイクル運動・ナショナルトラスト運動・池子米軍宅建設反対運動 フェミニズム運動 WID → GAD	阪神淡路大震災ボランティア ストップ・フロン運動 薬害エイズＨＩＶ訴訟 指紋押捺反対運動 住民参加型の街づくり運動 「市民」の代理人運動の展開 メンズリブ運動 同性愛解放運動 イラク攻撃反対運動(人間の盾) GAD (→ MAD)
対応する理論		マルクス主義運動論 集合行動論	新しい社会運動論 資源動員論、フレーム分析	文化と社会運動論 ネットワーク論・NPO 論

あったことなどは確認しておく必要があろう。

第二期の社会運動では、労使対決を基調としながらも組織主導型の運動目標が手段的な賃金闘争へと転化するなかで、ネットワーク型運動が芽生え、日常生活の豊穣化を目的とした運動が生まれてきたことが特徴的である。無名の市民を主体とする運動の萌芽は一九六〇年代半ば以後の「べ平連（ベトナムに平和を市民連合）運動」や、セクト系学生を主体としない「全共闘運動」等にみることができようし、問題解決型の反公害運動のなかにも、水俣問題、三島等のコンビナート計画反対運動等、後のネットワーク型運動につながるような生活密着型でかつ地域のエゴを超えて生命環境そのものを主題化する運動が六〇年代後半から展開されてきた(4)。しかし、日本で日常生活課題をテーマとした「新しい社会運動」が幅広く展開されるのは七〇年代以後である。すなわち、ゴミ、水、空気、といった環境や食品などの生活必需品にかかわる生活課題をテーマとした社会運動が、これまで社会運動の主たる担い手とは見なされていなかった主婦層を中心としても展開されていく。

周知のことであるが、ここでいう「新しい社会運動」を、メルッチの著作『現在に生きる遊牧民』をもとに再確認しておこう（Melucci, 1989 ＝一九九七：二七〇―二、同英語版編者による序文／佐藤、一九九六：二四四―二五〇等も参照）(5)。

1．物質的財や資源の生産・配分をめぐる闘争ではなく、情報を媒介として象徴的な場で複合システムの管理的論理に挑戦する。

2．運動の組織は、政治的・社会的目標達成の道具（手段）である以上に、運動を体験するための方法とみなされており、運動への参加は、将来の壮大なヴィジョンに向けた目標達成のための手段ではなく、運動への参加自体が目的であり、実践であり、社会へのメッセージでもある。

3．現代の社会運動は、旧来の社会主義運動や労働者階級の運動のように私生活と公的生活の間の乖離がなく、運動における水面下の次元（私生活とそれに基づくネットワーク）が、運動の公的で可視的側面と統合されている。つまり、「新しい意味が直接生み出される場である私生活と、公的に表明するコミットメントとの間には相補性がみられる」。

4．現代の運動は地球レヴェルの複合社会という新しい意識の芽生えを示している。この地球的意識は、労働者の階級運動が掲げていた「インターナショナリズム」よりも広範なもので、人間と自然が完全に相互依存している世界システムのなかで、人間種の一員として生きているのだという意識を伴っている。

1に関しては、資本家と労働者という二大階級闘争を前提とした体制変革が課題ではなく、管理社会化に対抗する公共圏の確立や市民の自己決定権の拡大がテーマとなる。ハーバーマス流にいえば、後期資本主義期のシステム世界による生活世界への侵略に対抗する社会運動と言える（Habermas, 1981

＝一九八七。事例としては四一三―四一四)。その際、争点となるのは従来の社会運動のように賃金などの物質的財の生産・配分というよりも、象徴レベルでの「情報」をめぐる管理システムに対抗するという点が重要である(佐藤、一九九六：二四五、参照)。2に関しては、当該の運動にとって既定の目標達成のみが重要なのではなく、運動への参加が参加者のアイデンティティと深く結びつき、自己表出的、自己確認的な行為となっていること、そして、運動の目的自体も、教条的な理論から演繹されるのではなく、運動過程のなかで絶えず再確認され再発見されていくという点が重要である。したがって、3でいわれるように、公私の分離を前提した運動ではなく、参加者の私的な日常生活に結びついた運動が登場する。それは「私のリアリティ」を運動の起点として、それを「私たちのリアリティ」という「集合的アイデンティティ」(Melucci, 1989＝一九九七：二九)へと拡大することで、自分たちの生活を核にして社会を変えようとする運動である。そして4にあるように、政治・経済・情報のグローバル化によって、人々の日常生活そのものが地球規模の問題に直結しており、運動過程のなかで、日々の活動が地球規模の問題に関連づけられて語られるようになる。エコロジー運動の合い言葉として広く普及した「グローバルに考え、ローカルに活動しよう(Think globally, Act locally!)」などは、この意識を典型的に示しているといえよう(6)。

また、日本において世代的にみた場合に、新しい社会運動の担い手は、戦中生まれ世代や団塊世代を中心に、年長者は昭和一桁生まれ、若年層は新人類世代あたりまでを含み、ジェンダー的には、女性が主たる担い手となる運動が数多く生まれたという特徴をもつ。

次節では、こうした特徴をもつ新しい社会運動の事例として、「生活クラブ生協」の運動過程を紹介し、最終節で時期区分の第三期の状況と今後の社会運動の可能性について概観することとする。

3　生活者運動としての「生活クラブ運動」

本節では、「生活クラブ生協」を基盤とするさまざまな社会運動を「生活クラブ運動」と呼ぶ。同生協は、消費生活協同組合(いわゆる市民生協)の一つであるが、その運動のユニークさによって、たとえば「もう一つのノーベル賞」と呼ばれる「The Right Livelihood Award」(7)を受賞するなど、内外から高く評価されている。すでに多くの研究書や紹介書があるため、ここでは、本章の論述に必要な限りでの特徴を経年的な発展過程を追いながらまとめておこう(8)。

(1) 労組・政党との担い手の連続性と批判的止揚

生活クラブ運動は、六〇年安保闘争やその後の政党活動にかかわるなかで、地域社会への浸透を欠いた組織主導の社会(主義)運動のあり方に疑問を抱いた一青年が、「地域の実生活に根ざした、真に大衆的な大衆運動を何とかして作りだしたい」(岩根、一九七八:八七)という意図のもとに、一九六五年、配偶者や政党活動を通じての友人たちとともに東京世田谷の一隅で二〇〇余人の主婦を集めて、牛乳の共同購入をはじめたことに端を発する。この意味で生活クラブは、当初から、単なる「牛乳の会」ではなく、少なくとも専従者たちの理念においては、「生活を改革し豊かにするために」(生活クラブ規約2条)、地域の女性たちの主体的な社会参加の場を形成するという運動的な視点に立って形成された組織であった。設立者である岩根邦雄が「生活クラブという名称も、クラブという言葉の意味が、政党(パーティ)の前段であることを意識してのことである」と述べているように、それは「多分に政治的な意図」をもって組織された集団でもあった(岩根、一九八六:二)。

このことは、次の三つの点で重要である。一つは、運動のリーダー層は当時の社会主義労働運動の若年活動家層であったということ。つまり、この運動にせよ、その他の新しい社会運動にせよ、ゼロから生まれたものではなく、六〇年代までの組織的な社会主義運動との連続性の上に形成されているという点である。二つめの要点は、六〇年代前半までの社会主義運動に対して、その運動内部からの問題提起という形で、運動のあり方そのものを問い直し変革するという視点から、すなわち組織主導型から市民主導型の運動を切り開くという視点から、旧来の運動を止揚するという理念のもとに生活クラブ運動がはじまったということである。三つめは、市民主導型の地域に根ざした運動を形成しようとした際に、当時のベットタウン(この場合は世田谷区)で「身近にいてその言葉に耳を傾けてくれたのは、家庭の主婦」であったという点である(岩根、一九九三:一七)。大量消費社会の確立期にあって、性別役割分業システムが浸透しつつあるなかで、地域にいたのは専業主婦だけであり、専業主婦が夫の収入によって生計を営める「半人前の市民」でしかない、という状況下で、その負の規定性を運動へと媒介する活動として生活クラブ運動がはじまったということは留意しておく必要があろう。

(2)「牛乳」を媒介とした消費の発見と運動スタイルの確立

もっとも、生活クラブ設立当初において創設時のリーダーであった岩根が抱いていた運動理念や政治的意図が、生活クラブ運動のなかで直接実現されるわけではない。地域の生活に根ざした運動を作り出すための独自の運動論・組織論は、家庭生活での基本的な消費物資を媒介として、つまりモノを媒介とした経済活動のなかから形成されていくことになる。

たとえば、岩根ら組織者の側(以下、「専従」あるいは「専従職員」と呼ぶ)が共同購入品目に「牛乳」を選択したきっかけは、たまたま「消費者団体の友人から勧められた」からというものであり、その選択理由も「自分たち活動家を牛乳配達というルーティーンによって日常生活のルールに縛り付け、日常生活の営みを尊重する活動スタイルを確立すること」という、あくまでも活動家という立場からの意味づけでしかなかった。この時点では、「牛乳」は「運動のための手段」であり、使用者＝消費者の側からみた牛乳への意味づけという視点は欠落していた。

しかし、牛乳の配達をはじめた直後、「生活クラブの牛乳は質が悪い」といった大手牛乳メーカーの地元販売業者からの誹謗中傷が起こり、これについて専従たちが会員に何ら説得力のある説明ができないという事態に直面して、「なぜその牛乳を選んだのか」「飲み手にとって〈牛乳〉とは何か」「消費行為における主体性とは何か」といった問題を考えざるをえない状況に追い込まれていく。そして、牛乳の素材生産(酪農)から加工、流通、販売に至る諸過程や関連する法令について徹底的に学習するなかで、「使用価値を尺度とした主体的な生活物資の選択」という視点が獲得されていく。その学習過程や視点を機関誌や対話行為を通して絶えず会員たちに伝え、かつ会員たちからの意見や注文に応えることによって、それまで「あたりまえのこと」とみなしていた「牛乳」の意味、ひいては消費態度そのものが問い直されていくのである。

こうして「牛乳」を通して、商品のもつ社会的経済的意味を再発見していく過程で、その後の生活クラブ運動の基本的な活動スタイルが確立される。それは、(a)特定の基本的な生活用品(生活クラブ生協では「消費材」と呼ばれる)に徹底的にこだわることによって、つまりモノを「素材生産—加工—流通—消費—廃棄」というトータルな視点で捉え返すことによって、会員の消費態度、ひいては日常の暮らし方そのものを問い直すという方法であり、(b)その生活用品を供給する側の論理からではなく、使用する人々の生活の質的向上という視点から捉えて問題解決に取り組むという視点(生活者の視点=素人主義と使用価値の追求)、(c)情報をより多くの会員たちと「相互に」共有しうる情報ネットワーク手段を確立するといった方法である。

(3)「手段としての生協化」から「運動する生協へ」

牛乳の共同購入グループとして発足した生活クラブは、三年後の一九六八年一〇月に、一、〇二六人の組合員で「生活クラブ生協」として再発足する。しかしこの生協化も、もともと「生協」を作ることが目的であったわけではない。生協化した要因は、会員数の増加と取り扱い品目・量の増大に対して、専従たちが資金的にも労力的にも対応できなくなったためであり、より直接的には牛乳を保存する冷蔵庫の設置場所であったアパートの立ち退きを要求されたという外的な要因を契機としていた。つまり、生活クラブの生協化は、生協を作ることではなく、運動自体を拡大するために経済的組織的基盤を再構築するための「手段」として選択されたと考えられる。

また、後に同生協の大きな特徴の一つとなる「班別予約共同購入」方式にしても、それをはじめたきっかけは、専従の側では「少ない人的物的設備と少額の運用資金で大量の物資を扱うことができる」といった、また組合員の側でも「経費が節約されるので安価で購入できる」といった、もっぱら経済的なコストを主たる理由としていた。したがって、「生鮮品が扱えない、注文から配達まで時間がかかる、現品をみられない、予約や受け渡しがめんどう」といったデメリットに対しては、「将来的には店舗を」という構想ももっていたのである。

しかし、実際に班別予約共同購入に取り組むなかで、「班を単位として他者と協同して購入を行うこと」の意味が捉え直されていく。すなわち、共同購入を行うには、まず、組合員自身が自分たちで主体的に他者に働きかけ仲間を集めることによって班を作らねばならず、購入品目の予約に際しても班員間の数量を調整して自分たちでまとめなければならず、配送された品物を自分たちの手で分けなければならない。この「集める」「まとめる」「分ける」という一連の協同行為を通じて、互いに「他者と身をもってふれあい、話し合う関係」のなかで組合員自身の消費行為における主体性が確立されていく。こうした過程を経て、班別予約共同購入に「現代資本主義の流通ルートの外に共同生活のための物品の合理的な調達ルートを確立することによって、組合員の習慣的な態度を変革し、班を単位とした地域生活の基盤を確立する」といった積極的な意味づけが与えられるに至り、班別予約共同購入は単なる経済行為としてではなく、それ自体が運動として位置づけられていくのである。この時点で、生活クラブは「店舗を持てない生協」から意図的に「店舗を持たない生協」へと生まれ変わったということができよう。

生活クラブ生協は、一九七一年五月に「神奈川みどり生協」(現、生活クラブ神奈川)を結成し、同年一一月に生活クラブ生協「練馬支部」、一九七四年には生活クラブ埼玉を結成するなどして、「意志あるところに生協を」を合い言葉に、都内・各都道県で拡大を続け、現在、一五都道県にまたがり総組合員数二五万余人を擁する一大生協グループに成長している。「生協法」では都道府県を越えて生協を設立できないという規定があり、都道府県の行政単位を越えて個々の単協が自主性と独自性を保持しつつ、共通した理念と運営形態のもとに連合体を形成しているのは、わが国ではきわめて希な事例である。また、八〇年代後半以後、多くの地域生協(市民生協)が、大手スーパー等との対抗上、スケールメリットを求めて合併し組織を拡大する傾向にあるのに対し、生活クラブは、神奈川や東京などで、逆に組織を分割することによって、「顔の見える範囲での地域に根ざした生協活動」を展開している。

(4) 消費を通じての日常生活に根ざした社会運動の展開

生活クラブ生協は、お互いに顔の見える「班」を組織的な基盤とした運動組織を形成し、モノ(消費材)に徹底的にこだわることによってさまざまな社会運動を展開してきた。

それはたとえば、「安全で素性の確かな豚肉がほしい」という組合員たちの生活欲求をもとに、組合員自身が生産者と直接に交渉する過程で独自にあみだした「豚肉の一頭買い」、「手荒れやおむつかぶれ」といった私生活上の問題を契機として環境汚染や生態系の維持という公共的視点を獲得するに至った「合成洗剤追放運動」、学校給食問題に関する条例制定の直接請求運動、自治体に「食品安全条例」制定を求める署名請願運動、生産者と組合員との定期的な交流会活動等々多岐にわたっている。

ここで重要なことは、生活クラブ運動において、物品の共同購入と社会運動とが、分かちがたく結びついているということであり、モノの素性に徹底的にこだわることによって、暮らしの日常性を運動へと媒介する仕組を組織化し理念化しているという点である。つまり、「安全な物品を安価に入手したい」「品物を届けてくれるから」といった生活保守主義的な動機で加入した主婦たちが、「安全とは何か」「安価であるとはどういうことか」「流通とは何か」という問題を、専従や組合員の役職者たちとともに絶えず問い直すなかで、地球規模のエコロジー問題を考え、それを地域で実践する仕組みを作り出しているのである。

(5) 社会運動から政治参画へ

こうした継続的な運動を基盤として、「生活クラブの考え方を地域へと拡大する」という目的で、地方議員を送り出す運動が「代理人運動」である。代理人運動は実質的には一九七七年にはじまり、七九年に東京の練馬区議に一人めの代理人が誕生し、現在では東京・神奈川を中心に一都一道六県で一五〇人以上の地方女性議員を生み出している。代理人運動と既成政党との大きな違いは、まず、「生活者の政治」をめざして、政治をプロの行う特殊なものとして捉えるのではなく、あくまで自分たちの日常生活を向上させるための「生活の道具」として捉え直そうという立場にたっていること。そして、この立場を実践するために、「役割分担論」という理念(代理人はあくまで市民自治運動の「議会担当」の役割を担っているにすぎず、運動そのものは母体組織を中心に代理人を選出した市民全員が担う)や、「ローテーション制」(アマチュア主義を完遂するため、議員の任期を二期八年あるいは三期一二年に制限し、引退した議員は地域活動をサポートする制度)といった仕組みを設けていること等にみることができる。

代理人運動は、新しい社会運動としての生活者政治(ライブリー・ポリティクス)という観点からみて非常に重要な運動であると同時に、生活クラブ運動という視点からも、さらに女性の政治参画という視点からも、興味深い運動である。つまり、もともと、「地域に根ざした」政治運動を志向していた岩根氏らの専従リーダーたちの目的が、いったん班別予約共同購入を基盤とする生協運動を経ることによって、そして、その運動のなかから組合員主婦達が当初はタブー視していた政治問題を自らの問題として引き受け、運動として展開していったという点で重要なのである。また、代理人運動自体に注目すれば、それは、「生活クラブの代理人」運動として地域の「主婦」の運動としてはじまり、運動の拡大過程で、何度かの方向転換を図りながら、「市民の代理人」運動として、「女性」の政治参画運動というスタンスを確立しつつあることを確認しておきたい(9)。

(6)社会運動としての新しい労働の展開(ワーカーズ・コレクティブ)

資本主義的な消費のあり方を問題として運動を進めてきた同生協は、共同購入活動で培った生活者の視点を「生産・流通」といった領域に拡大し、従来の賃労働に対抗する「新しい働き方」を求めて「ワーカーズ・コレクティブ(以下、ワーカーズと略す)」運動を展開している。生活クラブのワーカーズ運動への取り組みは一九八二年に神奈川ではじまり、現在では首都圏を中心に四〇〇程度のワーカーズが活動している。同生協のワーカーズの特質は、共同出資・共同経営による自主管理の原則、地域のなかで生産者と使用者が互いに顔の見える関係をもち使用者の立場に立った生産・流通を行うこと、仕事を通じて労働者自身が成長していくことのできる「自律的仕事(own work)」「ライフワーク」であること、パート雇用者として利益・効率優先の「男性社会」に組み込まれることなくオルタナティブな働き方を形成すること、一組織は少人数で多様な領域に多数のワーカーズを展開すること、それによってワーカーズのネットワークを核とした「新しい街づくり」をめざしていること等にまとめられる(10)。

以上簡単に生活クラブ運動を見てきたが、これを組合員主婦の立場から見れば、「私」のために「私の家族」のためにという思いで加入し、より安全で品質の良い物品を適正価格で入手するには他の仲間たちと共同・協同が必要であることに気づき、安全な水や環境を守るためには、生活クラブ以外の生活者たちを巻き込んだ運動を展開していくべきだというふうに、私的世界を核としながらも、その日常性を読み替え対自化する過程であったと解釈することができる。それは、彼女らの言葉を借りれば、「台所から世界が見える」運動であるということもできよう。

また、前節で述べた「新しい社会運動」という視点からみるならば、生活クラブ運動は、次の諸点で、典型的な新しい社会運動ということができよう。まず、それは、班別予約共同購入を通じて、私的世界(家庭)での商品の意味を他者との共同・協同を媒介にして読み替え、日常的消費のあり方を問い直す運動であり、班別共同購入という運動形式そのものが社会へのメッセージとなっていること。この運動が「班」という日常的なネットワークを基盤として、「相互に交流している諸個人によって生み出される相互作用的でありかつ共有された」(Melucci, 1989 ＝一九九七：二九)集合的アイデンティティを構築していること。そして、たとえば「石けん運動」にみられるように、日々の消費が地球環境問題と直結していることを自覚していること。さらには、共同購入を母胎としつつ展開している代理人運動やワーカーズ運動が、現代の複合的管理社会に対して、生活者の自己決定権を拡大する「私たちの街づくり」という視点に立っていることなどである。

もっとも、生活クラブに限らず、多くの生協運動の主たる担い手は、三〇代から四〇代の子育て真っ最中の主婦層(とりわけ専業主婦)である。このことは、生協運動が盛んになるにつれ、フェミニズムとの間に対抗的な問題を浮上させた。つまり、生協運動が可能なのは夫の収入に支えられて比較的裕福な生活を送れる専業主婦層のみであり、その運動が夫の収入を前提としている以上、既存の性別役割分業システムを前提とした運動にすぎないのではないかというフェミニズムからの批判である。この批判は、生協運動に限らず、主たる家計を夫に依存している主婦層を中心としたすべての運動に向けられてもいた。

こうした批判に対して、ここでは次の二点を確認しておきたいと思う。①上述したように、六〇年代後半から七〇年代の成立当初からその発展過程において、生活クラブ運動が、とりわけ大都市圏で職住分離が進み、住宅地に女性と子供と高齢者しかいないという状況のなかで、地域に根ざした運動を展開しようとした時、その担い手となりえたのは主婦だけであったということ。つまり、当時、「ライフサイクル第三期問題」と称されたような女性就労のM字カーブを前提として、個々の家庭の問題を地域の問題として切り開いていく運動として、生活クラブに限らず、多くの主婦を担い手とする運動が展開されてきたという歴史・社会的な過程を認識する必要があること。これは、換言すれば、職住分離が進行するなかで、私生活領域に閉じ込められていった専業主婦であったからこそ、その否定性をバネとして、生協運動等の市民運動を展開しえたということもできよう。②夫の収入に家計を依存してはじまった運動が、三〇余年の歳月を経て、専業主婦の運動であったことの問題性を幾つかの側面から克服しつつあること。典型例としては、新しい働き方を実践しているワーカーズ運動にこれまでの男性主導型の働き方へのオルタナティブをみることができるし、代理人運動の展開過程のなかに、生活クラブの代理人という発想から、働く女性たちを含めた地域市民の代理人という発想の転換をみることもできる。また、彼女らの運動の過程のなかで、少なくない男性配偶者がその生き方を変えてきた事例をみることもできる。

4　二一世紀の社会運動と「生活者」という担い手のゆくえ

一九六〇年代に萌芽し七〇年代から八〇年代にかけて展開されてきた「新しい社会運動」は、九〇年代以後、ある種の転換点を迎えているように思われる（二四一頁**表2**参照）。本章における時代区分の第二期と第三期を、社会運動の発現形態に即して的確に区分することは難しいが、残された紙幅で、あえてこうした区分を行った含意を一九九五年という年に着目して四つの出来事を手がかりにしながら整理してみたい。

まず、この年の一月一七日早朝に阪神淡路大震災が起こる。この大災害で注目されたのは、全国から駆けつけた延べ一四〇万人ともいわれる多数のボランティアたちの活動である(鳥越、二〇〇〇：七)。このボランティア活動は、社会運動を既存の支配権力の意志決定構造を意図的に変革しようとする集合的行為として定義するならば、必ずしも社会運動としての要件を満たしてはいないかもしれない。しかし、ボランティア参加者の七割近くが、それまではボランティア活動に無関心であるとみなされていた若者たちであったこと(同書：八)、震災直後の危機対応型・チャリティ型の活動だけでなく、復興期を通じて長期的に被災者との間に関係構築的な活動がみられたことなどによって、行政や企業からの物的援助によっては対応し切れない人間―関係的な援助こそが必須であることが確認され(たとえば、西山、二〇〇三／佐藤恵、二〇〇二／浅野・新垣、二〇〇〇等を参照)、政府や企業とは異なる三番目のセクターとしてのNPO・NGOの意義が広く注目されるようになった。第1節でも触れたように、すでにこれ以前に、わが国でも国際貢献のNGOや福祉を中心としたコミュニティ密着型のNPO活動は広く展開されていたが、欧米諸国に比してその活動を保障する法的裏付けは大きく遅れており、震災ボランティアを契機にして、一挙に法制化が進むこととなった(11)。これは、単に市民活動が政府によって認知され法制化されたというだけでなく、企業を担い手とする市場セクターと議員・行政を担い手とする旧来の公的セクターのほかに、市民・生活者を担い手とする共的セクターの必要性が、法的にも認知されたという意味で重要な意義をもつ。換言すれば、資本主義経済体制において利潤を追求する企業体と、福祉国家体制において企業体からの税収を前提として国民の福祉を保障する政府・地方公共団体という、「企業＋政府」というシステムによってだけでは対応不可能な事態もありうることが、震災によって顕現したとみることもできる。震災は、生活の豊かさが「モノと金」だけでは保障されないということをリアリティをもって提示し、社会運動の射程が、単に教条的な体制変革や賃金問題ではなく、「人として生きることの保障」をめざすものであることを再確認したといえよう(12)。

次いで、同年三月二〇日には「オウム真理教サリン事件」が発生する。この事件も表層的には社会運動とは無関係にみえるが、複合的情報管理社会に対する宗教的超越をめざした運動の挫折という意味で、ある種の対抗的サブカルチャーの悲劇的結末という意味で、決して社会運動と無関係ではない。八〇年代以後、国家と市場システムによる権力の介入は、物質的レベルだけでなく、身体、アイデンティティ、性、感情といったそれまで私的な世界に属すると考えられてきた領域にまで深く浸透してきた。前節まででみてきたように、新しい社会運動は、「私」のリアリティを基盤としながらも、高度消費社会・複合的管理社会のなかで生かされている「私」の自明性を、「私たち」の協同・共同性を通して問い直し変革していく運動であった。生活クラブ運動にみられるように、こうした運動の契機になったのは、消費社会における商品の「質」であり、生活環境としての「自然」であった。たとえば、合成洗剤追放運動は、商品や自然破壊が「私」、ひいては「私たち」の身体・生命に多大な影響を与えるという認識を端緒としていたが、その際、当面の問題とされていたのは、あくまで「合成洗剤」という「モノ」であった。オウム真理教サリン事件は、変革すべき対象が単に「モノ」を媒介とする世界だけでなく、「心」の問題でもあることをあらためて提起したという点で記憶にとどめるべきであろう。実際、九〇年代以後、指紋押捺反対、メンズリブ運動、同性愛解放運動、ドメスティック・バイオレンス問題等にみられるような身体や心に直結した問題が社会問題として提起され、これらの解決をめざす多様な運動が展開されていることには十分な留意を払う必要がある。それらの運動の多くは、自己の身体やアイデンティティのありようを起点として、管理社会、国民国家、男性優位のジェンダー秩序、強制異性愛社会やホモフォビア、家父長制といった、近代社会が「自由・博愛・平等」という理念のなかで十分に対象化できずに「置き去りにしてきた」対象を問題化してきた。システムのグローバリゼーションが進めば進むほど、身体とアイデンティティの問題が浮上する。二一世紀の社会運動は、グローバルな視野をもつだけでなく身体性を含めた「私」のあり方や他者との関係性を問う運動とならざるをえない。

グローバリズムと身体性に関連して、同じ一九九五年の九月に北京で開催された第四回国際女性会議にも触れておこう。周知のように、一九七五年の国際婦人年と第一回世界女性会議（メキシコ）以後、国連総会において行動計画を承認した「国連女性の一〇年、平等・開発・平和」(七六〜八五年)、日本も女性差別撤廃条約に署名した八〇年の第二回世界女性会議(コペンハーゲン)を経て、「ナイロビ将来戦略」を採択した九〇年の第三回世界女性会議と続き、この二〇年間の国連やＮＧＯを中心とした女性差別撤廃問題への取り組みや南北間の女性の経済格差是正に関する総括的な会議として北京会議が開催された[13]。この会議で採択された北京行動綱領においては、「女性と貧困」「女性と経済」といった問題だけでなく、新たに「女性と健康」(リプロダクティブ・ヘルス／ライツ[14]やＨＩＶ感染の問題等)、「女性への暴力」(ドメスティック・バイオレンス、貧困下や武力紛争下における女性への暴力問題、性産業における女性・少女の人身売買問題等)、「女児」(性的搾取、性的虐待を含む女児に対するあらゆる差別の撤廃等)といった、女性の身体性にかかわる問題が大きなテーマとして取り上げられた。また、一九九二年のリオ・デ・ジャネイロ国連環境開発会議で採択された「持続可能な開発の担い手としての行動計画」(アジェンダ21)を経て、北京行動綱領でも、環境・資源を保全しながら持続的な開発を進めていくことの重要性が確認され、その主体的な担い手として女性が位置づけられた[15]。つまり、「人口・開発・環境の三者をつらぬく持続可能な開発は、女性の身体とそれにかかわる自己決定権の確立なくしては実現しないこと」(村松、一九九五：五)があらためて確認されたのである。

北京会議には日本からも多くのＮＧＯ・ＮＰＯ団体が参加して帰国後も活発な報告を行ったし、マスメディアでも従軍慰安婦問題に関するＮＧＯの活動などが一定程度取り上げはした。しかし、多くの日本人にとっては、「フェミニストの国際的なお祭りがあった」という程度の認識でしかなく、北京行動綱領の内容がリアリティをもって受け止められたとは思えない。「国連女性の一〇年」というある種の外圧によって、一九八五年に男女雇用機会均等法が制定され、九九年には男女共同参画基本法が公布された。この間、国内における第二派フェミニズム運動とも相まって、「男は仕事、女は家庭」といった性別役割分業に関する意識は男性でもこれを否定する層が多数派となるまでに激減し、既婚女性の職業継続についても表面的にはこれを容認する態度が増加してきた(山嵜、二〇〇二)。しかし、根底的な部分でのジェンダー意識はまだまだ揺らいだとはいいがたく(16)、是正されつつあるとはいえ男女の賃金格差もまだまだ大きく、増加したとはいえ女性議員や女性管理職の比率も先進国中で著しく低い。国連が示すジェンダー・エンパワーメント指数(GEM)は、六六カ国中三二位にとどまっているのである(二〇〇二年度)。

こうしたなかで、リプロダクティブ・ヘルス/ライツにしても、女性の妊娠・中絶・出産にかかわる問題に加えて、産みたい女性、産みたくない女性、産めない女性や、閉経後の女性、そして性の問題は男女の関係性の問題であるゆえに、すべての男性をも含めた、性的快楽のあり方や性感染症の問題までを視野に入れた「性と生殖にかかわる健康/権利」の問題としてとらえる必要がある。換言すれば、性と生殖に関する健康と自己決定権は、単に望まぬ妊娠をした女性の問題だけではなく、すべての女性と男性(もちろん同性愛者も含めて)にかかわる問題であり、私たちの日常に遍在する問題にほかならない。また、水俣やチェルノブイリ以後、性と生殖の問題は社会環境の問題としてだけでなく、身体と地球という小さくかつ巨大な自然環境の問題として捉え直す必要に迫られており、エコロジー運動との関連においても、私たちすべての日常生活に遍在する問題として立ち現れている。こうした意味で、ジェンダー&セクシュアリティをテーマとする運動は、今日的な産業社会のあり方、すなわち複合的情報管理社会のあり方を、個々人の身体性から問い直す運動としても定位されるのである。

一九九五年の最後の出来事として、同年一一月のマイクロソフト社 Windows 95 の日本語版発売を挙げておこう。Windows 95 というインターフェイスの登場によって、それまでは Apple 社の独壇場であったウェブ環境をマイクロソフトOS上で実現することが可能となり、インターネットへのアクセサビリティが飛躍的に向上することとなった。すでに同年一月の阪神・淡路大震災においても、PCネットワーク上に大量の災害情報が流れ、支援活動の輪を迅速に広げるうえで一定の効果があった。しかし、それらは被災地の人たちにとっては必ずしも十分に役立つものではなかったという。干川剛史はその理由として、情報ボランティア相互間でも被災地内外での支援者との間でも、情報ネットワークの形成が不十分であったこと、そして、被災地におけるPCネットワークの普及が十分でなかったことなどを挙げている(干川、二〇〇一：一一六)。同年三月時点でのPCの世帯普及率は、全国統計で一五・六%であったが、翌年同月には一七・三%、Windows 98 が発売された翌年の九九年には三割近くに及び、二〇〇一年に五割を越え(経済企画庁、消費動向調査による)、電子ネットワークの形態もニフティサーブなどの特定の企業内でのパソコン通信からインターネットへと大きく変貌を遂げた。このことは、新しい社会運動の担い手たる普通の人々（ピープル）にとって、情報収集と情報発信、そして情報の共有という諸点で、決定的な転換を意味してもいた。あえて述べるまでもなく、インターネットは巨大でグローバルな情報収集装置であり、かつ素人が世界中どこからでも匿名的な多数の受け手に対して情報発信を可能としたという点で画期的なメディアであり、マスメディアでは取り上げられにくいさまざまな草の根運動が、世界に向けて情報を発信することを可能とした。

これらの典型的事例を網羅的に紹介した研究には金子郁容の『コミュニティ・ソリューション』（金子、一九九九）等があるが、ここでは、それ以後の幾つかの事例を挙げておこう。災害支援に関しては、二〇〇〇年三月の有珠山噴火災害や同年七月の三宅島噴火災害での情報ボランティアの活動と実績をもとにデジタル・ネットワーキングによる新たな公共圏の構築が論じられ（干川、二〇〇一：一一八以下）[17]、ストップフロン運動においてもインターネットのウェブページが果たした役割に関して学会報告が行われている[18]。また、藤谷忠昭は、全国市民オンブズマン連絡会議を母体として結成されたNPO法人「情報公開市民センター」のウェブ掲示板の考察から、そこには「社会運動体の成員と対抗団体の成員（ここでは行政の職員）との個人レベルでのカジュアルで非制度的なコミュニケーション」がみられ、「社会運動体と対抗団体との相互浸透」という今後の社会運動にとって重要なコミュニケーション形式を見いだせるという（藤谷、二〇〇三：八五）。つまり、ハーバーマス流の「討議」に基づく合理的な合意形成という形ではなく、匿名での「素朴な質問や、組織の中での人間関係に関する相談、告白、それらに対する回答などの書き込み」(同書)に、匿名性というウェブの特性を生かした新しい公共空間の可能性をみている。

以上、二一世紀の社会運動を俯瞰する時、重要なモメントとして、まず、企業システムや国家システムと対抗的な緊張関係を保持しつつ、NPO・NGOという独自の社会経済セクターともいうべき領域を確立しつつある第三のセクターに着目することが重要であること、二つめに、運動の担い手自身にとっての運動の意味を、身体性や心の問題として提示しうる運動が希求されていること、三つめに、リプロダクティブ・ヘルス/ライツを手がかりに、ジェンダー&セクシュアリティにかかわる運動が、単に経済上の男女差別というだけでなく、複合的管理社会のあり方そのものを問い直す運動であることを確認をした。そして四番めに、グローバルな情報収集とローカルな視点から世界に向けての情報発信という意味で、あるいは情報公開や情報共有という点で、インターネットというメディアのもつ可能性に触れてきた。本章の最後に、こうした二一世紀の社会運動を担う担い手についても簡潔に論じておきたい。

これまで本章では、新しい社会運動以後の運動の担い手として生活クラブ運動に準じて「生活者」という言葉を使いつつ、その厳密な定義は曖昧なままにしてきた。すでに、保守政党から革新政党まで、広告代理店までが「生活者」を連呼してきた経緯があるなかで、あえて「生活者」という言葉にこだわる理由は何か。筆者はかつて、「生活者」を、「『消費者』でもなく『労働者』でも『大衆』でも『市民』でもなく、〈私性〉に根ざしながらも〈もう一人の私〉との共同・協同によって〈私性〉を越えようとする生活態度をもつ人々」（山嵜、一九九三：二二八）と規定した。その含意は、「私」のあり方の全体性と流動性にあった。つまり、「営利主義的戦略の対象者としての消費者」（大熊信行）でもなければ、マルクス主義的に理念的に規定された「労働者」でもなく、行政のサービスの受け手としての「大衆」でもなく、抽象的な主体としての「市民」でもなく、また、ある時は、そのいずれでもありうるような、分断化された「私」のあり方を原点として、他者との関係性を再構築することによって、「私」の全体性を取り戻そうとする生き方を示すことにあった。

一九三〇年代以後の日本の社会史・思想史を丹念に追いながら生活者概念を彫塑した天野正子は、論の最初で、とりあえずの定義として「生活者とは、①生活の全体性を把握する主体をさす。②静的な形態ではなく、『生活者』へと〈生き方を変えていく〉一つのダイナミックな日常的実践をさす」（天野、一九九六：一四）と述べ、生活クラブ運動の展開過程を論じた後で、「生活クラブの人々は、……生活者を『国民』的生活者ではなく、『市民』的生活者として、いいかえれば市民的自由にもとづく生活者としてとらえようと」し、生活クラブでいう「『生活者』は、消費、労働（生産）、政治の全領域での主体性を総合的に表現する概念として使われ」、さらに、「そこでの『生活者』とは、『私』の利害を変容させて下から創る『共同性』を、もう一つの『公』へと押し上げていく人びとをさす」（同書：二三四）と結論づける。

社会運動の主たる担い手が「男性労働者」であった時代はとうの昔に終わった。新しい社会運動論では、運動の担い手を男性主導型の産業社会のなかで周辺化された女性・若者・マイノリティに見いだしてきた。しかし、今日の社会運動の展開を本章で述べた経緯から見直すならば、女性のなかの多様性、若者のなかの多様性、マイノリティのなかの多様性、さらには男性労働者のなかの多様性にまで照準した担い手の析出が必要であるように思われる。それは、必ずしも「生活者」という用語である必要はないのかもしれない。花崎皋平は、一九八九年に採択された「水俣宣言——希望の連合」に触れつつ、そこに示された「ピープル」の概念について次のようにいう。

「『ピープル』としてのヒトが、受苦の経験をつうじて自分の意識の中に『他者』の存在の場所を空け、私から他者へのまなざしと他者から私へのまなざしを想像力において照らしあわす、または重ねあわす作用」がルソーのいう「憐れみ(ピティエ)」であり、ここにピープルの政治思想の根拠がある(花崎、二〇〇一:三六八)。

「ピープルになる」とは、……私と他者とがいつでも加害と受苦の関係になる可能性と必然性、その歴史的被規定性を承知した上で、しかもその場から「共に生きる」関係をめざすことである(同書:三八八)。

階級・階層間の経済格差がなくなったとはいえない。しかし、その格差以上に、先進国と途上国の労働者間の経済格差の方が大きいという現実がある。ジェンダーにおける不平等も、日本国内における格差がいまだに顕著であることは明白だが、それ以上に日本と途上国の女性間の経済格差の方がはるかに大きい。こうした現実を生きる私たちにとって、社会運動とは、ヘルメットとゲバ棒に象徴された、ある時代に特別な事柄ではなく、日々の生活のなかで、疑問を発見し、他者と語り、共有し、問題化し、解決していく過程なのである。「社会を変える」運動の担い手は、今、この原稿を書いている私と読んでいるあなたにほかならない。

注

（1）表中の数字は、Web上の有料データベースサイト「asahi.com perfect（https://gateway.nifty.com/service/g-way/asahicom_FULL/full/home.html）」の「パワフル検索」をもとに筆者が集計したものである。『ＡＥＲＡ』は一九八八年五月の創刊号以後がカウントされている。表中の環境保護（エコロジー）運動は、「環境保護運動」と「エコロジー運動」の合計（ただし、エコロジー運動は全体で三三件）、「婦人（解放）運動」は、「婦人解放運動」と「婦人運動」の合計である（「女性（解放）運動」も同様）。また、検索語が、特定の固有名詞の一部を示し、本章での統計上無意味であると判断した場合は、これを除外した。除外したのは以下のとおり。「社会運動」に関しては、「新社会運動（KBL）」（フィリピンの政党名）、「アルメニア社会運動」（政党名）、「平和のための社会運動(MSP)」(アルジェリアの政党)。「NPO」に関しては、「KENPO」「KANPO」「NPOP」「QUANPO」「INPO」「DENPO」「NPO エネルギア」など。なお、「平和運動」については、一九八八年以後「平和運動センター」(都道府県レベルの平和運動組織)の記事が散見されるようになり、一九九七年以後、毎年約一〇〇件が同センター名の記事であるが、内容的に平和運動に関するものであるため除外していない。

なお、表中に挙げた用語は、本章の論述に際して参考となる限りで便宜的に列挙したにすぎず、社会運動の内包を示すものでもなければ、運動の重要性をはかる数値でもない。たとえば、部落解放運動(二〇〇二年までで四四四件、「部落解放」では二、二六二件)やエスニシティをめぐるさまざまな運動、障害者福祉にかかわる運動等は取り上げていないし、それぞれの用語のヒット数が、運動自体の重要度をはかるものでもない。

(2)典型的には、たとえば一九五六年に編纂出版された『日本社会運動史年表』の「はしがき」には、「編纂上われわれの根本観点は、全体を通じてわが国の革命運動の生成・発展の基本線をたどるとともに(中略)、明治以来ありとあらゆる抑圧のもとで(中略)、生活と自由のために起ちあがり専制政治と戦争に反対し、解放運動に奮闘してきたわが勤労大衆・すべての被抑圧階層・および少数民族の歴史的な動きと、その運動のなかで彼らが解放思想にめざめ、政治的に成長し、階級政党や諸組織を生み出し、発展させてきた経過とが、当然にこの年表の中心内容をなしている」(渡部・塩田編、一九五七：i—ii)と記されている。

(3)**表2**は、あくまでおおまかなデッサンであり、表中のすべてについて本文では論じていない。表中の『大人VS若者』コードの分離へ」については(岩間、一九九五)を、「(関係的)自己決定権の拡大」については(天野、二〇〇一)を、それぞれ参照のこと。また、表下方の「具体的な運動の事例」におけるWID、GAD、MADについては、注(13)を参照のこと。なお、「対応する理論」に関しては、本章では「新しい社会運動論」以外は論じていない。フレーム分析や文化と社会運動については(野宮、二〇〇二)を、ネットワーク論・NPO論については(佐藤慶幸、二〇〇二)を参照のこと。

(４)当時の「市民」運動の可能性と問題点を、「常民」と「人民」との対比で論じた論考としては、(日高、一九七三)を参照。

(５)本章では、「新しい社会運動」を主としてメルッチの記述に基づいて要約したが、「新しい社会運動」という命名はフランスの社会学者A・トゥレーヌによる(たとえば、Touraine, 1978 = 一九八三：一八、Touraine, 1980 = 一九八二等)。また、ほぼ同時期にドイツのJ・ハーバーマス(Habermas, 1981 = 一九八七：四七一)、C・オッフェらも同様の指摘をしており、今日では一九七〇年代後半以後に主として西欧を中心に登場した彼らの理論を総称して「新しい社会運動」論と呼ばれる。この呼称について、メルッチ自身は『新しい』社会運動」という言葉が実態化(reification)されるのを避け、運動における「行為と意味の新しい次元」を「斬新な仮説(本章本文で触れた四つの視点)を導入して」説明しなければならないと述べている(Melucci, 1989 = 一九九七：二六九―七〇)。また、杉山光信によれば、トゥレーヌは一九九五年末のフランスにおける、労組や政党主導でない自然発生的な全国的ストライキの分析をもとに、従来の「新しい社会運動」を「文化運動」「歴史運動」「ソシエタル運動」という概念から再規定しているという(杉山、二〇〇〇：八八以下)。

なお、アメリカ合衆国においても一九五〇年代後半以後の公民権運動の展開、六〇年代以後の学生運動・反戦運動・フェミニズム・環境運動等、新中産階級を主たる担い手とする運動が展開されるに至り、社会学的な運動分析においても、被抑圧者の「不満」を主たる説明変数とする集合行動論が批判され、「資源動員論」なる理論が登場する。新しい社会運動と資源動員論の比較考察、統合的把握の試みとしては(長谷川、一九九〇)、(丸山、一九九一)等を、環境問題・環境社会学をこれらの理論との関係から論じた論文としては、(高田、一九九五)を参照のこと。

(6)この標語は、一九六〇年代にアメリカのB・ウォードとR・デュボスによるとされる(宮本、一九九〇：五三)。

(7)同賞は「生活をより健全に、地球の負っている傷をいやし、ヒューマニティを高めることに貢献する活動とビジョン」を進める個人・団体を称え支援するものとして、ヤコブ・フォン・ウェクスクル基金をもとに、スウェーデン国会で授与されている。ノーベル賞授賞式の前日に授与されるため「もう一つのノーベル賞」とも呼ばれる。生活クラブの受賞理由に関しては(佐藤、一九九一：二六―二七)を参照のこと。

(8)本節の生活クラブに関する記述は、主として拙稿、一九九〇および一九九三をもとに必要に応じて加筆修正している。また、生活クラブを主題とした研究としては(佐藤編、一九八八)、(佐藤他編、一九九五)等を参照のこと。

(9)代理人運動の初期の展開の詳細に関しては、(山嵜、一九九〇)を、東京都下の代理人運動を主たる対象とした研究としては(渡辺、一九九五)、(池田、一九九七)、(大海、二〇〇三)等を、神奈川ネットワーク運動に関する研究分析としては(国広、二〇〇一：五章)を参照されたい。

(10)生活クラブのワーカーズ・コレクティブを対象とした研究としては(佐藤、一九九六：第四章)(天野、一九九六：二一〇―二二〇)等を参照のこと。

(11)市民運動が法人格を持つことの意義については、たとえば、(長谷川、二〇〇〇)を参照。

(12)もっとも、井上芳保は、メルッチや中野敏男の議論に触れながら、現代の支配構造は、ボランティアの自発性をシステムにとって無害な方向へと「動員」するまでに、巧妙になっているという。したがって、「人々の素朴な善意はもとより、マイノリティの自発性というだけではもはや少しもあてにならず、運動側の「主張はシステムの限界を問う次元にまで昇華されたものになってはじめて批判的意味をもつ」と警鐘をならしている(井上、二〇〇二：一二九―三〇)。

(13)この展開に関連して、**表2**の「具体的な運動の事例」の「第二期」と「第三期」にあるWID、GAD、MADについて簡単に触れておく。WIDとはWomen in Developmentの略称で「女性における開発」(昨今では「女性と開発」)と訳され、七〇年代半ばから途上国の経済開発において女性が負の影響を受けがちであること、しかし実際には女性が大半のシャドーワークを担っていることなどの認識から、経済開発における女性の役割や位置づけを明確にし女性の力を活用するという視点から導入された概念である。GADはGender and Developmentの略称で「ジェンダーと開発」と訳され、一九八〇年代半ば以後、開発において、ジェンダー間の不平等を解消し、開発への女性の責任ある参加が必要であるという視点から用いられるようになった(織田、一九九五：一八六―九一参照)。最後のMADとはMen and Devlopmentの略称であり、WIDからGADへと展開するなかで問い直された開発援助のあり方を、ジェンダー問題を起点としながら「男性の問題」としてあらためて問い直す必要があるという問題提起である。これは、サセックス大学修士課程でWIDを学び、JAICAのプロジェクトで実際にニカラグア等の開発に参加している梶房大樹氏の報告(武蔵大学男性性研究会、二〇〇三)に示唆を得た。

(14)「性と生殖に関する健康／権利」のことで、前年の一九九四年にカイロで開催された「国連人口と開発会議」において論議の争点となった。詳細については(中山、一九九五)、(上野、二〇〇二：七章)等を参照のこと。

(15)資料の出典は、内閣府男女共同参画局(http://www.gender.go.jp/)の「国際的動向」内の「第4回世界女性会議関連資料」「行動綱領」による。これらの点については(織田、一九九五)、(Braidotti, et al. 1994 ＝一九九九)等を参照のこと。

(16)たとえば、武蔵大学男性性研究会が川崎市女性センター「すくらむ21」の助成を得て二〇〇二年に実施した「川崎市における男性の生活意識調査」では、「男は仕事、女は家庭」という考え方を否定する男性が五割を越えたものの、「男女は生物学的に異なっているから役割に違いあってもおかしくはない」という質問には九割近くの男性が肯定的な回答をしている(田中・尾形、二〇〇四)。

(17)デジタル・ネットワーキングにおける新しい公共圏の理論化については、千川以外にも、(吉田、二〇〇〇)、(花田、一九九九)、(阿部、一九九八)、また本文中にも挙げた(藤谷、二〇〇三)等を参照のこと。

(18)朝井志歩「制度変革へ向けたNPOの取り組み」第五〇回関東社会学会大会、第一〇部会(公共圏と市民活動)報告、二〇〇二年六月。

文献

阿部潔、一九九八年、『公共圏とコミュニケーション』ミネルヴァ書房。

天野正子、一九九六年、『「生活者」とはだれか』中公新書。

———、二〇〇一年、「自立像の現在形」天野正子編『団塊世代・新論』有信堂高文社。

浅野慎一・新垣正美、二〇〇〇年、「阪神・淡路大震災被災者の『生命―生活』過程とボランティア」『地域社会学会年報』一二集(『生活・公共性と地域形成』)ハーベスト社。

Braidotti, R., et al., 1994, *Women, the Eivironment and Sustainable Development: Toward a theoretical synthesis*, Zed Books. ＝一九九九年、壽福眞美他訳『グローバル・フェミニズム』青木書店。

藤谷忠昭、二〇〇三年、「公共空間としての web における市民活動の特性」『年報社会学論集』第一六号、関東社会学会。

Habermas, J., 1981, *Theorie des Kommunikativen Handelns*, Bd.2, Suhrkamp. ＝一九八七年、河上倫逸他訳『コミュニケイション行為の理論(下)』未来社。

花田達郎、一九九九年、『メディアと公共圏のポリティクス』東京大学出版会。

花崎皋平、二〇〇一年、『[増補]アイデンティティと共生の哲学』平凡社。

長谷川公一、一九九〇年、「資源動員論と『新しい社会運動』論」社会運動論研究会編『社会運動論の統合をめざして』成文堂。

――、二〇〇〇年、「市民が環境ボランティアになる可能性」鳥越皓之編『環境ボランティア・NPOの社会学』新曜社。

日高六郎、一九七三年、「市民と市民運動」『岩波講座　現代都市政策II　市民参加』岩波書店。後に、似田貝香門他編『リーディング日本の社会学10　社会運動』東京大学出版会、一九八六年に再録。

干川剛史、二〇〇一年、『公共圏の社会学』法律文化社。

池田敦子、一九九七年、「生活者としての政治実践」「政策実現に向けてのパートナーシップの可能性」賀来健輔・丸山仁編『環境政治への視点』信山社。

井上芳保、二〇〇二年、「対抗的社会運動とルサンチマン処理文化」野宮大志郎編『社会運動と文化』ミネルヴァ書房。

岩間夏樹、一九九五年、『戦後若者文化の光芒』日本経済評論社。

岩根邦雄、一九七八年、『生活クラブとともに』生活クラブ生活協同組合。

――、一九九三年、『新しい社会運動の四半世紀』協同図書サービス。

金子郁容、一九九九年、『コミュニティ・ソリューション』岩波書店
国広陽子、二〇〇一年、『主婦とジェンダー』尚学社。

丸山仁、一九九一年、「新しい社会運動と『緑』の政党――グリーン・ポリティクスの方へ」『名古屋大学法政論集』一三六号。

Melucci, A., 1989, *Nomads of the Present: Social Movements and Individual Needs in Contemporary Society*, **Hutchinson.** ＝一九九七年、山之内靖他訳『現代に生きる遊牧民』、岩波書店。

宮本憲一、一九九〇年、『足もとから地球環境を考える』自治体研究社。

村松安子、一九九五年、「プロローグエンパワーメントに向けて」村松安子・村松泰子編『エンパワーメントの女性学』有斐閣。

中山まき子、一九九五年、「セクシュアリティと女性のからだ」村松安子・村松泰子編『エンパワーメントの女性学』有斐閣。

西山志保、二〇〇三年、「『ボランタリズム』概念再考――『生命圏』の次元から」現代社会理論研究会『現代社会理論研究』第一三号、人間の科学社。

野宮大志郎編、二〇〇二年、『社会運動と文化』ミネルヴァ書房。

織田由紀子、一九九五年、「開発・環境――担い手としての女性」村松安子・村松泰子編『エンパワーメントの女性学』有斐閣。

大海篤子、二〇〇三年、「自分をひらき、世界をひらく――日本の女性の政治参加」高畠通敏『現代市民政治論』世織書房。

佐藤恵、二〇〇二年、「障害者支援ボランティアにおけるミッションの再帰性と『支え合い』の技法」『社会学

評論』二一〇（五三巻二号）、日本社会学会。

佐藤慶幸、一九九一年、『生活世界と対話の理論』文眞堂。

――、一九九六年、『女性と協同組合の社会学』文眞堂。

――、二〇〇二年、『NPOと市民社会』有斐閣。

――編、一九八八年、『女性たちの生活ネットワーク』文眞堂。

佐藤慶幸・天野正子・那須壽編、一九九五年、『女性たちの生活者運動』マルジュ社。

塩原勉、一九八八年、「社会運動」見田宗介・栗原彬・田中義久『社会学事典』弘文堂
杉山光信、二〇〇〇年、『アラン・トゥレーヌ――現代社会のゆくえと新しい社会運動』東信堂。

庄司興吉、一九八九年、『人間再生の社会運動』東京大学出版会。

高田昭彦、一九九五年、「環境問題への諸アプローチと社会運動論」『社会学評論』一八〇（四五巻四号）、日本社会学会。

鳥越皓之編、二〇〇〇年、『環境ボランティア・NPOの社会学』新曜社。

田中俊之・尾形泰伸、二〇〇四年、「男性めぐる社会調査の可能性」、武蔵社会学会『ソシオロジスト』第六号、武蔵大学社会学部。

Touraine, A., 1978, *La voix et le regard*, Editions du Seuil. ＝一九八三年、梶田孝道訳『声とまなざし――社会運動の社会学』新泉社。

――、1980, Laprès-socialisme, B.Grasset. ＝一九八二年、平田清明・清水考一訳『ポスト社会主義』新泉社。

上野千鶴子、二〇〇二年、『差異の政治学』岩波書店。

渡辺登、一九九五年、「『主婦』から『全日制市民』そして『生活者』としての『女性』へ」佐藤慶幸他編『女性たち

の生活者運動』マルジュ社。

渡部義通・塩田庄兵衛編、一九五六年、『日本社会運動史年表』大月書店。

山嵜哲哉、一九九〇年、「生活クラブと代理人運動」『社会運動』一二七、社会運動研究センター。

――、一九九三年、「生活者への生き方の変容を巡って」三沢謙一編『現代生活と人間』晃洋書房。

――、二〇〇一年、「団塊男性のジェンダー意識」天野正子編『団塊世代・新論』有信堂高文社。

吉田純、二〇〇〇年、『インターネット空間の社会学』世界思想社。

終章　生活者の視線と社会学の問い

――可能態としての現実とは――

宇都宮　京子

はじめに

今の時代をわれわれは何と呼ぶべきであろうか。「ポストモダン」――この言葉も使われてから久しい。この時代の特性は、人々が自らや世界を客観的に定義できる可能性を否定するところにあるといえよう。しかし時代は、いつも自分を説明する言葉を待っているのではないだろうか。「ミネルバのフクロウは黄昏に飛ぶ」とヘーゲルは述べたというが、たとえ、遅れてくる知恵であろうと、われわれは、いつも自分たち自身や自分たちの時代を説明する言葉を捜している。人は、自分たち自身や自分たちの時代をぴったりと説明してくれる言葉に出会うと、自分たちが何を求めていたのか、何に苦しんでいたのかにあらためて気づく。日常生活のなかで体験する一つ一つの事象は、われわれにいろいろな印象や感想を与える。われわれはそれらの事象を、自分の手持ちの言葉を用いて、多分かなり慣習的かつ自己中心的に、その都度解釈している。しかし、ときどきそのような従来のやり方では説明し切れない事態が起きてくる。それでもそのような体験は、自分たちの生活の実利や実害に関係がない限り、注目されずに忘れ去られることがほとんどで、もっと意識的に捉えられている場合でも、「この頃の世の中はどうもよくわからない」という漠然とした不満と不安を感じるぐらいに留まっている。そのようなときにだれかが、たとえば、その著書や新聞、テレビなどでその時代をぴったりと表す新しい言葉を使うと、人々は、「そうなんだ。今、起きていることは、そういうことだったのだ」と納得して喜び、たちまちその言葉や表現が流行することがある。場合によっては、メディアが率先して使い、意図的に流行させるフレーズもあるであろう。しかし、ともかく何かが流行するのは、人々がそれを受け入れる何らかの素地が潜在的に存在しているからであろう。

ところで社会的事実は、事実を知ろうとする社会的行為者たちが、その事実を構成する当事者でもあるという二重性を含んでいる。つまり彼らが、自分たちの「事実」を発見しようとするとき、発見しようとする行為がすでに事実を変えることがありうるし、何かを「発見」すれば、その発見され名前(言葉)を与えられた内容が、また「事実」を変えていく。本章では、このような「社会的事実」を、「自分を説明してくれる言葉を待っている可能態」と呼びたいと思う。そして、この「可能態」というあまり耳慣れない概念については、1節の「『可能態』とは何か」のところで詳細に検討するが、それぞれの社会的行為者たちは、どのようなかたちでこの「可能態」としての社会と関係しているのかをみていきたいと思っている。

ところでわれわれは、流動的で常に変化している現実を生きているにもかかわらず、それらについて考えるときにはある「前提」を自覚しないまま判断の根拠として用いている、ということが多い。たとえば、「自分の親を叩くなんて」という言葉には、「自分の親」に対して人はどのように行動すべきかということについて信じ込まれている基準が反映している。人は、そのような自明性を揺るがすような事件が続いた時には、そこに漠然とした不安や疑問、怒りを感じ、新しい事態を説明してくれる言葉を自覚していないとしても求め始めるのである。自明性という地平が揺らぎ、他のあり方への可能性をもつものとして現実を実感する時、人の心は見慣れた日常が「別様でありうる」ことへと開かれていく。このような地平を意識下にもち、身についた慣習行動を行って日常生活を送っている人々のことを、本章の2節「生活者と可能態」以下のところでは、「生活者」と呼ぶことにしたいと思う。そして、これらの生活者がみずからの世界を自明のものとして生きる側面と、そのような生活者を包み込んで存続している構造化過程との両方を視野に入れながら、生活者の視線と社会学的批判との関係について考えていきたいと思っている。

1 「可能態」とは何か

(1)「可能態」と「現実態」

なぜ筆者が本章で「可能態」という概念を用いるのかといえば、この「可能態」という概念のなかには、社会学の意味について検討しようとする際に役立ついくつかの重要な視点が含まれていると考えるからである。それゆえ本章では、この概念を考察を進める際の道しるべとして用いながら、生活者の視線や社会学の意味について考えていきたいと思う。

われわれは、「可能性」という言葉はよく用いるが、「可能態」という概念はあまり目にしない。広辞苑を引くと、「デュナミスに同じ」と書かれており、そのデュナミスを引くと「アリストテレスの哲学における重要な概念で、可能態と訳される」等の説明が載っている。そこで考察をはじめる第一歩として、かなり時代をさかのぼることになるが、アリストテレスにおける「デュナミス（能力、可能性、可能態）」の定義について、「エネルゲイア（現実態）」「エンテレケイア（完全現実態）」という概念も視野に入れながら概観したいと思う。

ところで、「アリストテレスの自然観は、徹底して目的論的である」（山川、一九九三：三五〇）。彼にとっては全自然界を合目的的運動が貫いており、その運動の終極には、究極目的としての「一切の運動の原因である『不動の動者』としての神が存在する」(同上)と考えられている。ここでは、そのような彼の自然観や哲学をそのまま受け入れようというわけではない。しかし、可能態をめぐる彼の議論は、人間社会のあり方をその能動性と受動性とにおいて考察しようとする時には、非常に示唆的で有効であると思われる。ところで筆者自身、以前は「可能態」という概念にまだ「実現していない状態」という漠然としたイメージしか抱いていなかったが、アリストテレスの分析は、もう一歩踏み込んでこの概念について考えるきっかけを与えてくれた。

彼によると「可能態」概念は、①運動を引き起こす能力と、②運動とは関係のない別な意味とに分けられて考察されている。

まず、①の運動を引き起こす能力は、以下の二種類に分けられている(Aristotle, 1924 = 一九六八：三〇〇)。

a．先天的で、選択意志とは関係のなく一つの方向へと運命付けられた非理性的なもの。生物にも無生物にもある。

b．後天的に獲得された習性による能力、または理性的な能力で、欲求または選択意志と関係のある能動的なもの。しかし、その能力が発揮されるには、その能力に適応した事情(受動対象)が存在している必要がある。生物(霊魂)を有するもののうちにある。

では、なぜこれら二つの能力は、アリストテレスによって「デュナミス(可能態)」と呼ばれるのだろうか。この点についてアリストテレスは、「いついかなる場合に各々の事物が可能的に[可能態において]なにかであり、いつそうでないのか」を、医者が患者を治療する場合を例に挙げて説明している(同書:三〇五)。そこでは、たとえば、医者の患者を治そうという意志や医療技術、患者自身がもっている治癒能力や治りたいという意志などは、デュナミス(可能態)である。その際、治癒力などは先天的なものであるが、他方、患者を治そうとする際の医者の理性的判断や医療技術などは、後天的なものである。また、この場合医者が、現に治療をしていなくても医者であり続けるように、活動中でなくても、活動する能力は潜在的なかたちでも存在しうる。このようにある運動が起きる原動力や可能性が、デュナミス(可能態)と呼ばれている。

次に、デュナミス(可能態)には、②運動とは関係のない別な意味が見いだされている(同書:二九〇)。デュナミス(可能態)は、外からの働きかけによって加工される受動的な素材として考えられており、何か別なものになるべく加工されることを待っている材料ということになる。たとえば、ヘルメスの像を彫る材料としての木材については、「木材のうちにヘルメス[の像]がデュナミスにおいてある」といわれる(同書:三〇二)。ところで、先にも触れたが、デュナミス(可能態)とよく対にして用いられる「エネルゲイア(現実態)」という概念がある。この彫像の例の場合は、彫られて姿を現したヘルメスの像がエネルゲイアである。しかし、この場合、デュナミス(可能態)の定義とエネルゲイア(現実態)の定義との関係は、「類比的」であるとアリストテレスは述べている。ここでは、「……現に見ているものが視力をもってはいるが目を閉ざしているものに対し、或る材料から形作られたものがその材料に対し、完成したものが未完成なものに対してのような類比関係」のことが考えられている。たとえば、木材においてヘルメスの像の鼻の部分だけが彫られた状態は、その後の目と耳も彫り出された状態からみれば、可能態であるが、何も彫られていない木材からみれば現実態ということになるのであろう。先ほどの医者による患者の治療の場合について考えてみると、治療行為を現実に行っている状態がエネルゲイア(現実態)であり、完全に病気が治癒した状態がエンテレケイア(完全態)であるといえる。しかし、病気が回復しつつある状態では、それ以前の状態と比較してより治癒しているといえるだけであるから、この場合は、現実態と可能態との関係は、アリストテレスの言う「類比的」だということになるであろう。

(2) 生成の順序について

ところでアリストテレスは、他の箇所で、デュナミス(可能態)とエネルゲイア(現実態)の「生成の順序」について論じている。彼はこの問題について、①説明方式における場合と、②時間における場合とに分けて説明を加えている(同書:三〇八―三〇九)。

まず、アリストテレスは、人が、可能態について考えるときの順序について論じている。彼は、「(1)説明方式において現実態[現実活動]の方が先であることは、明らかである」と述べる。すなわち、ある「能力がある」といわれる場合、それを実際にどこかで発揮したことがあるから、今活動中でない状態、すなわち、可能態の状態においても、「ある能力は、潜在的にある」のだと説明しうる。これは、活動し「うる」ものについてわれわれが考えるとき、現に活動「している」ものとの関係でしか考えられないことを考えれば納得できる。ここでは、時間的な順序が問題なのではなく、説明が可能になる手順が問題なのである。

次に、(2)時間においては、デュナミス(可能態)の方が先である場合と、エネルゲイア(現実態)の方が先である場合とがあるとされている。すなわち、「(a)その種において可能なものと同一であるところの現実的なものは、[可能なものよりも]より先である、しかし、(b)数的な意味では先ではない」と述べられている。その意味は、(a)については、たとえば、現実に存在している人間から生まれる個としての人間は、生まれる前から人間として生まれてくることに決まっている。その際すでに生まれて現実化している人間という種は、これから生まれてくる個における人間という種に先行している、といえる。

また、(b)については、一人、二人と数えられる個人としての人間は、たしかにまだ生まれてきてはいない状態(可能態)を経て生まれてきた状態(現実態)になるので、時間的には、可能態が先である。このようにアリストテレスが、可能態について、説明方式の問題と時間をめぐる問題とを分けて考えていることは、興味深い。

以上の点を整理すると、アリストテレスにおいては可能態を、①「運動を引き起こす能力」と「これから別なものになり得る素材」とに一度分けつつ、しかもどちらについても同様に現実態との関係で類比的に捉える視点があり、また、②説明との関係で可能性について考える場合と、時間との関係で考える場合との違いも分けて考察されている。このように「可能態」について考えるということは、実は、認識可能性の問題と実在可能性や発生順序の問題が交差する地点にわれわれが立つということではないのだろうか。

このような分析は、われわれが、人間社会やそこに生きる生活者について考察を深めようとするとき役に立つ。後でみていくが、社会を構成するわれわれの行為は、その社会の活動を支える現実態として存在しているが、われわれのその行為に伴っている意志、感情、知識、判断、身についた習慣などはすべて、その現実態を引き起こす可能態であるといえる。また、われわれがその構成員として参加しつつ観察対象にもしている社会は、われわれの能力の発現の場であり、条件であると同時に、われわれの「能力」によって変化させられる素材でもある。人は、社会の中で教育されつつ、主観として社会を客観的に観察し、また、社会を維持し変更している。ここには、自然界を対象とするときとは異なる、能動と受動の総合や、認識作業と時間的実体的変化との間の交差がみてとれる。

(3)もう一つの「可能態」

次に、時代はずっと下がるが、P・リクールの可能態についての見解をみてみたいと思う。彼は、可能態を、「理論的意識によって提供された可能態」と「実践的意識によって開かれた可能態」とに区別している。

まず、前者の「可能態とは、事物の秩序が許容してくれるものなのである。私は明日、汽車に乗ることが可能であるが、それは、その日に汽車があるからである。私の行動の可能性は、私の行動に作用点を提供するような出来事の現実的秩序全体によって……(中略)……決定されている。」しかし、「……この可能態は、現実態に先行するものではなくて、理論的に後なるものである。可能なものはつねに、現実的なものから出発して、あるいは現実的なものへの回顧によって理解されなければならないのである」(Ricoeul, 1950 = 一九九五:九一—九二)。

この見解を、アリストテレスの指摘との関係でみると、理性に基づいてあることを意図し、その状況との関係で、その意図されたことが実現する可能性がある、という場合の「理性的な能力としての可能態」に対応していると思われる。ただし、リクールはここでは、誰かが汽車に乗ろうと意図しているという側面は強調せず、その意図どおりに事を運ぶために考慮せねばならない状況(条件)の方に焦点を当てた表現方法をとっている。また、この「可能態」は、アリストテレスにおける「説明」との関係における「可能態」とも対応している。すなわち、「汽車に首尾よく乗れることがある」という事実（現実態）があらかじめ存在し、かつ、そのことについての知識がなければ、「明日、汽車に乗ることができる」という「可能態」について考えることはできない。

次に、後者の「実践的意識によって開かれた可能態」について、リクールは、次のように述べている。

意識の企投への適性は、可能態に対する現実態の優先権を逆転させるよう、われわれに強いる。或る出来事が可能になる――特殊な可能性で――のは、私がそれを企投するからである。……現実の一部は、企投によって先取りされた可能性の意志的現実化なのである。……つまり、私の企投するものが可能になるのは、能力の感情がその跳躍と力とを、私によってなされるべき行動の空虚な純粋指示に与えるという場合だけだということである。意志の働きが開いてくれる完全な可能態とは、企投プラス能力なのである（同書：九三）。

リクールのいうこのような能力は、アリストテレスが述べていた後天的で選択意志と結びついた理性的能力と関係していると思われる。さらにリクールは、ここで「企投」という概念にも言及しており、未定の開かれた未来を設定し「能力の感情がその跳躍と力」とを与えると述べている。ここには、主体としての人間の生きた感性と、時間のなかにおけるその位置、「今」が設定されていることが感じられる。

ところでここでも、人は、何かを実現したいと思い浮かべる際に、何か現実化しているものとの関係でその実現方法を模索する。今までまったく体験をしたことがないことや言葉で表現されたことがないことを、人は目標として設定することはできない。人は常に、現実化されているものの否定または変容としての未来像を思い描き、意志の力で追求するのだといえよう。その際、反省知を、未来を予測するのに利用しようとしてもそこには限界があるので、実は「企投」は、予期せざる結果を含む未知の未来への賭けという意味を帯びているはずである。われわれは、今在る不満を超えていこうとする欲求や願望に導かれて、まだ存在していない未来のあり方を想像力で模索しつつ試行錯誤を繰り返していくことになる。われわれの投げかけに対して、われわれを含む世界が、変化しつつ何かを投げ返してくる。われわれが何を願い求め、この世界をどのように説明するかということは、まさに創造活動そのものである。まだ言葉を獲得していない願いの内容に対して、求めている世界や自分たちのあり方との関係で言葉を与えていくこと、それが大切であると思われる。リクールは、「私は、みずからを企投することによって、或る仕方で自分を客観化」し、「私は私のさまざまの企投のうちで私自身に出会う」のだと述べている(Ricoeul, 1950 ＝一九九五：一〇二―一〇三)。自我のあり方をめぐる彼の哲学的論議にここで深入りすることはできないが、可能性を見つめて決意し、企投という行為のなかで、自分自身も含めた新しい世界を発見し生み出していくという考え方をここにみることができる。

次に以下で、A・シュッツとP・ブルデューの見解について、このような「可能態」のもつさまざまな側面と関係づけつつ考察してみたいと思う。

2　生活者と可能態

(1)「生活世界」と「地平」

「生活世界」という概念が、社会学の領域において頻繁にみられるようになったきっかけはなんといってもシュッツの現象学的社会学に負っている。そして、もっと遡れば、E・フッサールの現象学に行き着く。フッサールは、民衆の無知や迷信と科学者の英知といった図式を批判した。すべての科学者が生活者であること、すなわち、どのような高尚な科学的知識も、科学者たちが生きている生活世界の「地平」上で成立するのだと論じた(Husserl, 1954 =一九七四)。その地平は、ふだんは生活者自身には気づかれていない。では、どのようなときにそれは気づかれるのか。それは、「当たり前」を共有していない異文化圏や異国に行った時などである。そこで人は、自分が当たり前だと思ってきたあり方とは異なった生活様式や生活習慣にめぐり合い、今まで自分が体験してきたことが「絶対的」なものではなく、「相対的な」一様式でしかなかったことに気づく(Schutz, 1976 =一九九一：一四二)。シュッツによれば、世界についての知識は、人々の関心の深さや必要性との関係で、「関連性《レリヴァンス》」の測高法的等高線」(同書:一三五)を描いて所有されている。すなわち、日常的に所有されている知識は、プラグマティックにその重要性や関心の質に応じて色分けされているのであり、それぞれの人々は、各自、自分にとっての独特の層をなして把握された世界を生きているのである(1)。そして人は、生まれた時からあるいは非常に長い間その世界に慣れ親しんでいると、往々にしてそれを絶対化して、これが「世界というものだ」、「この世のあり方だ」と考える。しかし、よそものとして異文化を体験すると、自分のものの見方を相対化することを覚え、絶対だと思っていたことが「別様でありうる」可能性がいつでもあることに気づくのである。

そのこととも関連しているが、人々は、子供のころに自覚しないまま、その後の自分の体験を秩序づけて整理する基準となる解釈図式を形成する。その解釈図式は、子供が成長し、さまざまな経験を積んでいく過程で更新されていく。その際、一方では、百人の人がいれば、百とおりの解釈図式が存在し、それに基づいて百とおりの世界が体験されているといえる。しかし他方では、言葉を主な手段としたコミュニケーションを通して、人々が、地域や時代に共通する解釈図式を気づかないうちに内面化しているという側面もある。そして、これらの二つの側面は、同時に相互補完的に進行している(同書:三二〇—三二一)。

人々はこのようにして、社会的に共有されている解釈図式と自分の生い立ちや個性的な条件に影響された解釈図式との両方を、ものの見方の根底に地平としてもっている。何かを企画するときや批判するときも、その地平そのものは自明なものとして気づかれないまま、判断の基準を提供している。

ここでは、人々はみなこのように地平をもって「生活世界」を生きているという点に注目して、その人々を「生活者」と呼ぼうと思う。その場合、科学者も、この地平の上に立って、科学的研究を行っているということを考えれば、社会科学者も含めてすべての科学者も「生活者」であるといえる。研究者によって「企画」され予定された研究は、過去の情報に縛られており、ここにも自明性の地平が潜んでいるといえる。

(2)生活者と可能態

①生活者にとってのレリヴァンスと可能態

ところで、われわれは、よく何か事件が起きてから、時間を遡るようなかたちで、なぜこの事件が起きてしまったのかについて考える。そして、その際に、この事件が現実態となる前の段階に思いを馳せて、その予兆や原因となった出来事などを探すのである。この場合は、明らかに、現実態を念頭において、「可能態について考えているのである。このような事件は起きなかった可能性もあったのに、なぜ起きてしまったのか、という思考上のアプローチが行われている。

では次に、未来について予測する時は、どうであろうか。この場合も、現在すでに起きていると認識された事柄との関係で、未来の在りうるであろう事柄が推定されていく。

ところで、時々刻々と変化していく現実を直接的に経験してさえいれば、われわれは、それを余すところなく認識し捉えているといえるのであろうか。実はそうではない。時間と空間を共有し合っている人間同士、シュッツの言葉を借りれば、「直接世界」の人々同士は、確かに、時々刻々と変化するお互いの表情や振舞いを見ることができるし、会話を交わしてお互いの考えを理解し合うこともできる。しかし、実はその場合でもわれわれは、自分たちが何を体験しているのかについて解釈しているのである。本節(1)『生活世界』と『地平』のところですでに述べたように、子供のころから獲得してきた解釈の地平というものをわれわれはもっていて、すべての新しい体験はその地平と照らし合わされながら言語化され、現実の体験として受け止められるようになる。

シュッツは、彼のレリヴァンス論において、まさにこの問題を取り扱っている。これは、われわれがある特定の対象を自分たちの認識主題として浮かび上がらせ、それ以外の存在を背景(地平)として把握するという、われわれが日常生活においてふつうに行っている認識のあり方に関する理論である。彼は、レリヴァンスを三つの側面に分けて説明し、それぞれのレリヴァンスに名前を与えるが、それらが独立して機能するとは考えていない(2)。すなわち、人が自分の体験内容を主題とその地平(背景)とに分けるというはたらき、過去の体験の蓄積との関係で自らの経験対象に何らかの意味付けをするというはたらき、何かについて「これについてここまで知りたい」と意志的に思うはたらきの三つは、われわれの認識作業を相補的に構成しているとシュッツは考え、そのなかのあるはたらきだけを取り出して強調することを批判した（Schutz, 1970＝一九九六：一〇九）。

この点について、可能態や現実態と関係づけて考えてみたい。今現在われわれは、あらゆることを現実態としてのみ体験しているのはない。シュッツのレリヴァンス論やアリストテレスによる「説明との関係における可能態」についての考え方は、存在していることと認識していることとの関係について、あらためて見つめなおすことを要求する。何かは、ただ在るだけでは、われわれにとって接点がない。われわれにとって、「在る」ということは、「在るということが認識されている」ということと切っても切り離せない。では、認識されていない事柄は、われわれにとってすべて「無」ということなのかというとそうでもない。今まで、見えていなかったものが、次の瞬間には見えるようになる場合がある。それは、本当に突然何かが無から生じた場合もあるだろうが、見えていなかったものが見えるようになっただけの場合もあるだろう。このように認識と存在との関係は複雑である。すでに認識されている「現実」の背後から、レリヴァンスとの関係で、新しい「現実」、すなわち「可能態」としてあったものが顔を出す。

このようにわれわれにとっての「現実」とは、その把握され方の違いによって別な側面が見えてくる、常に更新されつつある「可能態」でもあるといえる。このような見方にとっての社会的現実とは、認識能力によって加工される対象、すなわち素材である。しかも、無制限に自由に加工されることを許さない素材である。

②「主体」ならびに「客体」としての生活者

先にも述べたが、社会という存在は、その構成員にとって単なる観察対象にとどまるものではない。なぜなら、社会の生活者たちは、社会を観察し考察しようとしても、自分たち自身がその一部を構成しており、すなわち、観察される対象自体でもあるからである。したがって、観察し、知ろうとする行為が、その知りたい対象——自分たち——のあり方を変えてしまう場合がある。このような生活者たちは、再帰的に自分たち自身にかかわっているという面で、アリストテレスのいう後天的に獲得された理性的「能力」としての可能態であり、かつ自分たち自身がそのはたらきかけの対象である「素材」としての可能態だということになる。

ところで、シュッツの見解では、私の「ここ」は、他者の「ここ」とは決して重ならないことが示されている。すべての人は、自分の身体を通して世界を受け止め世界に参加している。先にレリヴァンスについて述べたところでみたように、各人は、どこまで何を知りたいかをその意志との関係で決定しているという面がある。また、自分の人生が与える解釈図式は、新しい体験や予期せざる結果に遭遇して書き変えられていく。すなわち、「失敗は、成功の母」ということわざが示すように、「失敗」が与える「思いがけない」結果は、ものの見方の根底を揺さぶり、従来の自明性の地平を打ち壊して、新しい可能態となるのである。新しい体験は、過去の経験に則して作成された図式がいつかもう使えなくなっていることを、「なんか変だ」という言葉にならない不安感や疑問を通して生活者たちに気づかせる。生活者たちは、単に「いつものように」を繰り返している自動機械人形ではなく、より良く生きようと企画し、未来の自分たちのあり方を主体的に決定しようとはたらきかける存在でもある。この場合は、リクールのいう「企投」と能力とによる可能態の概念が重要な位置を与えられる。しかし、この「企投」は無制限に行えるわけではない。

③生活者における習慣的能力とその発現条件

アリストテレスはもとよりリクールにおいても、能力は無制限に発揮できるのではなく、それが発揮できる条件が必要であると述べられている。理性的な能力としての可能態は、その欲求や選択意志がその状況や条件との関係ではたらかすものである。ただしこの場合、その状況や条件は意識されていると考えられる。

しかし、社会学は、意識からこぼれ落ちていたり、歪んだかたちで理解されたりしている社会的状況や条件も視野に入れて重視している。たとえばかつてE・デュルケムは、集合体に自覚されずに共有されて、人々の行為様式を規定し拘束している規範的意識を「集合意識」と呼んだ(Durkheim, 1895 ＝ 一九七八：三二)。シュッツ的な表現をするならば、大抵の生活者は、その社会に溶け込んで、そこから疎外されているとか自分は逸脱者であるとか感じないで生きているとき、その社会がもっている地平や「常識」を共有して生きている。それゆえ、自分で自由に意欲し企画しているつもりでも、それは、気づかれないかたちで時代が共有しているものの制約を受けている。

ところで、アリストテレスのいう後天的に獲得された能力には、生活者たちが自分たちの「いつもの仕方」に従って行為する習慣的な能力も含まれていた。ただしアリストテレスの場合この能力は、先天的(本能的)で一方向的な能力とは区別されて、後天的に身につく選択能力の一つであるとみなされており、同じく後天的で理性的な選択能力の方に近いと考えられていた。この見解とP・ブルデューの見解とを比較してみると、ブルデューが、後天的に獲得された習慣とも訳せる「ハビトゥス」と合理的に計算されて行われる戦略との両方に、その間に深い結びつきを見いだしつつ言及していた点に共通性が見いだせる。しかし、ブルデューのハビトゥスは、その身体性が強調され社会の構造化過程と結びつけられていた点で、より複雑で社会学的であるといえよう。

3 ハビトゥス、文化的再生産論と可能態

(1) 選別、誤認、ハビトゥス

では次に、ブルデューにおける「ハビトゥス」や「文化的再生産論」の概念について概観し、可能態と関係づけながら検討してみたいと思う。

ブルデューは、まず、教育制度等に潜むその建前とは違った「選別」への仕掛けを看破して、文化的再生産論を唱えたことで有名である。

支配階級の有利なように整えられている教育現場は、支配階層の子弟にとっては教師から良い評価を得ることがたやすい場、労働者階級の子弟にとってははじめから異質な自分たちを排除する場をとして機能する。また、大学生たちは、自分の判断や好みや抱えている状況に合わせて自分たちの進路を決めているようにみえるが、実はそのように判断するように仕組まれているのであり、その実態が調査を通して明らかにされている。また、大学の入学試験も、「能力本位」という公平性を一見、装っているが、実は選別の装置となっていることが指摘されている。「学生たちは、家庭環境のおかげで各人が身につけてきた種々の傾向や予備知識の総体が異なっているため、学問的文化の獲得においては形式的に平等であるにすぎない」(Bourdieu, 1970＝一九九一：一〇四—一二〇)。たしかに各人が自由にその能力に基づいて自分の進路を選択しているはずなのに、実は、その進路は、本人の意識や自覚を超えた、身心に染み込んだハビトゥスの制約を受けている(同書：六六—七〇)。

ところでブルデューは、一方では、ソシュールやレヴィ＝ストロースを初めとする構造主義者の立場に深い関心を示しつつも、それらを「個人的意識と意志から独立した客観的規則性(構造、法則、関係の体系、等々)を確立することをめざす客観主義」と呼んで、彼自身の立場との間に距離を取る。また他方では、「現象学的ともよびうる認識様式」に対しても、「この認識様式は、社会的世界の『生きられた』経験を独自に特徴づけるもの、すなわちこの世界を自明なもの（taken for granted）と受け取ることを記述すること以上のことはできない」と述べて、一定の意義を認めながらもやはり距離を取る。そのブルデュー自身の立場は、以下のような彼の言葉のなかにみてとることができる。

ソシュール記号学（あるいは人類学的構造主義のようなその派生態）は、厳密に言えば、社会的世界の一次経験を直接的理解として把握する現象学的分析と対立するものではない。……とはいえ、客観主義は前述のような操作を行なうにあたって、一次経験に距離をとり一次経験の外に立つことのなかに刻印されていること――これは客観化操作の条件にして結果である――を全く考慮しない。……しかも客観主義は社会現象学が明らかにする生きられた意味と社会物理学または客観主義的物理学または客観主義的記号学が構築する客観的意味との関連を知らないために、制度の中に客観化された意味を自明のものとして生きてしまうようにさせる社会ゲームの意味の生産・機能条件を客観主義はついに分析することができないのだ（Bourdieu, 1980＝一九八八：三八―四〇）。

ブルデューは、レヴィ＝ストロースと違って、生活者たちは、その自分のおかれている状況や自分の行為の意味についてまったく無知なのではなく、自分の行為について何らかの自覚をもち、意味づけをし、選択をして生きていると考える。ただし、生活者たちのその考えた内容は、真実を誤認しているのである。これらの生活者たちは、社会的構造のその構造化を支える当事者であり、子供のころからその心身に「構造化する構造」であるハビトゥスを植え込まれている（同書：八三―一〇二）。そのハビトゥスは、ふだんは意識されず身についているものであり、ある場面や状況に接すると自然とそのように振舞ってしまうというかたちで姿を現す。言語活動にも、各階層が愛好する趣味や自然と行われている食事の仕方にもこのハビトゥスが関係している。それは、デュルケムの集合意識のように、自覚されないかたちで人々の行為様式を規制するが、単なる道徳的意識ではない。むしろ、身体化され、習慣として身についている行為様式であり、社会階層ごとに固有なそれぞれの特徴をもっている。

しかし、ここでは、目的合理的に、かつ意識的に判断をして人々が行為する可能性がまったく否定されているわけではない。より良く、有利に生きたいと考える個人たちは、目的合理的に社会的条件を視野に入れつつ、企画し戦略を練る。ただ、その判断や選択を可能にする判断基準や能力そのものが、すでに社会の構造化の歯車のなかに組み込まれているのであり、その仕掛けは生活者自身には見えていない。教育現場では各階層間の格差が、支配階層に有利なように再生産され続けながら、それに参加している学生たちにはその構造が見えてはいない。各自、自分の目的、価値意識、そして判断に基づいて自由に選択をしているかのように思っているのに、差別の構造は、生活者たちを巻き込みつつ自己を再生産し続けているのである。

(2)客観的可能性判断と可能態

以上のような視点は、人々が何を意欲しうるのかについて、その意欲を引き起こしその意欲の対象となる諸状況、たとえば権力状況、経済状況、情報の所持の質と量の不均等性などとの関係で可能態について考えることの必要性を提示する。

一九世紀末から二〇世紀初めの社会科学の領域では、「社会的事実」を客観的に認識する方法の探究が、デュルケムやM・ヴェーバーたちの関心事であった。そのヴェーバーは、「客観的可能性の範疇」という言葉を用いて、「事実」についてわれわれが形成する「観念」と「事実」そのものとの関係を問題としていた。そこでは、「事実」についての「観念」と「事実」そのものとの間になんらかの距離が前提されてはいるが、できるだけ「事実」に接近した認識を得るその可能性が模索されていた。ヴェーバーが、かれの論文のなかで「客観的可能性の範疇」について論じる際に、「確率」の問題に言及している個所がある。サイコロに仕掛けが施されていればその眼の出方はまったくの偶然ではなくなり、予測可能性が生じてくる(Weber, 1906 ＝一九六五:二〇四)。社会の状況や変化は、各々の個人の意図や願望を超えて集合的な独特な特徴を帯びて予測不可能なかたちで展開する面は確かにある。しかし、同時に、ある個人や集団の利害や目的を反映した意図的な仕掛けが世界の出来事の水面下で機能していると考えるとき、その仕掛けに気づいた社会学者や生活者には、世界の現状や近い未来に起きることについての、限られたものではあっても予測への可能性が与えられていると考えることもできる。この立場は、人間という種のあり方に現実態と可能態の両方を見てとったアリストテレスの視点と通じるところをもつ。「種」というものは、まさに、構造化しつつ己のあり方を次世代に伝える、生物に埋め込まれている構造である。もしも「構造」を見抜ければ、後で姿を現すはずの「可能態」が予見できる。

これらのことを、先述した「可能態」や「現実態」という概念と関連づけて考えてみたい。この見えていない仕掛けは一面では、リクールのいう、人々が発見しなければならない「事実の秩序」としての可能態であるとみなせよう。ここでは、「私の企投するものが可能になるのは、能力の感情がその跳躍と力とを、私によってなされるべき行動の空虚な純粋指示に与えるという場合」(Ricoeul, 一九九〇＝一九九五：九三)という表現に感じられるような無規定な自由は、だれも所有していない。ここで何かを決定するものは、個人の意志や努力を超えた集団や階層の間の利害と力関係と、その基盤のうえで行われる条件付きの個人の戦略なのである。教育制度のあり方をめぐって、ブルデューは、以下のように述べている。「文化的恣意を押し付けるＡＰ(教育的働きかけ)の恣意的な力は、究極的には、それが行使される社会組織を構成している集団間または階級間の力関係にもとづいている」(Bourdieu, 1970 ＝一九九一：二五)。

問題意識の所在は異なっていても、この歴史形成の主体としての立場を人々が喪失しているという点は、すでにミルズの論文のなかで指摘されていた。「人間が必ずしも運命のままに捕われているのではなく、みずから歴史をつくることが〈できる〉ということ」は、過去の歴史によって実証されたが、まさに現在その事実が、「理性と自由とが人間の歴史における最高の力として支配するであろうという、啓蒙主義的な期待の消滅」という事実の出現によって、「一つの皮肉に化しつつある」(Mills, 1959 = 一九九五：二四〇)。

ブルデューの文化的再生産論は、彼の問題意識に基づいて、社会のなかに潜む仕掛けを見破ることによって、現在や近未来に繰り返されるであろう選別とその結果を予想しているといえよう。しかしまた、生活者たちは、単に構造を埋め込まれた自動機械ではない。ハビトゥスとは、身体化されている社会的文化的あり方であり、習慣的行為であるので、アリストテレスのいう後天的に身につき、かつ選択的にはたらく能力である。それらは、社会状況の影響下にあるが、個々人の人生経験のなかで獲得されたものである。そして、それらの個々人は、それらの基盤のうえで合理的判断を行い、自分の「今」「ここ」を生き、より良き人生を有利に生きようと企投する。そこに、社会によって埋め込まれている能力(ハビトゥス)と、個人の企投と能力(戦略)とが織りなす複雑な構造化の過程が展開し存続しているといえよう。

ブルデューは、「社会学は、そもそもこの学問が存在しているということからして、主観主義と客観主義の間の架空の対立を乗り越えることを前提にしている」と述べている。彼によれば、「客観的科学としての社会学」が必要なのは、社会学の関心対象が「諸個人の意志から独立した、外在的、必然的な、もしこういってよければ無意識の（単なる内省によっては捉えられないという意味で）関係」を含んでいるからである。これらの関係は、「客観的な観察と実験という回り道をとることによってしか把握できない」(Bourdieu, et al. 1973 ＝ 一九九四：五三／1970: 18-20)。

その一方で、ブルデューは、「自然に関する科学とは違って、全体的人間学は客観的諸関係を構築して満足するわけにはいかない」とも述べる。というのも、「意味の経験は経験の全体的意味の一部になりきっているからである」。それゆえかれは、「測定可能な規則性に従って編成された行動の客観的な意味は、それぞれの人たちが、自分の客観的な生活条件とどんな関係にあるのか、また、自分の行動の客観的意味――彼らがその意味を知りえないために、まさに彼らを支配している意味――とどんな関係にあるのか、そのいずれをも包摂する諸関係のシステムを構築すること」、これこそが「社会学の仕事」に属すると述べている(Bourdieu et al., 1973 ＝ 一九九四：五三／1970: 18-20)。

ここでブルデューが明らかにしようとしていることについて、可能態や現実態の概念との関係で整理すれば以下のようになると思われる。まず、生活者たちは、その自覚を超えて運営に参加している社会に対しては、能力としての可能態であり、社会のあり方を変えていくはたらきそのものである。しかしまた、その加工は、現在進行形、または、現在完了形で常に進行しているという面に注目すれば、社会はいつもそのはたらきの結果が具現化している現実態でもある。また、その社会のあり方の影響を常に受け続けている生活者たちは、同時に、受動的な素材としての可能態である。先にも触れたが、社会において階層間レベルで展開している象徴闘争(構造化過程)の解明は、アリストテレスのいう「種(現実態)」についての知識のように、次に来るもの(可能態)の説明を可能にする。

このようにみていくと、実在論的で時間的な事実展開の可能性と、その展開の方向性の予測(説明)可能性とが、ブルデューのまなざしのなかで交差しているといえよう。

おわりに——生活者の視点と批判の意味

われわれは、「生活者」でなくなることはできない。必ず、判断や感想、価値観について、気づかないかたちで基準としている「当たり前」(地平)をもっている。これは、自分が心の安定を保ち、世界の一員であることを信じて生きていくときに不可欠な精神状況である。また、われわれは、自分たちの生活に予期せざる変更や危機が明らかになる未来の可能態としての現実を生きている。そして、失いたくないもの、かけがえのないものをもっており、それらへの関心との関係で世界についての知識は図と地に分かれて把握されている。そして、かけがえのないものを失ったり傷つけられたりする可能性に対しては、言葉にはできなくても不安や不当感、疑問等をその都度感じている。

ミルズは、一九五〇年代末に次のように書いている。「現代は不安と無関心の時代である——それはいまだ理性のはたらきや感受性の役割を受け入れることが許されるような形では定式化されていない」(Mills, 1959 ＝一九九五：一五頁)。「したがって社会科学者の主要な政治的かつ精神的な課題――ここでは両面は合致する――は、現代の不安と無関心の諸要素をはっきりとさせることである」(同書：一七)。この指摘は、現在にも当てはまるであろう。未知なるものへの不安は、完全に自分の行為の結果を予測できないことへの不安でもある。

ところで、説明(認識)されるべきものとしての可能態は、いつもすでに在るものの力を借りて、今感じている問題や未来に在ってほしい像との関係でわれわれの意識に上ってくる。それゆえ、目先の関心や現在の利害や関心を中心に等高線を描いているわれわれの日常知は、いつも「過去」を見ているともいえる。生活者たちの行為は、社会そのものから受けた影響によって形成された認識内容に基づき、過去に身についた解釈図式やハビトゥスによってある仕方で行為するように制約されているという側面がある。つまり、自由に自発的に判断し、意欲し、行動しているつもりでも、実は自分たちが向かっている行為の方向は見えておらず、その身のうちに埋め込まれている仕掛けによって行為の可能性は制約を受けている。

しかしまた、生活者たちは、完全に外なる力にとっての受動的素材であるというわけではなく、その自分自身のなかに埋め込まれた仕掛けの制約を受けつつも、より良い人生を求める能動的能力であるという側面も併せもっている。「可能態」として社会や現実を捉えるというその姿勢は、リクールが指摘しているように認識的態度であると同時に実践的態度である。それは、過去のデータや構造のなかに未来への橋渡しをしてくれる「事実説明の言葉」を探し、自分たちの不安や不満や願いを原動力にして企投を行おうとするときの姿勢でもある。自分が体験している世界に埋没し、受動的にしか生きようとしていない生活者には、「現実態」は常に存在していても、「可能態」として世界を眺めるという視点は存在しないであろう。「可能態」とは、今、現前しているものに距離をとって、その現実態を現実態ならしめているものを探し、それが「別様でありうる」可能性を見つめるときに見えるものである。

その時、アリストテレスが分けて語っていた「素材としての可能態」と「能力としての可能態」とが生活者のなかで一つになるのだと言えよう。

このように生活者たちは、能動的に可能態として世界を見つめようとするときや、自分の地平がその確固たる自明性を失って揺らぐとき、自分たちのあり方を説明してくれる言葉を求めて、「社会学」の入り口に立つのではないだろうか。そのとき社会学者は、生活者の一員として、今どのような言葉が待たれているのかという実感に基づいて、情報を示すことからはじめるであろう。そのとき、どのような情報が今、必要とされているかを判断するのは、やはりその社会学者自身の主観であろう。しかしそれは、単なる自分の意図の押し付けではなく、その社会的事実に参加しつつ、感じ、悩み、求めている生活者の存在そのものが押し付けてくるものについての実感である。

いろいろな社会学があり、社会学者たちがいる。そして、ポストモダン的にいえば、もちろん社会学者といえども世界中のすべての人々とその意図するものを共有しているわけではない。その意味では世界は、いまだに「神々の闘争」が続いているともいえよう。それでも社会学者は、生活者の一員として他の生活者と生活実感を共有しつつ自らの理論的視点や社会調査を介して、その状況を説明する客観的な情報(言葉)を他の生活者に提示してみせる存在だといえよう。社会学的批判とは、生活者たち一人一人のより良き生の実現に向けて、その企投への踏み台としての言葉を捜し提供することではないのだろうか。

注

(1)シュッツは、関連性《レリヴァンス》の等高線によって覆われた領野内は、「目指されていることについての明示的な知識の中心」、「に関する知識」、「信じているだけで事足りる地帯」があり、その領域間には、「完全な無知の領帯」が横たわっていると述べている(Schutz, 1976 = 一九九一：一三五—一三六)。

(2)この三つのレリヴァンスとは、トピック的レリヴァンス、解釈的レリヴァンス、動機的レリヴァンスを指す。これらは、「分割的でない統一体」として体験されると述べられている。

文献

Aristotle, 1924, *Aristotle's Metaphysics*, a revised text with introduction and commentary by William David Ross, 2 vols., Oxford. = 一九六八年、出隆訳『形而上学』岩波書店。

Bourdieu .P. et Passeron, J-C., 1970, *La Reproduction*, Editions de Minuit. = 一九九一年、宮島喬訳『再生産』藤原

書店。

Bourdieu, P., 1970, *Un Art moyoen: essai sur les usages sociaux de la photographie*, ［sous la direction de Pierre Bounrdieu］, Editions de. Minuit. ＝一九九一年、山縣熙・山縣直子訳『写真論――その社会的効用』法政大学出版会。

Bourdieu, P., Chamboredon, J-C.et Passeron, J-C., 1973, *Le Métier de Sociologue*, École Pratique des Hautes Études and Mouton & Co. ＝一九九四年、田原音和・水島和則訳『社会学者のメチエ』藤原書店。

――――, 1979, *La Distinction Critique Sociale du Judgement* , Editions de Minuit. ＝一九九一年、石井洋次郎訳『ディスタンクシオンⅠ・Ⅱ』藤原書店。

――――, 1980, *Le Sens Pratique*, Editions de Minuit . ＝一九八八年、今村仁司・港道隆訳『実践感覚Ⅰ』みすず書房。

Durkheim, E., 1895, *Les Règles de la méthode sociologique*. ＝ 一九七八年、宮島喬訳『社会学的方法の規準』岩波文庫(底本は、第一四版、1960, Presses Universitaires de France)。

Husserl, E., 1954, *Die Krisis der europäischen Wissenschaften und die transzendentale Phänomenologie, Husserliana*, Bd.VI, M.Nijihoff. ＝一九七四年、細谷恒夫・木田元訳『ヨーロッパ諸学の危機と超越論的現象学』中央公論社。

Mills, C.W.,1959, *The Sociological Imagination*, Oxford University Press. ＝一九九五年、鈴木広訳『社会学的想像力』紀伊國屋書店。

Ricoeul, P. 1950, *Le Volontaire et L' involontaire*, Editions Montaigne ＝一九九五年、滝浦静雄・箱石匡行・竹内修身訳『意志的なものと非意志的なもの』紀伊國屋書店。

Schutz, A., 1970, *Reflections on the Problem of Relevance*, Yale University Press. ＝一九九六年、那須壽・浜日出夫・今井千恵・入江正勝訳『生活世界の構成 レリヴァンスの現象学』マルジュ社。

――――, 1976, *Collected Papers II, Studies in Social Theoryl Reality*,edited and introduced by Arvid Brodersen (Phaenomenologica 15), The Hague: Martinus Nijhoff. ＝一九九一年、渡辺光・那須壽・西原和久『アルフレッド・シュッツ著作集 第三巻 社会理論の研究』マルジュ社。

宇都宮京子、二〇〇二年、「価値とレリヴァンス」『年報 社会科学基礎論研究』第1号、ハーベスト社。

Weber, M., 1906, "Kritische Studien auf dem Gebiet der kulturwissenschaftlichen Logik" (G.A.z.W.: *Gesammelte Aufsätze zur Wissenschaftslehre*) ＝一九六五年、森岡弘通訳『歴史は科学か』みすず書房(論文集を底本としたことは記されているが、第何版のものかは明示されていない)。

山川偉也、一九九三年、『古代ギリシアの思想』講談社学術文庫。

ハ行

マ行

ラ行

ワ行

欧字

タ行

ナ行

事項索引

人名索引

渋谷　望（しぶや　のぞむ）千葉大学文学部助教授
1966年生まれ。早稲田大学大学院文学研究科博士課程単位取得退学。
【主要著作・論文】『魂の労働――ネオリベラリズムの権力論』（単著）（青土社、2003年）。

早川　洋行（はやかわ　ひろゆき）滋賀大学教育学部助教授
1960年生まれ。中央大学大学院文学研究科博士課程単位取得退学、博士（社会学）。
【主要著作・論文】『流言の社会学――形式社会学からの接近』（単著）（青弓社、2002年）、『ジンメルの社会学理論――現代的解読の試み』（単著）（世界思想社、2003年）、『第３版 応用社会学のすすめ』（共編著）（学文社、2003年）。

張江　洋直（はりえ　ひろなお）　稚内北星学園大学情報メディア学部教授
1953年生まれ。東洋大学大学院社会学研究科博士課程単位取得退学。
【主要著作・論文】「社会理論と世界の超越――問いの深化への途」『現象学的社会学は何を問うのか』（共編著）（勁草書房、1998年）、「『二次的構成論』と『多元的現実』」（2002年、『社会学史研究』第24号、日本社会学史学会編）、いなほ書房、「シュッツ科学論の二重性へ」（2004年、『年報社会科学基礎論研究』第３号、社会学基礎論研究会編、ハーベスト社）。

山嵜　哲哉（やまさき　てつや）　武蔵大学社会学部教授
1957年生まれ。早稲田大学大学院文学研究科博士課程単位取得退学。
【主要著作・論文】「台所から世界が見える」『女性たちの生活ネットワーク』（佐藤慶幸編）1988年、文眞堂、「バーガー社会学の社会批判的位相」『現象学的社会学の展開』（西原和久編）1991年、青土社、「生活者への生き方の変容を巡って」『現代生活と人間』（三沢謙一編）1993年、晃洋書房、「団塊男性のジェンダー意識」『団塊世代・新論』（天野正子編）2001年、有信堂。

執筆者紹介

※編者は奥付参照。

奥村　隆（おくむら　たかし）　立教大学社会学部教授

1961年生まれ。東京大学大学院社会学研究科博士課程単位取得退学、博士(社会学)。

【主要著作・論文】『社会学になにができるか』（編著）（八千代出版、1997年）、『他者といる技法――コミュニケーションの社会学』（単著）（日本評論社、1998年）、『エリアス・暴力への問い』（単著）（勁草書房、2001年）。

浅野　智彦（あさの　ともひこ）　東京学芸大学教育学部助教授

1964年生まれ。東京大学大学院社会学研究科博士課程単位取得退学。

【主要著作・論文】『自己への物語論的接近』（勁草書房、2001年）、「物語と〈語りえないもの〉」(『年報 社会科学基礎論研究』(2) ハーベスト社、2003年)、「自己物語論が社会構成主義に飲み込まれるとき」(『文化と社会』(4) マルジュ社、2004年)。

小谷　敏（こたに　さとし）　大妻女子大学人間関係学部教授

1956年生まれ。中央大学大学院文学研究科社会学専攻博士課程単位取得退学。

【主要著作・論文】『若者のたちの変貌』（単著）（世界思想社、1998年）、『若者論を読む』（編著）（世界思想社、1993年）、『子ども論を読む』（編著）（世界思想社、2003年）。

宮原　浩二郎（みやはら　こうじろう）　関西学院大学社会学部教授

1956年生まれ。ウィスコンシン大学マディソン校社会学研究科博士課程修了、Ph. D（Sociology）。

【主要著作・論文】『貴人論』（単著）（新曜社、1992年）、『ことばの臨床社会学』（単著）（ナカニシヤ出版、1998年）、『ニーチェ・賢い大人になる哲学』（単著）（PHP 研究所、1998年）、『変身願望』（単著）（ちくま新書、1999年）、『マンガの社会学』（編著）（世界思想社、2001年）。

編者紹介

西原　和久（にしはら　かずひさ）
名古屋大学大学院環境学研究科／文学部（社会学講座）教授
1950年生まれ。早稲田大学大学院文学研究科博士課程単位取得退学
博士（社会学）

【主要著作】


『社会学的思考を読む』（単著）人間の科学社、1994年。

『意味の社会学――現象学的社会学の冒険』（単著）弘文堂、1998年。

『自己と社会――現象学の社会理論と〈発生社会学〉』（単著）新泉社、2003年。

宇都宮　京子（うつのみや　きょうこ）
東洋大学社会学部助教授
お茶の水女子大学大学院人間文化研究科博士課程修了　博士（人文科学）

【主要著作・論文】


「『行為と自省性』をめぐる理論の系譜」宮島喬編『文化の社会学』有信堂高文社、1995年。

「ブルデューにおける『象徴性』と『ハビトゥス』」ブルデュー研究会編『象徴的支配の社会学』恒星社厚生閣、1999年。

「『合理』のもつ可能性と限界」『社会学評論』Vol. 50-4、有斐閣、2000年。

「ヴェーバー社会学の構成――リッケルトとヴェーバー」『社会学理論の〈可能性〉を読む』情況出版、2001年。

「価値とレリヴァンス」社会学基礎論研究会編『年報 社会科学基礎論研究』第1号、ハーベスト社、2002年。

Sociology as a Critical Study in Contemporary Society

シリーズ 社会学のアクチュアリティ：批判と創造 1
クリティークとしての社会学――現代を批判的に見る眼

2004年11月30日　初　版 第1刷発行　〔検印省略〕

＊定価はカバーに表示してあります

編者 © 西原和久・宇都宮京子　発行者 下田勝司　印刷・製本　中央精版印刷

東京都文京区向丘 1-20-6 郵便振替 00110-6-37828　発行所
〒113-0023　TEL (03) 3818-5521(代)　FAX (03) 3818-5514　株式会社 東信堂
E-Mail tk203444@fsinet.or.jp

Published by TOSHINDO PUBLISHING CO., LTD.
1-20-6, Mukougaoka, Bunkyo-ku, Tokyo, 113-0023, Japan

http://www.toshindo-pub.com/

ISBN4-88713-576-9 C3336 2004©K. NISHIHARA, K. UTSUNOMIYA.

刊行の辞

今日、社会学はかつての魅力を失いつつあるといわれる。19世紀の草創期以来、異端の学問であった社会学は徐々にその学問的地位を確立し、アカデミズムのなかに根を下ろし、多くの国で制度化された学となってきた。だがそうした制度的安定と研究の蓄積とは裏腹に、社会学は現代の内奥に、触れれば血のほとばしるようなアクチュアリティに迫れないでいるようにみえるのはなぜであろうか。

だが、ことは社会学にとどまるまい。9・11アメリカ同時多発テロで幕を開けた21世紀の世界は、人々の期待をよそに、南北問題をはじめ、民族・文化・宗教・資源・貿易等をめぐる対立と紛争が荒れ狂う場と化しつつある。グローバル化のなか政治も経済も、いや暴力もが国境を越え、従来の主権国家はすでに国民の安全を保障しえない。こうした世界の悲惨と、今日アカデミズムが醸《かも》し出しているそこはかとない「安定」の風景との間には、もはや見逃しがたい落差が広がりつつあるのは否めない。

われわれに現代社会が孕む対立と悲惨を解決する能力があると思い上がっているわけではない。しかしわれわれはこうした落差を強く意識することをバネに、現代最先端の課題に正面から立ち向かっていきたいと思っている。そのための武器は一にも二にも「批判《クリティーク》」、すなわち「自明とされているもの」を疑うことであろう。振り返れば、かつて後発の学であった社会学は、過去の既成の知を疑い批判することを身上として発展してきたのだ。過去に学びつつ過去と現在を批判的視点で見つめ直し、現代に即した「創造《クリエーション》」をめざすこと、それこそが本シリーズの目標である。その営みを通じて、われわれが現在いかなる岐路に立ち、そこで何をなすべきかを明らかにしたいと念願している。

2004年11月10日

シリーズ **社会学のアクチュアリティ：批判と創造**

企画フェロー一同

シリーズ 社会学のアクチュアリティ：批判と創造 全12巻＋2

企画フェロー：武川正吾　友枝敏雄　西原和久　藤田弘夫　山田昌弘　吉原直樹

本書

西原和久・宇都宮京子編
第１巻 クリティークとしての社会学――現代を批判的に見る眼
［執筆者］西原和久、奥村隆、浅野智彦、小谷敏、宮原浩二郎、渋谷望、早川洋行、張江洋直、山嵜哲哉、宇都宮京子

池岡義孝・西原和久編
第２巻 戦後日本社会学のリアリティ――せめぎあうパラダイム
［執筆者］池岡義孝、吉野英岐、吉瀬雄一、丹邉宣彦、山下充、中西祐子、島薗進、佐藤健二、西原和久

友枝敏雄・厚東洋輔編
第３巻 社会学のアリーナへ――21世紀社会を読み解く
［執筆者］友枝敏雄、梶田孝道、大澤真幸、今田高俊、關一敏、竹沢尚一郎、井上達夫、川本隆史、馬場靖雄、厚東洋輔

吉原直樹・斉藤日出治編
第４巻 モダニティと空間の物語――社会学のフロンティア
［執筆者］吉原直樹、斎藤道子、和泉浩、安藤正雄、植木豊、大城直樹、酒井隆史、斉藤日出治

近刊

佐藤俊樹・友枝敏雄編
第５巻 言説分析の可能性――社会学的方法の迷宮から
［執筆者］佐藤俊樹、遠藤知巳、北田暁大、坂本佳鶴恵、中河伸俊、橋本摂子、橋爪大三郎、原純輔、鈴木譲、友枝敏雄

草柳千早・山田昌弘編
第６巻 日常世界を読み解く――相互行為・感情・社会
［執筆者］草柳千早、好井裕明、小林多寿子、阪本俊生、稲葉昭英、樫田美雄、苫米地伸三井さよ、山田昌弘

山田昌弘・宮坂靖子編
第７巻 絆の変容――家族・ジェンダー関係の現代的様相
［執筆者］山田昌弘、田中重人、加藤彰彦、大和礼子、樫村愛子、千田有紀、須長史生、関泰子、宮坂靖子

近刊

藤田弘夫・浦野正樹編
第８巻 都市社会とリスク――豊かな社会を求めて
［執筆者］藤田弘夫、鈴木秀一、中川清、橋本和孝、田中重好、堀川三郎、横田尚俊、麦倉哲、大矢根淳、浦野正樹

近刊

新津晃一・吉原直樹編
第９巻 グローバル化とアジア社会――ポストコロニアルの地平
［執筆者］新津晃一、成家克徳、倉沢愛子、新田目夏実、今野裕昭、青木秀男、ラファエラ・D．ドゥイアント、池田寛二、吉原直樹

松本三和夫・藤田弘夫編
第10巻 生命と環境の知識社会学――科学・技術の問いかけるもの
［執筆者］松本三和夫、額賀淑郎、綾野博之、定松淳、鬼頭秀一、鎌倉光宏、田村京子、澤井敦・小谷敏、藤田弘夫

近刊

武川正吾・三重野卓編
第11巻 政策科学の再興――ひとつの社会学的プラクシス
［執筆者］武川正吾、神山英紀、三本松政之、岡田哲郎、秋元美世、田村誠、鎭目真人、菊地英明、下夷美幸、三重野卓

市野川容孝・武川正吾編
第12巻 社会構想の可能性――差異の承認を求めて
［執筆者］市野川容孝、山脇直司、山田信行、金井淑子、金泰泳、石川准、風間孝、井口高志、広井良典、武川正吾

※未刊の副題は仮題を含む